New Wun Ching Developmental Publishing Co., Ltd.

New Age · New Choice · The Best Selected Educational Publications—NEW WCDP

生命關懷
事業概論

尉遲淦、李慧仁、林龍溢、施秋蘭、曹聖宏
李安琪、王博賢、陳燕儀、王別玄、王智宏 編著

Death Care Service

（依姓氏筆劃排序）

生命從無起，關懷自有限，往生不言死，禮儀情愫見。
佛道轉輪迴，基督永生見，關懷安兩界，白雲常在天。

　　生命關懷事業，是一門又古老又現代的志業，更是一門綜合各種知識的學問，從傳統的殯葬禮儀事業，到結合安寧緩和醫療、長期照護體系，需要完整且系統地來探討學習。

　　二十多年前，我開始在馬偕紀念醫院接受精神醫學與安寧緩和醫療的訓練，碩士的在職進修在當時仍是臺北護理學院的生死教育與輔導研究所，因為這樣的因緣際會，在曾煥棠老師與吳庶深老師的引導下，讓我對於現代殯葬體系與生命關懷事業有了學術角度的理解。物換星移，現在我擔任臺北護理健康大學生死與健康心理諮商系系友會的理事長，理事中有各種不同職業的夥伴，其中也有好幾位殯葬業的從業先進，從他們的努力，我看到生命關懷事業對人們的重要性，更看到生命的價值與意義。

　　教課書可以幫助許多莘莘學子，而本書貢獻將不限於此，它更是許多相關專業人士了解生命關懷事業的一本好書，值得一讀。

方俊凱　謹識

馬偕紀念醫院安寧療護教育示範中心主任

臺灣殯葬禮儀與管理近年來發展非常迅速，對於此議題的探討，書架上為數不少相關書籍，乍看這本書似乎是再多一本此類的書，或許會覺得好奇，多一本此方面的書，有何新奇與特別。一本書的出版，有其主題，當仔細跟著書目的安排，詳讀這本書時，會發現到，沒錯，這是殯葬禮儀與管理的專書，又是教科書的編排設計，但是跟著書本的編排章節，會發現這本書不單是殯葬禮儀與管理的教科書，更是此議題類似探討後設議題的專書，問及何謂殯葬禮儀與通過技術操作的意義為何，特別在過往殯葬禮儀側重類似靜態死亡與如何處理相關死後的技術操作層面的大環境，這本書試圖在只注重技術面操作單面性靜態的議題環境中開創新局面，給予面對瓶頸的行業，引出一個新的局面與發展，說明此行業不是一個冰冷靜態的業務，是有機體動態社會的重要一環，更是擴及生與死的生命延續問題，以及涉及其中的相關的人，其心理起伏互相牽連變化的歷程，包括臨終者、家屬與禮儀從業人士之間的關連性，特別是心理歷程起伏變化層面的關懷，指出生與死是動態延續的生命關懷，不是冰冷技術操作面的議題。

　　這本書從殯葬禮儀歷史發展談起，提供讀者對於此議題發展清晰的背景，進而說明為何有生命關懷的產生，以及對於殯葬禮儀未來發展的重要性，為能幫助讀者將理論與實際議題做銜接，每個章節結尾設計問題，導引讀者針對生命關懷相關議題做啟發反思。對於關切臺灣殯葬禮儀發展的讀者，不論是初學者或是研究者，在此鄭重推薦這本書是能幫助開啟未來新局面，具開創思考不可或缺的專書。

王榮昌　謹識

真理大學校牧

慎終如初、止於善終

　　殯葬，在弘揚「家風」的核心價值觀，在綿延傳播正能量「慎終如初、止於善終」，自始至終應均本著「謹慎從事、止於至善」；就如同生命的誕生一樣，呱呱落地生命的開始時，才能「生命如始，則無敗事」；全人生命的殯葬，是栩栩如生的述說著自己及親人，多元獨特殯葬文化，才能引起人們，對感恩惜福的殯葬內涵，更進一步的去理解與釋懷。

　　「殯葬是家風」，在一個家庭裡人的成長和成熟，百善孝為先、樂學即時、尊老愛幼；如同「家」是最小的園，「國」是千萬個小家園。殯葬有了「風範」和「規矩」，亦即是一個家庭，建立有了正確又良好的風氣和蹈矩，包含了人的成長與家庭環境、家規、親友、社群等的關係，善終的殯葬，產生了止於至善「栽什麼樹苗結什麼果，撒什麼種子開什麼花」。

　　「生命關懷事業概論」，隨著科技資訊的透明，臺灣殯葬業的蓬勃發展，現代的殯儀館、現代的公墓，殯葬服務迅速在各個城市衍生。從「死亡」這一特殊視角，對社會發展變化的觀察，隨著社會的進步、公眾文明意識、生活品質的提高，人們越來越要求「殯葬服務」的全縱深，一個相互影響、相互制約、相互依存的生命用心事業，未來更應要具備「方便快捷、形式多樣、體現個性、信任心安、交易安全、注重親情」。

　　「殯葬慎終」，專業才能成為生命事業的現代技術與管理；秉持熟悉國家的殯葬管理、政策法規，才能落實「殯葬管理、殯葬服務」；通曉當地區的殯葬習俗、地區文化，引以運用「宗教民俗、倫理文化」；良好的心理素質、專業醫知，施予同心的「遺體防

腐、遺體整容」；淺知設施設備、冷凍空調知識，才能服務「冷藏冷凍、無櫃製冷」；引領服務創新、市場選擇，才能滿足「花卉藝術、場景規劃」；知悉管理應用、顧客服務，以解決「陵園管理、骨灰管理」問題；具有較紮實的墓園管理力，才能展現「公墓規劃、設施維護」；做好客戶服務、價值品質，才能創造「市場行銷、公共關係」。

「殯葬業的總體素質」，在社會市場自由經濟體制下，必須當前「科技運用」結合發揮，用在殯葬經營者、管理者、專業技術、教育訓練、高素質技能、專門人才拔擢等多方面；循序漸進在學校的系所，並藉以「科技系統」，招生新人、產學合作不斷提升，滿足人們現代文明殯葬，努力提高殯葬管理服務水準，殯葬業面臨的任務與挑戰。「慎終如初、止於善終」深植，培養出較高水準的道德修養與倫理關懷，來服務亡者與撫慰生者。

吳賜輝　謹識
萬安生命集團總裁

《生命關懷事業概論》一書是是集結許多專業學者的心力所撰寫而成。本書有別於過去理論性的討論，而是由實際從業者與專家，以技術性專業建構的角度闡述這一新興學門建立的正當性與獨特性。

　　當然，實務性的問題會隨著時代變遷而產生新的技術與方法來解決問題，本書的宗旨也是期待透過不同的知識建構方式，提供給有興趣於殯葬領域的讀者，一種新的視野以及思維方式；此外，本書受限於篇幅，無法一次全面性介紹所有相關生命關懷事業面向，例如安寧療護、悲傷輔導、生命關懷師、資訊技術…等專業，也都有賴於後續有志之士持續投入相關議題的建構與補充，或其他不同方式學科論述的可能性，讓《生命關懷事業概論》的書籍能夠讓學術與產業之間有更多的對話與發現，也是本書生成後期待能拋磚引玉的目的。

林龍溢　謹識

馬偕醫護管理專科學校生命關懷事業科科主任

編者簡介 AUTHORS

編 著

尉遲淦

學歷： 輔仁大學哲學博士

現職： 尼加拉瓜太平洋大學殯葬事業管理研究所所長
中華殯葬教育學會理事長

李慧仁

學歷： 華梵大學東方人文思想研究所博士
南華大學生死學所碩士

現職： 南華大學生死學系專任助理教授

林龍溢

學歷： 國立政治大學民族學系博士班
國立台北大學民俗藝術與文化資產研究所碩士
南華大學生死學系碩士

現職： 馬偕醫護管理專科學校生命關懷事業科專任助理
教授暨科主任

施秋蘭

學歷： 中國文化大學國家發展與中國大陸研究所法學
博士

現職： 馬偕醫護管理專科學校專任助理教授／執業社會
工作師

曹聖宏

學歷： 國立高雄師範大學地理學系博士班

南華大學生死學系碩士

現職： 萬事達全生命規劃顧問有限公司執行長

李安琪

學歷： 台北護理健康大學生死與健康心理諮商所碩士

現職： 新台灣生命禮體淨身部副理

王博賢

學歷： 國立政治大學宗教研究所宗教學博士

國立政治大學教育學系教育學碩士

台灣基督長老教會台灣神學院道學碩士

現職： 台灣基督長老教會台北大專學生中心工作者／

傳道師

台灣神學研究學院進修推廣部兼任教師

陳燕儀

學歷： 國立政治大學新聞學系

現職： 集吉寵物生活館創辦人暨總經理

王別玄

學歷： 南華大學文學研究所
　　　南華大學生死學系
現職： 翡翠森林（股）公司展業部、園區部協理／資深
　　　寵物禮儀師
　　　中華生死學會副理事長
　　　NCPHD 社團法人中華寵愛健康發展促進會常務
　　　理事
　　　輔仁大學進修部宗教學系兼任講師
　　　馬偕醫護管理專科學校生命關懷事業科兼任講師

王智宏

學歷： 國立東華大學中文系民間文學博士班
現職： 馬偕醫護管理專科學校生命關懷事業科專任講師

（以上依章節順序排序）

目錄 CONTENTS

01

編著者　尉遲淦

生命關懷事業的出現

學習目標

1. 認識生命關懷事業出現的傳統背景。

2. 認識生命關懷事業出現的社會背景。

3. 了解生命關懷事業出現的政策背景。

4. 了解生命關懷事業背景的出現與發展。

前 言

　　從職業發展的過程來看，今天所謂的專業化不是一朝一夕完成的，它是經歷了長時間的發展演變而來的。最初，一個職業的形成是要看社會的分工需求。當社會還沒有這樣的分工需求時，這樣的職業就不會出現。當社會已經出現這樣的分工需求時，這樣的職業就會自然出現。所以，一個職業是否會出現，主要是看這個社會有沒有這樣的分工需求。

　　同樣地，生命關懷事業的出現也是一樣。最初，有關生命關懷事業的作為是由家族自行負責的。在那個時候，一旦家中出現有關生命關懷的需求時，家族中人就會自行決定這樣的事務要怎麼處理。當他們在決定這樣的事務要怎麼處理時，不是漫無章法的處理，而是要依照禮俗的規定來處理。如果有人不按照禮俗來處理，那麼這個人就會被批評是不如法的。因此，為了如法，不被社會所批評，過去的人都會依據禮俗來處理相關事務。

　　到了今天，有關生命關懷事務的處理有了新的轉變。過去為家人所負責的部分，隨著家庭結構的改變，不再有足夠的人力可以處理。在處理的相關知識與技能上，也隨著小家庭的出現，不再有觀摩學習的機會。這時，如果家中出現生命關懷事務的需求時，由於受到家中之人已經不再具備相關處理的知識與技能、以及人力不足的影響，就只好將這樣的事務委託外人處理。基於這些機緣，社會上就誕生了生命關懷的新行業，即生命關懷事業。

1-1　生命關懷事業出現的傳統背景

　　在此，為了更清楚了解生命關懷事業誕生前的背景，傳統就是一個好的探討起點。對傳統而言，它很清楚人類的命運。當人類從誕生的那一刻起，他或她就注定要走向死亡。雖然人們對於死亡通常都抱持著抗拒的態度，但是無論人們如何抗拒，最終還是難免死亡的命運。既然死

亡是人類的命運，那麼為了安頓人類，使人類在死亡時可以找到一些足以肯定自己的意義與價值，傳統就對生命關懷的事務進行一些安排，希望借助這樣的安排化解人們對於死亡的恐懼。

那麼，人們對於死亡為什麼要抱持著恐懼害怕的態度？難道是因為人們對於死亡已經有經驗？其實，人們對於死亡是沒有經驗的，他或她對於死亡的認知，不是來自於家庭教育的灌輸，就是來自於社會教育的灌輸。對於這樣的灌輸，觀念是否正確，一般人是不會加以質疑的。就算有人想要質疑，也會受到自身經驗的限制而難以質疑。因為，死亡是在經驗之外，不在經驗之中（尉遲淦，2017）。所以，他或她無法從自身經驗去加以驗證上述認知的真假。

一、打破死亡的努力

雖然如此，還是有不少人試圖打破這樣的認知，希望告訴人們死亡的另外一種可能性。對此，主要的努力有三種：第一種就是宗教的努力，告訴人們信仰是一種超越生死的方法；第二種就是道德的努力，告訴人們行善是一種超越生死的方法；第三種就是科學的努力，告訴人們改造是一種超越生死的方法。無論方法是哪一種，它們都試圖告訴人們死亡沒有想像那麼可怕。死亡之所以會變得可怕，關鍵在於人們不知如何超越生死的結果。以下，舉例說明。

先就宗教的努力來看。對佛教而言，死亡之所以可怕，在於人們不知道生平所造的業是要還報的。當一個人平時在造業的時候，他或她會認為這樣造的業過去就過去了，是不需要付出任何代價的。可是，當死亡來臨時，他或她突然就會擔心，萬一這樣的業是需要還報的時候怎麼辦？這時，他或她自然就會處於驚恐之中。對佛教而言，要免於這樣的驚恐，最好的做法就是平時多造善業。當死亡來臨時，就不用擔心惡報的問題。如果認為只有這樣做還不夠，那麼就必須效法佛陀生前的修行，經由觀空、證空來超越輪迴、解脫生死（尉遲淦，2017）。

　　對基督宗教而言，它提供不同於佛教的另外一種參考。就基督宗教來說，死亡的可怕不在死亡本身，而在對待死亡的態度。如果像一般人那樣認為死亡只是一種自然現象，那麼當死亡來臨時，人們除了驚悚接受就不能再有其他作為了。但是，如果知道死亡是來自於人類違反與上帝的誓約所接受的懲罰，那麼他或她在平時就堅定信仰，虔心懺悔相信主耶穌基督，那麼在死亡來臨時，他或她就有機會可以超越死亡獲得永生（尉遲淦，2017）。

　　除了上述這兩種宗教的努力以外，對於生死的超越，人們還有道德的努力。對有的人而言，人的一生要怎麼過不是自己可以任意決定的。在人間，人有一定的責任要承擔。當人這一生把應盡的責任盡了，那麼在死亡來臨時，就不用擔心自己死後的去處。因為，在善盡本分的情況下，死亡所帶來的結果不是化為虛無，而是進入道德的永恆國度。所以，要在意的是，生前有沒有善盡這樣的道德本分（尉遲淦，2017）。

　　到了現代，隨著科學的昌盛，科技的發明，人們又找到了第三種超越生死的方法，認為科學可以幫助人們達成願望。對科學而言，尤其是科技的力量，它可以改變自然的情況。過去，人們之所以受制於自然，是因為無力抵抗。現在，在科技的力量下，人們可以改造自然，甚至於是人體，人們就有超越生死的可能。例如透過基因改造的方法，讓人們的基因不再有缺陷，人們自然就不用再擔心死亡的威脅（尉遲淦，2017）。

　　但是，無論人們找到甚麼樣的方法，迄今為止，在經驗上這些方法都很難被證實。之所以如此，是因為死亡就在經驗之外，人們無法透過經驗之外的存在來證實這樣的努力是成功的。當然，也無法透過經驗之外的存在來證實這樣的努力是失敗的。面對這樣的困境，人們只能借助各自的選擇來化解問題。至於這樣選擇的結果是否就真能解決問題，也只有等待死後才能得知。不過，對生者而言，依舊只能處於摸索之中。

二、傳統的處理策略

對一般人來說，這樣的處境是很艱難的。可是，又不得不面對。為了化解這樣的困境，傳統採取兩種策略的做法：一方面利用禁忌的說法，使一般人遠離死亡的威脅；一方面利用宗教、禮俗的做法，使一般人在遭遇死亡時不至於驚慌失措（尉遲淦，2017）。經由這兩種不同的做法，一般人在平常可以安心度日，不用擔心死亡的事情。當死亡真正來臨時，他們也不用擔心死亡的問題。因為，宗教、禮俗的做法已經幫他們找到最好化解死亡問題的方法。

如此一來，無形中傳統就讓人們處於禁忌之中。也就是說，有關死亡的問題平時不用去談論或觸及它。等到有朝一日死亡來臨時，人們再依據宗教、禮俗的規定來處理。本來，這樣的處理方式也沒有問題，因為，過去的家庭結構還是大家族，不僅人力充沛，連和死亡有關的知識及技能都沒有傳承的問題。這時，一旦需要處理這樣的問題時，人們當然就會有能力去處理。可是，隨著社會的變遷，這樣的處理人力不再，處理的知識和技能也都失去了經驗學習的管道，使得生命關懷事務的問題不得不委由社會來解決。

三、禮儀服務的出現與社會的態度

在臺灣，到了民國 60 年代，社會開始出現禮儀服務行業（徐福全，2001）。在這個行業出現之前，社會雖有棺木店的存在，卻不從事禮儀服務，只做設備用品的提供。但是，自從社會有了生命關懷事務的需求以後，這些棺木店開始轉型提供禮儀服務。雖然如此，這不表示這樣的行業就像今天那樣，已經成為服務業的一員，具有現代服務業的職業地位與尊嚴。實際上，它依舊籠罩在死亡禁忌底下，從事這個行業的人被稱為土公仔，被認為是死亡的化身，深深受到社會上人們的排斥。

如果按照現代職業的作為，可以為人們分憂解勞的行業應該要受到尊重與肯定才對，怎麼會反而受到歧視？深究其因，主要是受到死亡禁忌的影響，認為從事這個行業的人，要不就是上輩子壞事做得太多，要

不就是這輩子沒做好，才會被上天懲罰從事這個行業。所以，從事這個行業的人才會這麼說，他們是在做功德。由此反推，就可以知道從事這個行業的人對於自己所從事的工作也沒有給予正面的肯定，而是採取贖罪的看法（尉遲淦，2011）。

　　既然是在贖罪，當然能夠越快脫身越好。可是，要想脫身談何容易，除非贖罪已經贖得很夠，否則是不可能的。在這種情況下，對於從事這個行業的人，他們唯一能夠想到的就是按照傳統的規定提供服務，不敢擁有其他的想法。不像今天對於服務業的要求，希望服務的品質越高越好。倘若他們想要改變這樣的服務內容，那麼嘗試的結果注定是要失敗的。因為，服務亡者和家屬的目的，就在於希望亡者能夠快快離開人間，不要繼續在人間逗留。所以，這樣的服務只能按照禮俗的規定來提供，而不能任意改變。

1-2　生命關懷事業出現的社會背景

　　問題是，如果社會環境都沒有改變，那麼這時要求禮儀服務業改變是不可能的。可是，當社會環境開始改變以後，這時要求禮儀服務業都不要改變也是不可能的。由此可見，一個行業是否會改變，當然與所處的社會背景有關。如果這個行業一直處於農業社會的背景之中，受制於死亡的禁忌，那麼要這個行業改變當然就會有困難。可是，進入了工商社會，如果社會要求變了，那麼要這個行業一直維持它的傳統也是很困難的。對禮儀服務業而言，它的改變與否不取決於它自己，而是取決於社會的變化。

一、傳統殯葬服務改變的開始

　　當時序進入民國 79 年，有一批業外的人士認為殯葬業具有商業發展的潛力。於是，他們從葬的部分開始改造起，透過塔位預售的方式，把現代經營的模式引進殯葬業。對他們而言，殯葬業不只是服務業，也

是行銷業。如何將商品經過包裝行銷出去，是經營殯葬業很重要的一環。所以，在塔位預售中，他們就把直銷與預售的概念帶進殯葬業，使殯葬商品變成預售商品。它所賣的不只是一個死後要用的塔位，更是一個可以增值的商品。

到了民國 82 年，當塔位預售的風氣已經被帶起來，甚至於已經慢慢出現消退的現象時，這批業外人士又看中另外一個商機，從「葬」的部分轉攻「殯」的部分。同樣地，他們一樣把直銷與預售的觀念帶進「殯」的部分，提出生前契約的殯葬商品。對他們而言，正如塔位預售那樣，生前契約也不一定只能用在死亡出現時，也可以把它當成投資的商品，賺取未來增值的價差。可惜的是，這樣的推出並沒有像塔位預售那麼成功。理由是，它缺乏相關的配套措施。

於是，為了給予相應的配套措施，使其具有競爭力，他們從日本引進現代化的殯葬服務，告訴選擇它的社會大眾，這樣的殯葬商品不只在價格上要低於傳統的殯葬服務，在服務的品質上更是遠遠超過現有的殯葬服務（尉遲淦，2009）。經過幾年的努力，到了民國 91 年以後，這種現代化的殯葬服務開始受到消費者的青睞。其中，最大的關鍵在於人們對於殯葬的認知。如果把亡者單純看成是逝世後的魂魄，那麼殯葬服務就很難講究品質。如果把亡者看成是人，甚至是貴客，也就是 VIP，那麼殯葬服務就不得不講究品質。

二、癌症的盛行與高死亡率

當然，這樣的改變不只是這一批人的功勞，也要有其他社會條件的配合。例如從民國 71 年開始就高居死亡原因第一位的癌症，到了民國 79 年排名一直沒有改變。這時，醫界也認為社會應該正視癌症的問題。因此，在這一年，臺北淡水馬偕醫院正式設立了安寧病房，讓飽受癌症折磨的末期病患可以擁有另外一種選擇，不一定就非得等待死亡不可（尉遲淦，2009）。對家屬來說，當他們為親人選擇安寧療護的同時

就需準備接受死亡的降臨。面對親人死後的處理問題，生前契約使他們有了另外一種選擇。

三、生死學的提出與發展

　　此外，到了民國 82 年，留美的哲學學者傅偉勳教授從美國引進西方的死亡學。當時，為了避免死亡禁忌的影響，他把西方的死亡學改造成生死學，告訴社會上的人們，生死是人們必須面對的人生大問題。如果在活著的時候沒有設法去面對，那麼當死亡來臨時再想要面對可能就來不及了。針對這樣的想法，他出版了一本書，書名就叫《死亡的尊嚴與生命的尊嚴－從臨終精神醫學到現代生死學》（傅偉勳，1993）。之後，臺灣大學心理學系的楊國樞教授和余德慧教授，開設了死亡教育或生死教育的課程。

　　從此以後，其他學校也陸陸續續開設類似的通識課程。不只如此，到了民國 85 年，嘉義南華管理學院展開了生死學研究所的設立。對它而言，它是一所新設立的大專院校。如果想在眾多學校競爭中脫穎而出，那麼就必須設立一些特殊的科系。剛好，出資籌設的單位是佛光山，基於佛教的立場，生死是人生中一件非常重要的大事。所以，生死學研究所的設立也恰巧符合這樣的精神。經過幾番波折，最終生死學研

究所籌設成功。到了民國 86 年，正式招生，它不只是臺灣第一個生死學研究所，也是亞洲第一個生死學研究所（尉遲淦，2014）。

　　那麼，這個研究所設立的象徵意義為何？就此而言，這個設立的意義就在於象徵死亡禁忌的打破。在此之前，雖然有臺北淡水馬偕醫院安寧病房的設立，但是這樣的設立主要是針對癌症患者及其家人的需要。至於一般人，他們依舊躲在死亡禁忌的保護傘下，認為沒有必要就不要隨便談論或碰觸死亡。然而，當這個研究所設立以後，就正式告訴社會上的人們，死亡不在學術之外，它根本就在學術之中，不去面對的結果就難以真誠的面對死亡。因此，為了善終的需要，人們不得不逐漸打破死亡禁忌。

四、生死學對殯葬服務的啟發

　　本來，生死禁忌的打破歸生死禁忌的打破，未必一定要和殯葬牽扯上關係。可是，受到生死學研究所課程設計的影響，生死學研究所研究的不見得就只有生死的觀念，也包含殯葬管理的部分在內。對殯葬服務而言，這樣的包含範圍是會影響殯葬服務的認知。因一般的殯葬服務認為，殯葬服務的主要任務就是處理遺體。對於死亡所產生的問題，它不認為這是殯葬服務有能力處理的。既然沒有能力處理，那麼殯葬服務就只能提供程序服務。

　　但是，從過去的傳統來看，雖說殯葬服務服務的是亡者，卻也是服務親人，所以會要求要盡孝道。就盡孝道這一點而言，這樣的服務不只是一種程序性的服務，也是一種實質性的服務，表示這樣的服務是有內容需要完成的。嚴格來說，如果沒有生死學研究所的設立，沒有殯葬管理課程的開設，那麼要正視這樣的內容根本就不可能。因為，一般人很容易就把這樣的內容看成是社會或傳統的規定。由此可知，生死學研究所的設立、殯葬管理課程的開設，對殯葬服務的深化是多麼地重要。

　　從那一個時候開始，人們逐漸意識到殯葬服務的認知可以有兩種：一種是西方的形式認知，另一種是傳統的實質認知。可是，這樣的認知要如何區分、要如何證成，在在都需要生死學的借鏡。正如生死學的建立那樣，人們最初也受限於科學的認知，認為死後的一切就是虛無。但是，經過深入的反省，傅偉勳教授發現這是科學的偏見，有關生死的認知不見得就只有這一種，也可以有其他的認知。所以，他才會把西方的死亡學改成生死學，表示生死二分的看法只是其中的一種，也可以是生死一體的看法（傅偉勳，1993）。

　　受到這種反省的啟發，人們發現西方對於殯葬服務的認知只是其中的一種，還可以有傳統的另外一種。但是，要重新肯定傳統的這一種，不能只是單純地肯定，必須提出學術上的理由，告訴人們為什麼這樣的認知是可能的？經過這樣的深入探討，人們發現傳統的禮俗處理，不只是一種社會的規定，也不只是一種傳統的規範。實際上，禮俗的出現是為了解決死亡所帶來的人際關係的完全斷裂和隔絕。如果人們不想因此親情斷裂，那麼禮俗的回復親情關係就是一種幫他們解決死亡問題的最佳方法（尉遲淦，2017）。

1-3　生命關懷事業出現的政策背景

　　到了民國 91 年，受到殯葬服務現代化的影響，以及生死學逐漸打破死亡禁忌的影響，政府主管殯葬的部門，也就是內政部民政司，大幅度翻修民國 72 年立法通過的《墳墓設置管理條例》，重新訂定《殯葬管理條例》。在這個條例中，為了因應殯葬服務的現代化，積極推動禮儀師的證照制度。同樣地，為了因應死亡禁忌的打破，它提出了殯葬自主的概念。經由這樣的改變，殯葬服務開始往關懷生命的方向發展。

一、禮儀師證照制度的提出與殯葬教育的專業化

就禮儀師證照制度的提出，多少受到西方殯葬服務的影響。對西方人而言，由於殯葬服務的商業化，他們必須有一套制度來規範殯葬服務。如果沒有這一套制度的規範，那麼想要讓殯葬服務有品質其實是會很困難。但是，倘若可以規範出一套制度，那麼想讓殯葬服務有品質就會比較容易。所以，基於品質保障的考量，西方人開發出一套專業化的制度來規範殯葬服務的品質。

可是，這一套制度要如何規範才能產生效用？對此，他們採取兩種做法：第一種就是專業教育；第二種就是專業證照。就第一種而言，所謂的專業教育是針對傳統的經驗教育而來的。對傳統來說，殯葬人員的養成是要透過經驗模仿學習的。當他們跟隨在帶領者身邊學習時，不是帶領者如何教育他們，而是他們自己如何主動觀察學習。當學習到一個程度時，這時帶領者就會判斷他們的學習成果是否合格？如果合格，那麼他們就可以開始獨立提供服務。如果不合格，則就必須再次進行觀察學習，直到合格為止。

不過，這樣的經驗學習很難保證學習的成果。因為，他們並不清楚為什麼要這樣提供服務？如果有人想要知道其中緣由，那麼得到的答案就是約定俗成，自古就如此。在這種情況下，服務的水準自然稱差不齊，很難確保服務品質的穩定性。如果人們想要獲得品質穩定的服務，那麼就必須設法將學習的內容加以制式化、規格化。當內容制式化、規格化以後，無論是誰提供服務，這樣的服務品質即始終如一。

除了這種專業化的學習教育以外，為了確保培養出來的服務人員是合格的，他們更進一步提出專業證照的制度，認為經過這樣制度的考核，那麼所培養出來的服務人員在服務時就不會有問題。因此，他們針對實際服務的需要，設計出各種相關的考題來考核參加考試的人員。對於合格的人，就有資格來提供服務，否則就不可以。

　　當這套制度最初在臺灣落實時，臺灣的殯葬專業教育才剛剛開始不久。這時，唯一有的正式教育就只有南華大學的生死管理學系。這個學系籌備於民國 89 年，民國 90 年正式招生。所以，就這一點而言，這樣的殯葬專業教育才剛開始，離成熟期還蠻遙遠的。基於這樣的理由，原先規劃的禮儀師證照就受到影響，考試院一改原先協商時的態度，從同意讓禮儀師證照考試列入專門職業技術人員考試到不同意列入。後來，幸好有當時勞委會（即今之勞動部）的同意配合，如此才讓這個證照制度得以延續至今，也才確保這個制度的層級一直維持在大專程度。對殯葬服務而言，這樣的維持才能真正提升殯葬服務人員的水準與形象，表示他們不只能提供專業技能的服務，也有能力提供專業知識的服務（尉遲淦，2014）。

二、個人尊嚴的要求與殯葬自主觀念的提出

　　殯葬自主觀念，主要是受到社會氛圍影響的結果。正如上述所言，癌症末期病患的增加，以及死亡率一直高居死亡原因的第一名，使原先業外的殯葬人士嗅到隱藏其中的商機，遂推出了生前契約的商品，通過預售及直銷的手段，讓這些需要的人可以在生前就決定他們的身後事。當這樣的殯葬商品推出以後，人們發現死亡禁忌不像過去那樣牢不可破，事實上，實際的需要才是重點。於是，人們開始有了生前準備的觀念。

　　隨著傅偉勳教授出版了《死亡的尊嚴與生命的尊嚴－從臨終精神醫學到現代生死學》一書，再加上楊國樞教授及余德慧教授在臺灣大學開設的生死教育通識課程，以及民國 86 年設立的南華管理學院生死學研究所，人們對於死亡不只漸漸有提前準備的想法，還有想要了解的想法，希望藉由這樣生死認知的了解，為自己尋找適合自己的生死解答。受到這些因素的影響，民國 91 年立法通過的《殯葬管理條例》，就把殯葬自主列入其中，成為這次立法的主要重點之一，表示臺灣的殯葬服務不只要求服務的品質，也開始要求殯葬的尊嚴（楊國柱，2007）。

表面看來，這對殯葬服務來說是一件好事。因為，現代人和過去的人不太一樣。過去的人受制於社會，很難擁有獨立的尊嚴。當一個人在社會上功成名就的時候，那麼他或她自然就會受到社會的尊重、擁有相應的社會尊嚴。但是，相反地，如果一個人在社會上一事無成，那麼不只得不到社會的尊重，更不要妄想可以擁有社會的尊嚴。

然而，現在情況大不相同，拜社會之賜，一個人有沒有尊嚴，和他或她的社會成就一點關係都沒有。就算這一輩子都沒有社會成就，社會也不可以因此就不尊重個人。由此可知，人的尊嚴的有無，和社會的存在條件有關。只要這個社會夠進步，那麼人自然就會有尊嚴。如果社會沒有那麼進步，那麼人自然就很難有尊嚴。因此，人的尊嚴不取決於人本身，而是取決於所處的社會是否進步。

現在，問題來了，人的尊嚴到底是天生就有的還是後天才出現的？如果是天生就有的，那麼這樣的尊嚴是不用爭取的。如果是後天才出現的，那麼這樣的尊嚴是要經過爭取的。對人而言，單純先天就有的，是很難被人認可的。同樣地，如果只是後天爭取的，那麼社會可以認同也可以否定。所以，從一個比較客觀的角度來看，關鍵不在於人的尊嚴是先天還是後天出現，而在於是否自覺地滿足個人的生死與殯葬需求。一旦人自覺地意識到這個問題，自覺地解決這個問題，那麼就是有尊嚴的。否則，在一切不自覺的情況下，就算社會要給尊嚴，這樣尊嚴也很難被擁有。

1-4　生命關懷事業的出現與發展

根據上述的說明，有關生命關懷的部分其實是很複雜的。在此，不只有死亡禁忌的部分，也有殯葬服務的現代化，更有生死學的啟發與深化。當這些複雜的因素交雜在一起時，表面上看來，生命關懷事業就呈現出極其特殊的樣貌，不是有的看起來像現代商業服務卻又夾雜著傳統的死亡禁忌、有的看起來像是現代專業服務卻又夾雜著傳統的經驗服

務、有的看起來像是西方的形式服務卻又夾雜著傳統的實質服務。對於這樣相互交雜衝突的現象，不僅表現在殯葬服務的行業本身，也表現在殯葬服務的專業教育上。

一、從殯葬管理到生死管理

在民國 89 年，受到當時南華管理學院生死學研究所招生狀況大好的影響，學校決定增設大學部。照理來講，既然生死學研究所都設立了，那麼大學部的設立也應該理所當然。不過，教育部在審查時認為這樣的課程設計「死亡」的部分太多，應該多增加一些「生」的課程。對於這樣的反應，就可以知道實際的情況並沒有那麼樂觀，不是像表面看到的那麼沒有禁忌。對一般人而言，甚至是高級知識分子，死亡禁忌猶存，不認為打破與面對禁忌是一件理所當然的事情。

不過，在這次設立的過程中也帶來一些正面的效果，就是殯葬服務不再只是殯葬，受到死亡禁忌的影響，這個學系的設立在名稱上就不用「殯葬管理學系」，而改用「生死管理學系」。果然如當初的預料，因著生死管理的名稱而勉強過關。如果當時使用的名稱是殯葬管理，那麼就有被打回票的可能。由此可知，人們雖然受的是現代的科學教育，但是在死亡這一件事情的反應上，卻有如幾千年前的人，並沒有進步太多（尉遲淦，2014）。

　　隨著這一股改名風氣的盛行，殯葬業者也發現社會對於殯葬服務仍然帶著禁忌的眼光，如果想要吸引人們的眼光，讓人們可以接受，那麼不僅要改名稱，還要和社會上最容易被接受的名稱連結在一起。如此一來，一般人或許就不會再那麼忌諱殯葬，也許就比較容易接受殯葬。於是，一時之間與生命有關的殯葬名稱不斷地出現，如生命科技、生命關懷等等。

二、生命關懷事業名稱的提出與發展

　　事實上，這種改名的方式效果並沒有預期的好。當人們發現這些公司所做的其實就是傳統殯葬業所做的時候，仍有不少的人採取避諱的態度。對於這樣的反應，迫使殯葬業者或研究殯葬的學者不得不進一步反思應當如何改善殯葬處境的問題。到了民國 98 年，苗栗的仁德醫護管理專科學校看到了殯葬教育的商機，認為這樣的科系實在有開設的必要。於是，就用了生命關懷事業的名稱申請，結果沒想到一申請就通過。從此以後，有關殯葬服務的科系就以「生命關懷事業」的名稱存在臺灣。

　　到了民國 104 年，屏東的大仁科技大學也看到了這樣的殯葬教育需求。基於學校發展的需要，他們就沿著仁德醫護管理專科學校的前例提出申請。正如所料，這樣的申請也很容易就通過了。到了民國 106 年，新北市的馬偕醫護管理專科學校也看到了這種發展的契機，同樣用生命關懷事業的名稱提出申請，自然也順利通過（尉遲淦，2019）。

　　到目前為止，使用生命關懷事業名稱的殯葬科系共有三所，而真正從事殯葬專業教育人才培養的科系共有六所。其中，國立空中大學的生活科學系所培養的專業人才，主要是為了禮儀師證照配套學分修習的需要。在此，真正在培養殯葬服務專業人才的學校共有五所。除了南華大學生死學系使用生死的名稱、玄奘大學生命禮儀學程使用生命禮儀的名稱以外，其餘三所都是用生命關懷事業的名稱。

三、落實生命關懷事業內涵的省思

這麼說來，社會對於殯葬服務的認知是否就正式進入生命關懷的階段？其實，實際情形也沒那麼簡單。的確，生命關懷的名稱確實會淡化殯葬服務中的死亡禁忌氛圍，但是殯葬服務是否就使人真的感受到生命關懷的內涵，說真的，還很難說。如果真的要讓社會上的人們如實感受到，那麼對於生命關懷的部分還要加強。就目前的作為來看，有的科系會把生命教育的課程納入，彷彿只要納入這樣的課程，殯葬服務中的生命關懷部分就可以水到渠成。

嚴格說來，這樣的思維太過簡單。因為，殯葬服務是否就能達到生命關懷的效果，要看的不是加了什麼課程進來，而是要看這樣的教授內容是否就具有生命關懷的內涵。因此，有關殯葬服務科系的課程內容需要做更大幅度的調整，不是把殯葬服務看成是一種制式服務，也不是把殯葬服務看成是一種處理遺體的動作服務，而要把殯葬服務看成是一種解決生死問題的知識與技能服務。只有當殯葬服務可以做到這一點時，這時人們自然就會感受到生命關懷的成分，也就不會再把殯葬服務當成是正常生活以外的異類服務，而是圓滿生活及生命的必要服務。

 學習小故事 1

小真是個孝順的年輕人，有一天她陪媽媽去做健康檢查，檢查之後過了幾天，她到醫院去拿報告，醫生說她媽媽有罹癌的可能性，需要做進一步的檢查。於是，她就編個理由告訴媽媽需要再做檢查。再次檢查的結果，醫生診斷出她媽媽確實罹癌，而且已經末期，存活率不高。

請問在這種情況下她要不要直接告訴媽媽檢查的結果？如果不要，那麼對於媽媽的身後事要不要準備一下，應當如何準備才好？

學習小故事 2

　　小王想要找工作，但又不是很順利。有一天，他看到一個徵才廣告，希望有志於生命關懷事業的年輕人可以參與，工作要求不高，有無經驗皆可，只要願意學習就好，待遇優渥。於是，他就前往應徵。等到他應徵上了以後，他才發現這是一個殯葬服務的工作。

　　請問在這種情況下他是要去上班，還是再找其他工作試試？如果要去上班，當遭遇家人與親友反對時又該如何？如何用生命關懷的理由來說服他們呢？

課後
練習 ....

一、是非題

1. 傳統對於殯葬服務採取的是禁忌的態度。

2. 在臺灣民國 60、70 年代以前，生命關懷事務是由家人處理。

3. 臺灣殯葬服務的現代化是來自業內人士主動提出的結果。

4. 現代化的殯葬服務很強調服務的品質。

5. 癌末病人對於身後事，有做事先安排是正確的。

6. 臺灣的殯葬服務是受到生死學的啟發。

7. 禮儀師證照制度是由考試院主導。

8. 殯葬自主是殯葬管理條例的政策重點之一。

9. 在教育界，生命關懷事業名稱的提出最早是仁德醫護管理專科學校。

10. 開設生命教育的課程就代表落實了生命關懷的內涵。

二、問題討論

1. 請問傳統殯葬服務為什麼會採取禁忌的態度？

2. 為什麼生死學的出現會啟發生命關懷事業名稱的提出？

解答 ‧‧

一、是非題

1.(○)　2.(○)　3.(✗)　4.(○)　5.(○)　6.(○)　7.(✗)　8.(○)　9.(○)　10.(✗)

二、問題討論

1. 請問傳統殯葬服務為什麼會採取禁忌的態度？

　　是受到對死亡不了解的影響。當傳統殯葬服務人員在服務時，認為他們服務的是亡者，會擔心有不好的影響，故而還是遠離他們比較好，以免不小心被霉運纏上。由之，在無形當中對殯葬服務就採取了禁忌的態度。

2. 為什麼生死學的出現會啟發生命關懷事業名稱的提出？

　　本來殯葬服務在社會變遷的衝擊下被認為只是一種傳統或社會的規定，所以要處理的只是亡者的遺體，並沒有甚麼生死問題要處理。可是，生死學提醒人們死亡不只是一個事實，還是一個問題。如果沒有解決，那麼這個問題無法讓人們面對死亡、讓離開的人得到善終。因此，在安頓生死的要求下，人們發現殯葬服務與其說是遺體處理的服務，倒不如說是生死問題解決的服務。就這樣子，生死學啟發了殯葬服務，使其有了生命關懷名稱的構想。

徐福全(2001)・台灣殯葬禮俗的過去、現在與未來・*社區發展季刊*，96 期，頁 99-108。

尉遲淦(2009)・*殯葬臨終關懷*・新北市：威仕曼文化。

尉遲淦(2011)・*禮儀師與殯葬服務*・新北市：威仕曼文化。

尉遲淦(2014)・殯葬教育・李民鋒，*台灣殯葬史*（285-348 頁）・臺北市：殯葬禮儀協會。

尉遲淦(2017)・*殯葬生死觀*・新北市：揚智文化。

尉遲淦（2019，6 月）・*台灣殯葬教育的回顧與前瞻*・論文發表於 2019 亞洲殯葬教育聯盟學術研討會暨生關十年成果發表會・苗栗後龍：仁德醫護管理專科學校生命關懷事業科。

傅偉勳(1993)・*死亡的尊嚴與生命的尊嚴－從臨終精神醫學到現代生死學*・臺北市：正中。

楊國柱(2007)・*殯葬政策與法規*・新北市：國立空中大學。

02

編著者　尉遲淦

生命關懷事業的意義

2-1　「殯葬服務」使用「生命關懷事業」名稱的緣由

2-2　一般大眾對「生命關懷事業」的認知

2-3　「殯葬服務」改稱「生命關懷事業」是否合宜

2-4　「殯葬服務」使用「生命關懷事業」的真諦

學習
目標

1. 了解殯葬服務之所以使用生命關懷事業名稱的緣由。

2. 了解社會大眾對於生命關懷事業的一般認知。

3. 了解殯葬服務被稱為生命關懷事業是否合宜。

4. 了解殯葬服務何以要使用生命關懷事業的真諦。

前 言

　　自從民國 98 年以後，在殯葬服務科系的設立上「生命關懷事業」就成為科系的正式名稱。本來，這樣的名稱要怎麼命名純粹只是一種科系設立的教育部認可，與這個名稱的實際意義並不一定有關聯。但是，站在專業分工的立場，再加上學術對意義認知的要求，這種命名的方式漸漸遭受學術界的質疑，認為這樣的命名是否恰當？會不會對社會大眾帶來認知上誤導的後果？

　　如果不會，說真的，只要社會上的人們有共識，對其他的專業不造成影響，那麼繼續使用也沒有甚麼不妥。可是，如果會影響其他的專業，尤其是這些專業開始在意這件事情時，那麼對研究殯葬教育的學者就有責任說明清楚，為什麼當時殯葬服務科系的設立要使用生命關懷事業的名稱，而不使用原先殯葬服務本身的名稱，如殯葬管理？

　　倘若研究殯葬教育的學者沒有說明清楚這樣的緣由，釐清這樣使用的整個情形，那麼在其他專業的質疑下就會對殯葬教育造成負面的影響，讓社會大眾誤以為殯葬服務仍然停留在早期的階段。為了避免造成這樣的誤解，表示殯葬服務不只是一種技能的操作，已經進入技能與知識並重的專業時代，有必要對於生命關懷事業的意義作進一步的說明。

2-1　「殯葬服務」使用「生命關懷事業」名稱的緣由

　　從表面來看，殯葬服務之所以要用生命關懷事業的名稱，是為了科系申請之必要。依據第一章的說法，當時如果直接使用殯葬管理的名稱，那麼這樣的科系申請要想通過會變得很困難。所以，才會用生死管理的名稱。

　　不過，就算要核可，教育部在審查意見上還是希望能多一點「生」的課程、少一點「死」的課程。從這樣的層面來看，就可以知道當時社

會上的氛圍對於死亡是多麼地禁忌。即使已經有了生死學學研究所的設立，對於生死管理的設立還是蠻避諱的。

一、一般人對死亡的反應

那麼，為什麼當時的人會這麼避諱死亡？為什麼連知識分子也抱持相同的態度？對知識分子來說，他們所受的教育不是科學的教育嗎？從科學的角度來看，怎麼可以用如此禁忌的方式來對待死亡？當知識分子把死亡看得如此禁忌時，這就表示這時的知識分子不是以知識分子的身份來看待死亡，而是以一般人的身分來看待死亡。對一般人而言，對死亡表示出避諱的態度也是應該的。因為，他們實在不知道應該如何理解死亡，只好從本能的角度來回應死亡，如同動物在真正受到生命的威脅時，才會感到恐懼害怕（鄭志明、尉遲淦，2008）。

當他們用這樣的態度來回應死亡時，有的人可能就會覺得很納悶，在一般的情況下人們不是還沒有遭遇死亡嗎？在死亡還沒有來臨以前，人們有甚麼好恐懼害怕的呢？就算真的要恐懼害怕，也必須等到死到臨頭再說。怎麼會在還沒有遭遇死亡之前，人們就提前恐懼害怕？對於人們的這種反應，的確很難把它直接和動物的反應連結起來。

之所以如此，這不是沒有理由的。對人們來說，對死亡的恐懼害怕確實像動物那樣。只是這樣的反應，從動物的立場來看，牠們只能在實際遭遇死亡時才會表現出來。可是，人們在面對死亡時他們的反應不只是本能的反應，還有理性因素的參與。如果不是理性因素的參與，說真的，人們在面對死亡時的反應就不會是現在這樣，反而會比較像動物那樣。

可是，為什麼有理性就會不一樣？答案其實很簡單，就是理性會表現出推理的能力。當理性在表現推理的能力時，它就會把人都會死的事實當成一個前提來做推理。所以，一旦有了這樣的推理，人們就會預判自己最終的命運。在無形當中，他們就會誤以為自己已經遭遇了死亡，而不知道死亡尚未到來。對於死亡才會表現出這樣的態度，而不會加以分辨。

但是，如果只是了解到這裡，那麼還是不清楚人們為什麼要那麼恐懼害怕死亡？對現在的青少年，其實以前也是一樣，常常會聽到的口頭禪就是十八年後又是一條好漢。既然如此，那麼人們對於死亡還有甚麼好恐懼害怕的？現在，說歸說，做歸做，這就表示上述的說法其實只是故作瀟灑狀，未必真的如此。難怪死到臨頭時就有很多人會覺得後悔！可惜的是，已經來不及了。因為，死亡是一條單行道，有去無回。

二、一般人害怕死亡的理由

那麼，人們為什麼要恐懼害怕死亡？這是因為死亡不在經驗範圍之內（尉遲淦，2017）。如果死亡在經驗範圍以內，那麼人們就可以藉著經驗來判斷到底死亡是否真的那麼可怕？問題是，人們去世了，無法回來告訴生者死亡是怎麼一回事、是否真的很可怕？當然，有人可能會說不是可以託夢嗎？就算可以託夢，做夢的人怎麼知道來託夢的就是亡者，而不會是日有所思夜有所夢的結果（尉遲淦、邱達能、鄧明宇，2020）？所以，在此情況下，人們對於死亡還真的很無知。

這樣說來，既然亡者不能藉由死亡的經驗回來告訴人們死亡的真相，那麼從一般經驗來看，死亡對人們來說有好的一面、也有不好的一面。如果是好的，那麼死亡對人們來說就沒甚麼好害怕的。如果是不好的，那麼死亡對人們來說自然可怕。然而，由於缺乏經驗，人們在對死亡做反應時為什麼就要選擇可怕的那一面，而不是不可怕的那一面？

的確，從理性的角度來說，對於未知的部分人們確實是可以有兩種選擇。不過，對於死亡的選擇人們的反應通常是負面的居多。那麼，人們的反應為什麼會是這樣？對此，值得進一步探究。對人們而言，死亡

雖然未知，不在經驗範圍之內，但是人們既有的卻在經驗範圍之內。無論人們對於現有的一切是滿意還是不滿意，至少這是人們可以擁有掌控的。至於死亡所帶來的，不管是好還是不好，都在人們的掌控範圍之外。就人們來說，對掌控得了的才有信心；對掌控不了的是不會有信心的。

　　至此，對於人們避諱死亡的心態就可以有一個比較完整的了解。那麼，這樣的了解有甚麼作用呢？簡單來說，這個作用就是讓人們知道為什麼要選用「生命關懷」而不要選用「殯葬服務」的名稱的緣由。不過，要進一步了解就不能只停留在負面因素的交代，而必須同時考量到正面的層面。因為，生命關懷事業是一個正面的表述，和死亡禁忌的負面表述不同。

三、殯葬服務選擇使用生命關懷事業的緣由

　　從上述的說明來看，人們還是比較喜歡正面的事情，因為，正面的事情代表的是成就，負面的事情代表的是否定。對人而言，成就就是一種希望，否定就是一種絕望，只會被忽視或逃避。如果可以在絕望當中找出希望，那麼這樣的絕望就有接受的可能。所以，在對事情的面對上人們總是往希望的方向走，而不會往絕望的方向走（尉遲淦、邱達能、張孟桃，2020）。

　　同樣地，在殯葬服務的名稱選擇上，如果人們選的是過去傳統的名稱，那麼在死亡禁忌的影響下，這樣的名稱要被接受就很難。即使有人接受了，也會認為這樣的接受是不得已的，絕對不會有人興高采烈地接受。所以，為了避開禁忌的困境，使人們可以耳目一新，甚至認為這樣的事業是帶著希望的事業，殯葬教育在科系設立時就試圖從生命關懷的角度來命名，也才會有「生命關懷事業科」的出現。

　　當這個科系出現以後，無形中也帶來新的理解可能，就是殯葬服務不僅是處理亡者遺體，亦是展現對人們的一種關懷，關懷人們的生命。希望在服務的過程中，人們的生命不僅可以脫離死亡的困擾，還可以帶

來新的希望。從這一點來看，如果生命關懷事業的名稱可以帶來這樣的改變，那麼這改變就是一個很好的改變，也為殯葬服務開啟另外一扇生命的窗。

2-2　一般大眾對「生命關懷事業」的認知

不過，認為殯葬服務是關懷人們生命的服務事業，卻不是殯葬業者自己可以決定的，也不是提供教育的相關科系本身可以決定的。嚴格說來，真要能決定的其實就是社會本身。只要社會本身認為殯葬服務正如上述所言那樣，那麼殯葬服務就是生命關懷事業的一環。如果社會本身認為殯葬服務根本就不是那麼一回事，那麼殯葬服務一下子就被打回原形，就算殯葬服務再怎麼自我標榜，也都無濟於事。因為，一個行業的認定不是自我決定的，而是社會決定的。

那麼，社會會認定殯葬行業的現有說法嗎？會認為殯葬服務真的就是生命關懷事業的一環嗎？想要回答這個問題，就必須了解社會對於生命關懷事業的一般認知。對社會而言，它對於社會上的各種行業會怎麼評價、會給予怎麼樣的定位，主要是受到認知的影響。如果它認為這個行業是屬於甚麼，那麼這個行業在社會上就會被認為是甚麼。由此可知，社會對於行業的認定決定這個行業在社會上的存在樣貌。

一、以醫療事業為例說明

如果社會對於行業的認定決定這個行業在社會上的存在樣貌，那麼要怎麼做才能了解社會對於生命關懷事業的認知？對此，醫療事業會是一個蠻合適的切入點。之所以如此，是因為人們只要生存在世界上，無論他或她是在母親的肚子裡，還是剛剛脫離母胎誕生人間，或是逐漸長大成人，甚至老化死亡，在這些過程中每個人通常都會有罹患疾病的經歷。對於這樣的普遍困擾，社會就有責任加以解決，而醫療事業恰巧就承擔著這樣的重責大任幫助人們解決疾病所帶來的困擾。

　　那麼解決人們疾病的醫療事業和關懷人們生命的事業之間到底有何關聯？為什麼社會會認為醫療事業就是一種生命關懷事業，而非其他事業？其中最主要的理由有幾個：第一個就是疾病會影響人們的健康，使人們無法正常生活；第二個就是疾病會為人們帶來病痛，使人們無法自在生活；第三個就是疾病會為人們帶來死亡，使人們不再存活於人世。基於這些理由，醫療事業在社會上被認定就是生命關懷事業的一分子。

　　就第一個理由來看，疾病會影響人們的健康的確是個事實。但是，為什麼會和生命關懷有關？對人們而言，生活就是要健健康康地活著。如果活著時不能健健康康，那麼這樣的活著就會影響人們，不僅無法正常工作，也無法正常謀生，甚至於正常社交。從現代人的角度來看，這樣的生活不能算是一個有品質的生活，而醫療事業就是專門針對這個問題提供解決方案的事業。因此，在這樣的理解下社會才會把醫療事業看成是一種關懷生命的事業。

　　就第二個理由來看，疾病會為人們帶來病痛也是一個事實。問題是，人們在看待這個事實的時候不只是把這個事實當成一個事實，而是當成一個價值，對於這個價值形成正負兩面的看法。如果這個價值是正面的，那麼病痛對人們就沒有困擾。但是，如果這個價值是負面的，那麼就會影響人們的生存意義。對人們而言，這樣的負面意義不是他們想要的，也會讓他們覺得自己活得有問題。面對這樣的生命困擾，早期的醫療事業是不直接處理的，它僅以疾病作為對治的對象，認為疾病如果治癒了，那麼病痛自然就會消失。從這一點來看，醫療事業在社會認定下也是一種生命關懷的事業。因為，它解決了疾病為人們帶來的病痛困擾，使人們得以恢復正常，過著一般人的生活。

　　於 1967 年，英國出現的一種新的照顧模式，也就是桑德絲所提出來的模式。對她而言，疾病歸疾病，病痛歸病痛，疾病與病痛不見得就非得綁在一起，也可以分開。過去傳統醫療之所以不能分開，不是它們本來就分不開，而是過去認知錯誤的結果。所以，她對疾病與病痛的關係採取一種新的了解，認為即使疾病醫不好，病痛依舊可以控制。基於

這種新的認知，她提出了以疼痛控制為主的照顧模式，也就是安寧緩和醫療（尉遲淦，2009）。對於那一些疾病再也無法治癒的臨終病人，他們雖然治癒無望，疼痛卻還是可以控制的。只要他們的疼痛可以控制，他們就有機會像一般人那樣過活，有品質地從臨終直到死亡。就這一點而言，她使醫療事業更進一步貼近生命關懷事業。

就第三個理由來看，疾病會為人們帶來死亡也是個事實。當然，疾病不見得都會為人們帶來死亡。可是，一旦帶來死亡，那麼對人們就是毀滅性的打擊。因為，人們只要活著就會有機會去實現自己。但是，死亡一旦發生，這一切實現的機會就會失去，再也不會出現。對人們而言，這是生命中最大的困擾。如果沒有機會加以解決，那麼人們想要安心地活著也不可能。對醫療事業而言，要解決的問題就是使人們的生命免於遭受死亡的威脅。如果從這一點來看，那麼醫療事業自然有資格被稱為關懷生命的事業。

對於這樣的期盼，到了現代的醫療有了更進一步的發展。在科技的幫助下，醫療不只是消極地幫助人們免於死亡的威脅，還積極地設法征服死亡，使人們不再單純地臣服於死亡之下。例如急救技術就可以和死亡拔河使人們擁有更多的「生存」機會。又如基因科技就可以改變人們的基因，使基因臻於完美，避免疾病與死亡的降臨。當然，現在這些醫療技術都還沒有那麼完美，也還不能完全打敗死亡，甚至於有時還帶來許多令人們困擾的副作用，如急救過程對臨終者所帶來的痛苦、急救不成之後所產生的植物人等。但是，不管怎麼說，這些醫療科技對人們而言就是一種救命的方法，使人們免於疾病與死亡的威脅（尉遲淦，2017）。從這一點來看，醫療事業被稱為生命關懷事業可謂當之無愧。

二、社會對生命關懷事業的認知

基於上述的探討，可知生命關懷事業是和生命關懷有關。一旦生命有了問題，如果社會上沒有相應的事業來幫忙解決問題，那麼這樣的生命就會陷入困境之中。對於這樣的生命來說，這樣的困境就是一種摧

殘。站在人性或人道的立場，社會是不應該允許這樣的事情發生才對。如果社會讓這樣的事情發生，那麼這樣的社會就不是一個合格的人性社會。所以，為了使社會合乎人的需求，它需要針對人們的問題做處理，使人們生存在這樣社會之中沒有困擾。這麼一來，只要是有助於人們正常生活，使人們得以以人的身分存活於人世，這些相關作為所衍生出來的事業就是生命關懷的事業。

依據這樣的理解，除了上述的醫療事業之外，還可以包括宗教事業、教育事業、照顧服務事業、保險事業、殯葬服務事業等等。因為，這些事業一樣在關懷著人的生命，希望人的生命經由這些事業的協助可以活得正常、過得更好，甚至是更有品質。其中，尤其是宗教事業、教育事業、殯葬服務事業，更是希望藉由它們的協助不僅使人們得以真正成為一個人，還希望這樣的人可以擁有他們的尊嚴、圓滿他們的人性，使之具有永恆的意義。

2-3 「殯葬服務」改稱「生命關懷事業」是否合宜

既然上述在理解生命關懷事業時把生命問題的解決當成最重要的任務，那麼殯葬服務改稱為生命關懷事業是否合宜？如果只從現有的主流觀點來看，這樣的認定似乎會有爭議。之所以如此，理由其實很清楚。對現有的主流觀點而言，殯葬服務處理的就只是亡者的遺體，而這樣的遺體就只是單純的「物」，除此之外別無其他。對一個只處理「物」的行業，要把這樣的行業稱為生命關懷的事業似乎難以讓人理解。這麼說來，殯葬服務就不適合被稱為生命關懷的事業。

表面看來，答案似乎就是如此。無論人們主觀的想像為何，要扭轉這樣的印象實在不太可能。如果人們想要扭轉這樣的印象，那麼就不能只停留在表面的理解，而是要深入表面的背後，看這樣的理解是如何形成的？一旦了解成因，那麼就可以重新批判與形構，看這樣的理解是否

有問題？如果有問題，那麼人們自然就可以提出新的見解。如果沒有問題，那麼人們就只能接受這樣的結果，不再認為殯葬服務是屬於生命關懷事業的一環。

一、對殯葬服務認知的主流觀點

那麼，現有的主流觀點為何把殯葬服務只看成是遺體的處理？對此，如果真要了解，就必須回到科學的觀點。對現代人而言，科學之所以被信賴，主要是受到效用影響的結果。一個存在如果不能滿足效用的要求，那麼這個存在就很難得到社會大眾的認可。相反地，一個存在如果要得到社會大眾的認可，那麼就必須滿足效用的要求。因此，站在科學的立場上，效用的有無成為一個存在是否為社會大眾認可的標準所在（尉遲淦，2017）。

從這個角度出發，人之所以有用，是因為他或她還活著。只要生命還在，那麼就可以為社會做出貢獻。雖然這樣的貢獻會因人而異，但是無論貢獻大小，基本上還是值得肯定的。一旦一個人失去了生命，那麼對社會就失去貢獻的可能。當貢獻不在的時候，社會就不會再肯定他或她的價值。

那麼處理亡者遺體的殯葬服務是否就有價值呢？受到處理對象的影響，如果亡者的遺體是沒有價值的，那麼處理亡者遺體的殯葬服務自然也就沒有價值。既然沒有價值，那就表示殯葬服務對社會就產生不了甚麼貢獻。如果殯葬服務對社會沒有任何的貢獻，那麼要社會肯定殯葬服務就不可能，更不用說把它看成是一種與生命關懷有關的事業。

在此，有人可能就會提出一個質疑，認為亡者遺體的處理不也是對社會做出一種貢獻嗎？難道把亡者遺體放在那裡不處理對社會就是好的嗎？的確，不處理亡者遺體確實對社會不好。但是，這樣的不好只是一種負面的影響，並不會為社會帶來正面的價值。因此，就算殯葬服務把遺體處理好了，也只是讓社會上的負面影響不出現。至於與社會正面價值要求有關的作為，殯葬服務還是無能提供的。由此可知，如果殯葬服

務只被理解成一種遺體處理的行業，那麼要把殯葬服務和生命關懷事業連結起來就不可能。

二、對主流觀點的省思

從上述的理解來看，殯葬服務之所以無法與生命關懷事業有連結，是因為殯葬服務被認為處理的只是遺體。問題是，人死之後難道就只剩下遺體嗎？科學又是如何做出這樣的判斷？就科學來看，它做出這樣判斷的依據就是經驗，認為經驗可以決定一切。對人們而言，人們之所以有價值主要在於活著，一旦失去生命就一無所有，自然也就沒有價值。

然而，這樣論斷的標準在哪裡？經驗是否足以支撐這樣的論斷？從科學來看，經驗就是標準。但是，經驗如果是標準，那麼它能適用的範圍就只能限於經驗本身。對於不在經驗範圍以內的存在，它原則上都不能下判斷。如果它任意下判斷，那就表示它逾越了經驗的標準。這時，對於這樣的判斷是不用遵從的。如果要遵從，那麼這樣的判斷就必須遵守經驗的標準。所以，從經驗作為標準的角度，科學對於死後是不能下任何判斷的，頂多只能說它無法判斷（尉遲淦，2017）。

既然如此，那就表示對於死後的存在人們是可以保有其他的可能性，如死後還有生命。當然，對於這樣的存在沒有人可以給予任何正面的肯定，表示這樣的存在是百分之百可能的。同樣地，也沒有人可以給予任何負面的否定，表示這樣的存在是百分之百不可能的。在此，唯一能說的，就是這種存在是有可能的。只要這種存在是有可能的，就足以使殯葬服務出現其他理解的可能。例如在提到殯葬服務時就不一定只能提出遺體處理的說法，也可以提出對遺體以外部分處理的說法。也就是說，遺體處理只是殯葬服務的一部分，遺體處理以外還有其他部分。

那麼，遺體處理以外的部分指的是甚麼？在此，指的就是死後生命的部分。當人除了遺體之外還有死後生命部分的時候，這時殯葬服務處理的就不只是遺體而已，還包含死後生命的部分。如果殯葬服務處理的不只是遺體還包含死後生命的部分，那麼殯葬服務處理的就不是沒有用的物，而是有用的生命。只是這個生命不再是經驗範圍內的生命，而是

超越經驗範圍以外的生命。雖然這個生命在經驗範圍內無法得到證實，卻也無法加以否證。基於這種存在的可能性，使殯葬服務的處理從對於作為純粹物的遺體處理蛻變成進入超越經驗生命的處理。從這一點來看，殯葬服務當然可以被稱為生命關懷事業。

2-4　「殯葬服務」使用「生命關懷事業」的真諦

　　雖然殯葬服務使用生命關懷的名稱是可以被認同的，但是對於這樣的認同需要更進一步深入探討，對科學而言，依據上述的探討非常清楚，就是科學僅止於經驗，對於超越經驗的生命科學是一概不承認的。既然不承認超越經驗生命，當然從科學角度而來的說法自然會使殯葬服務與生命關懷事業無關。不過，這樣的無關只是就科學而言，並沒有就其他的而言。那麼，在科學之外的其他是否就具有相同的超越經驗內容？

一、對生者生命的關懷——以基督宗教為例

　　對基督宗教而言，它的超越經驗的內容並不是直接針對亡者本身，而是針對生者。從它的角度來看，死後的一切人是不能介入的（尉遲淦，2017）。之所以如此，是因為人能力所及的部分就只有在世的領域，除此之外別無其他。可是，按照聖經的說法，人是按照神的形象而造，那麼就應該具備類似上帝的能力，為何在此又被認為只能處理在世的事情，對於死後的一切就都沒有能力處理？這些說法彼此之間難道就沒有衝突嗎？

　　如果只從表面來看，這些說法似乎相互衝突。但是，只要深入了解，就會知道這樣的衝突只是表面的假象。實際上，它們之間是沒有衝突的。因為，人對於死後之所以沒有能力，不是人本來就沒有能力，而是能力受到限制的結果。如果當年亞當、夏娃不要接受蛇的誘惑吃下智慧樹上的禁果，那麼人是不會違反與上帝的誓約，自然就不會受到死亡

的懲罰。在沒有死亡懲罰的情況下，人當然就有能力知道超越經驗的死後世界。

可是，由於亞當與夏娃違反了與上帝的誓約吃下了智慧樹上的禁果，所以他們對於超越經驗的生命就沒有能力進入。在沒有能力進入的情況下，無論人再怎麼努力都不可能對超越經驗的生命有所了解。既然沒有能力了解，那麼當死亡來臨的時候，在殯葬服務的處理上就不能對死後的生命有任何的作為。在此，唯一能夠有的作為就是對遺體的處理。至於和靈魂有關的部分，也就是和人死後生命有關的部分，殯葬服務的處理就完全無能為力。這麼說來，殯葬服務是否就和生命關懷事業無關？

其實，答案也不見得如此。實際上，殯葬服務還是可以和生命關懷事業有關，只是此處有關的對象並不是亡者，而是生者。對殯葬服務而言，它除了處理亡者的遺體以外還處理生者的希望。對亡者而言，為了凸顯他或她死後的歸宿，在殯葬服務上就採取防腐的做法，使遺體處於一個比較好的狀態，表示他或她的靈魂應該已經受到上帝的接納，回到永恆的天家，也就是天國。至於生者，就把亡者死後回到天家當成是未來自己死後的希望，遂通過做彌撒、做禮拜等宗教儀式來堅定自己的信仰，使這樣的希望未來死後成為可能（尉遲淦，2017）。

二、對亡者生命的關懷——以佛教為例

不過，這種強調殯葬服務對生者效用的作法並不適用於所有的殯葬服務。對有的殯葬服務而言，它的重點就放在亡者身上，像佛教就是一個主要的例子（尉遲淦，2017）。從佛教的觀點來看，人對於超越經驗的死後生命不是完全沒有能力的。人之所以沒有能力，是因為人的不了解，不知道這樣的生命會有甚麼樣的際遇。一個人如果知道這一切都是佛教說的「種如是因，得如是果」，那麼在作為時就會特別小心，避免使自己陷入負面的困境。可是，如果不清楚這一點，那麼就會誤以為一切都是天注定，人除了接受就不能再有其他的作為。

那麼，在殯葬服務的作法上佛教是怎麼提供的？對佛教而言，人的一切際遇雖然都是自作自受的因果法則，但是這樣的自作自受只有在活著時才是處於主動的狀態。當人剛死的時候或處於中陰狀態的時候，這時人是處於被動的狀態，只能接受生前所

作所為的果報。如果人不想受限於這樣的被動狀態，那麼就必須有其他人，如家屬提供助念和做七的協助。如果沒有人提供這樣的協助，那麼他或她想要化解這樣的果報是不可能的。因此，對一個剛剛進入死亡狀態的人，在他或她的神識尚未離開身體以前的八小時，助念就是一個有用的方法。同樣地，對一個已經神識離體進入中陰狀態的人，做七就是一個有用的方法（尉遲淦，2011）。

當然，這樣的方法是否可以產生效用？可以產生何種程度的效用？主要不在提供協助的生者，而在亡者本身。如果亡者本身覺性較高，那麼在助念或做七的階段這樣的幫助效用就會較大。也就是說，亡者在神識離體時不但會比較容易、也會比較快速；在中陰狀態時不是立刻解脫輪迴就是投胎轉世到比較好的下一世。相反地，如果亡者本身的覺性不高，那麼在助念或做七的階段這樣的幫助效用就會較小、甚至沒有。也就是說，亡者在神識離體時不但不容易、還會比較慢；在中陰狀態時投胎轉世就會到比較不好的下一世。

三、對生者與亡者生命的關懷──以禮俗為例

除了強調對生者生命的關懷，以及對亡者生命的關懷的殯葬服務以外，還有另外一種強調對生者與亡者生命的關懷的殯葬服務，而這一種服務就是禮俗的服務。表面看來，這樣的服務只是依傳統規定提供服務，彷彿只是一種人為的規定。實際上，這樣的規定是針對生者與亡者

在死亡發生後產生問題所提供的解決方法。當人們採取這樣的看法時，生者與亡者因死亡所產生的問題就可以在禮俗的協助下化解問題（尉遲淦，2017）。

那麼，禮俗所要解決的問題是甚麼？從死亡的發生來看，禮俗所要解決的問題就是死亡所帶來的人際關係的完全斷裂和隔絕。對生者而言，他或她不願意接受這種斷裂的現實。對亡者而言，他或她亦不願意接受這種斷裂的現實。對於這種彼此的不願意，禮俗就針對這樣的不願意透過一些儀式的安排來喚醒彼此心中那一份永恆之情，使其了解這樣的斷裂之所以成真，不是它本身即真，而是人們遺忘親情的永恆性。一旦人們回歸這樣的永恆性，那麼這樣的斷裂表象就會被化解。由此可見，禮俗的這種處理方式就是一種關懷生命的方式，也是一種強調生者與亡者共同合作完成化解問題的方式。

 學習小故事 1

小張在念書的時候受到科學教育的影響，自認自己就是科學的信徒。平時在判斷事情的時候，動不動就把科學的標準拿出來，認為只有合乎經驗的才是真的，要不然就都是假的。有一天，他最愛的阿嬤去世了。如果從科學的觀點來看，他的阿嬤已經變成「物」的遺體。這時，他對一個「物」傷心並沒有意義。但是，很奇怪的是，他的眼淚就是停不下來。對此一反常的現象，請問他真的把科學當成是唯一的標準嗎？還是說，他其實抱持的看法並沒有那麼科學？

學習小故事 2

　　小芬從小就是一位虔誠的基督徒，可是她從來都沒想過基督宗教對於死亡是怎麼處理的？有一天，她最要好的朋友去世了。當她去參加喪禮的時候，她才知道基督宗教在死亡的處理上是這樣，和一般她所看過的喪禮不一樣。這時，她就很納悶，為什麼基督宗教在喪禮的處理上不以亡者為主，而要以生者為主？不是亡者死了嗎？這樣的安排到底有甚麼意義？對於這樣的疑問，請問要如何解答才能讓小芬充分理解？

一、是非題

1. 殯葬服務最初跳脫殯葬名稱所採用的是生死管理。

2. 一般人怕死是親身經歷的結果。

3. 殯葬教育科系之所以選擇生命關懷事業的名稱，是為了讓社會上的人們比較容易接受。

4. 醫療事業是一種生命關懷事業。

5. 傳統醫療認為病和痛是可以分開的。

6. 只處理遺體的殯葬服務是可以被稱為生命關懷事業的服務。

7. 殯葬服務之所以被稱為生命關懷事業的理由是和超越經驗的生命有關。

8. 禮俗強調的是生者的生命。

9. 佛教強調的是亡者的生命。

10. 基督宗教強調的是生者與亡者的生命。

二、問題討論

1. 請問殯葬服務使用生命關懷事業的名稱合適嗎？

2. 為什麼禮俗會同時強調生者與亡者在死亡問題解決上的重要性？

解答 ....

一、是非題

1.(○)　2.(✗)　3.(○)　4.(○)　5.(✗)　6.(✗)　7.(○)　8.(✗)　9.(○)　10.(✗)

二、問題討論

1. 請問殯葬服務使用生命關懷事業的名稱合適嗎？

　　如果像現在主流觀點那樣，把殯葬服務看成是遺體服務。那麼，這樣的服務是不合適使用生命關懷事業的名稱。因為，人死以後遺體就是「物」，對「物」的服務是與生命關懷事業無關聯性的。但是，如果不採取現有的主流觀點，而從科學限度來看，殯葬服務要服務的就不見得只是遺體，也包含死後生命。這麼一來，殯葬服務在使用生命關懷事業的名稱就不會有問題。因為，它服務的不是作為物的遺體，而是擁有死後生命的亡者。

2. 為什麼禮俗會同時強調生者與亡者在死亡問題解決上的重要性？

　　對禮俗而言，死亡所帶來的主要問題就是親情斷裂的問題。既然是親情斷裂的問題，如果只單一方強調生者或是亡者，那麼這樣的斷裂問題要解決是不可能的。因此，如果要解決親情斷裂的問題，那麼就必須同時從生者與亡者的關係著手，使彼此之間的情不受死亡的影響，而可以回復到先天就存在的永恆意義。

尉遲淦(2009)‧*殯葬臨終關懷*‧新北市：威仕曼文化。

尉遲淦(2011)‧*禮儀師與殯葬服務*‧新北市：威仕曼文化。

尉遲淦(2017)‧*生命倫理*‧臺北市：華都文化。

尉遲淦(2017)‧*殯葬生死觀*‧新北市：揚智文化。

尉遲淦、邱達能、張孟桃(2020)‧*生命教育研習手冊*‧新北市：揚智文化。

尉遲淦、邱達能、鄧明宇(2020)‧*悲傷輔導研習手冊*‧新北市：揚智文化。

鄭志明、尉遲淦(2008)‧*殯葬倫理與宗教*‧新北市：國立空大。

MEMO

03

編著者　李慧仁

生命關懷事業的模式

學習
目標

1. 了解傳統殯葬產業的緣起與模式。

2. 了解生命關懷事業的興起與發展。

3. 認識現代生命關懷事業的模式與樣貌。

4. 學習從現代社會的需求，至後現代生命關懷事業模式應有的概況與發展。

前　言

人類生與死的問題，本來就是一體的兩面，但受到死亡的禁忌影響，生與死的課題總是被區隔分開進行討論，甚至發展到現代，生與死相對應的產業也彷彿是井水不犯河水，檯面上不做接觸，互不交涉。但就每個人的生命實像來說，生與死的情況是相續不斷的在其身上發生的，即使生命終究跨過醫學上所定義不可逆之點，死亡的發生仍必須經歷一段過程，確實每個人從臨終階段經歷到初終的時間長短不一，但是就全人的概念來看，面對死亡的課題，不僅只於生理的問題需要被關心與照顧，另外心理與靈性的面向也不能被忽略。因此，早在先秦時代三禮中的記載，當時雖然沒有殯葬產業也無生命關懷事業，全靠宗族家人，或有爵位者雖有君王派員協助治喪，但流程上都是從敬老、養老到養疾、慎終起進行關懷，全程延續殮、殯、葬、祭的喪禮流程。

在殯葬產業還未出現的傳統社會中，的確是透過家族與鄰里間的互助，一起共同面對生死課題。以臺灣為例，過去的農業社會中，僅有販售棺木或施作土葬風水的店家。當民眾老邁時，基本上都在家中養老，若生重病即使送醫延治，一旦臨終屆臨彌留階段，普遍將其接回家中照顧，然不幸過世後，即由地方耆老主導，由家中親友與鄰里協力為亡者送終。

在民國 60 年後，臺灣起動十大建設，經濟起飛，整體社會轉向為工商業化，原本大家庭的結構，因為年輕人外出工作而逐漸轉型為核心家庭形式，因此家中幼兒、長者的照顧，以疾病者安養及死亡發生時，宗族家人無法就近協助，因此各類保母、長照與殯葬相關的產業乃因社會大眾的需求而設立。所以，傳統關注殮、殯、葬的產業開始萌芽，但在經歷近五十年以後，社會的變遷下，殯葬專業證照業已建構，不過仍然未能全然解決人們對老化、死亡與喪親的孤獨感，其關鍵在於專業下，將生死進行切割，如此將人們的生命分段視之，當中的斷點又未妥善進行串聯，因此，臨終者要轉換成亡者的過程中遭遇了困境，進而影響其靈安；對於其周遭的家人來說，則因為在過程中銜接不上而心生愧

疚，進而產生複雜性的悲傷。另外就整體社會來說，也可能因此造成公共衛生相關的風險，所以，當代的社會，應有所覺醒，回歸到民眾面對生死大事時的真正處境，將殯葬產業升級到生命關懷事業實有其必要性，然而後現代的生命關懷事業模式究竟為何，就必須要從傳統的殯葬產業了解起，再透過轉換到生命關懷事業模式的認識，方能建構認識後現代生命關懷事業應有的模式及發展。

3-1　傳統殯葬產業的緣起與模式

　　從原始社會的遺跡進行考古推斷，人類緣於靈魂觀念(Animism)的信念，認為人是由肉體與靈魂所組合，因此為了要安頓亡者而產生了殯葬活動。之後因為生產工具的提升，從氏族公社發展到封建社會，當中累積的經驗，發現死亡對於所屬群體將產生極大的動盪與不安，再者因應個人肉體生命的有限，所以轉而追求保住其擁有權力及財產而代代相傳。先秦時代三禮中所建構的儒家喪禮儀便是依循血緣關係，並賦予為親長治喪是為行孝的基本責任與具體作為。

　　如此近二千年多來的中國社會，雖曾有如「兇肆」的店鋪出現，但是基本上都是以販售商葬用品為主，然殯葬真正成為氣候而成為產業，也是屬於農業、工業社會之後的服務業時代。就以臺灣為例，早期的產業以農業為主，也是發展到工業社會之後，殯葬活動的產業化萌芽，直到服務業掛帥時，殯葬服務便成了大眾所認可的產業之一了。

一、傳統殯葬業產業的興起

　　依據傳統社會主義經濟學理論的定義，產業(Industry)主要指稱的是經濟社會中的生產部門，乃是依據國民的直接與間接需求而出現的行業。早期時為生產物質產品或提供勞務的集合體，所以包含了農、林、魚、牧業；之後因為機械設備的發明，以製造業為主，以及包含水、電、煤氣與建築等的工業成為主流。

發展到 20 世紀，包含交通運輸、郵電及人力專業服務的產業也就因應而生了。殯葬產業化的出現與工業化來臨有所相關，以臺灣地區為例，大約在民國 63 年起，當時的政府為提升經濟發展，因此加速工業建設之外，也進行交通運輸建設，其中包含中正國際機場（今桃園國際機場）、臺中港、蘇澳港、中山高速公路、鐵路電氣化、北迴鐵路、大煉鋼廠、石油化學工業與核等發電廠等被統稱為十大建設，果然後續帶動了社會與經濟的發展，也因此為了謀生的需求，使得原本生活與工作在農村的民眾，逐漸移居到城市或工業區其周邊鄉鎮，然而因年長者早已習慣原本生活模式而仍留在老家，進而使得社會中原本大家庭的結構漸漸式微，核心家庭中的父母為了賺更多錢，雙薪者比比皆是。如此育兒以及照顧病人與長者的任務無法像過去一樣，全部由家庭成員相互分擔與代勞，同樣的，若家中發生死亡事件，喪親者若要請十幾天的喪假也是不太可能，更何況分散在其他縣市或鄉鎮的親友即使有心要協助及陪伴，亦受到時間與距離的限制，所以，傳統專責殮、殯、葬的業者便有了市場需求。

傳統殯葬活動的產業化趨勢，在工業化的風向帶動下愈發成熟，起初大多數的喪親者還受到孝道思想的影響，治喪流程中盡量親力親為，但是對於就整體的流程，因為在都會區缺少了地方仕紳耆老的引導，或者在鄰里中宗親、長輩對於禮儀的執行做法各有不同而造成紛爭，於是原本只是販售喪葬用的的棺材店、負責超度科儀的法事人員、或是擇日看風水的「先生」也成了主導，然而針對喪家的協助基本上區分為治喪流程的規劃與執行，另一方面則是協助家屬進行代辦與代購的服務，殯葬也就正式邁向產業化。

以國內臺北與高雄兩家目前已經累積三代經營殯葬業的歷史來看，目前位於北市文山區的德元禮儀公司即是由祖傳父、父傳子，如今已是由第三代進行經營，根據已經累積 40 餘年殯葬實務工作經驗的陳繼成先生之回憶：出生於三代祖傳的殯葬家庭，所以從小課餘就開始幫忙殯

葬服務，譬如簡單的土葬拾金後的曬骨、墓碑刻字與描金，甚至包含遺體入殮、擇日與禮生等。

　　至於開設在高雄已有百年歷史的同仁社，源於創辦人孫本先生幼年時，因其父親為「師公仔」經常為亡者送行，在當時並沒有葬儀社類似的行業，通常都是靠喪家自行採購，再由親戚、鄰居、朋友主動前來幫忙，不過即使如此，許多喪親家屬面對家人的離去，總是不安與失措，因此孫本先生接續繼承父親「師公仔」的工作，也在民國 5 年向當時的日本政府申請執照設置高雄地區唯一臺灣人經營的葬儀社，另一家「宏仁社」則是由日本人負責經營。之後到了民國 29 年高雄鹽埕區興盛發展，繼承父業的孫本先生長子孫添進因此將社址從苓雅寮搬遷到今日高雄富野路的舊市府旁。民國 50 年代同仁社平均每月已經發展到可以辦理上百件的喪葬案件，不過當時的民眾都是採用土葬，棺木家工廠經常是日夜通明加班到天亮，民國 60 年代同仁社由第三代承接，同時也因高雄市立殯儀館的搬遷，也因此就近設立分社，至於民國 88 年，更擴大興建殯儀館並增設會場花藝公司。

　　另外就殯葬設施與殯葬相關的法規演變，也能了解臺灣地區在日治時代，當時的臺北市役所經營有葬儀堂，除提供遺體服務及祭奠儀式外，亦置有火葬場，並代管骨灰墓園。國民政府來臺後，臺北市政府雖將葬儀堂交由上海商人繼續經營改名後的極樂殯儀館。民國 54 年因人口繁盛，需求增加，故在瑠公圳末端沼澤公用地處設置臺北市立殯儀館，也就是目前位於民權西路的第一殯儀館（譚維信、鄧文龍、李慧仁，2008）。但在非都市地區，若從法規的修訂來看，當時治喪場所以自宅及鄰近空地處為主，加上因注重擇日及尚風水之說而選擇久殯再土葬，故曾於西元 1896 年公布《墓地火葬場及埋葬取締規則》、《台人傳染病死者埋葬規則》等，規範火葬場之區位，並鼓勵民眾儘量火化及公墓內的土葬。

　　光復以後，國民政府在民國 35 年至 72 年實施《公墓暫行條例》，民國 72 年改訂《墳墓設置管理條例》關注的面相仍以葬為主，箇中的

原因在於當時的不少的公墓已經滿葬而促使民眾不得不濫葬，相對的也就帶動了私立墓園的設置，不過也因此衍伸出違規與管理缺失問題，而使得政府單位不得不修訂法規（楊國柱，2007）。

　　傳統殯葬活動的產業化，起源於墓地的土地資源受限，並受到快速工業化的催化。因此，早在全面性殮、殯、葬的產業化成熟前，先萌芽的即是葬的部分，包含私人設立的墓園設置，葬儀社陸續開設，再因火化的推動而有納骨塔的興建，以及販售生前契約的殯葬集團挾著安寧療護、生死學的推動而成氣候，當中也因此政府積極推動殯葬相關證照，以及高齡社會的來臨，死亡識能(Death Literacy)的推廣等，讓傳統殯葬業得以提升擴大為生命關懷事業模式的契機。

二、傳統殯葬產業化前的樣貌

　　一般民眾雖對於死亡有所忌諱，但生老病死課題實人類所難免，因此傳統殯葬業還是在工商業化快速發展的風潮中，低調但紮實的邁向產業化發展，迎來市場經濟條件，成為被認可及不可或缺的行業，除了滿足喪家治喪需求，也逐漸發展出專業服務與品質管理，形成特定流程的提供物品與服務的混合式商品，並為經營者帶來實質的收入。

　　傳統殯葬產業起初是以葬的地點，以公墓所為主要商品。之後日治時代在在人口較為密集處，設置殯儀館與火葬場，以及葬儀社。然而在民間涉及的殯葬活動，主要為宗族與鄰里間的互助，若涉及到金錢的交易，偏向於葬具、墓地的買賣，以及墓碑與風水的營造。至於在人力服務方面，因考量前來協助者基本上都與喪家有親戚關係及鄰里之緣，所以若要談為亡者穿衣要多少錢？製作孝服的工錢？出殯時協助搬移靈費用？這些在過去農業社會中，大家的共識就是互助幫忙，若要談錢那就太傷感情與失禮了！但是身為喪家也不可能不懂人情世故，因此治喪停殯期間需要準備餐食供前來協助之親友、鄰里，至於有實際付出勞力的親友與鄰居填飽肚子。然只要有碰觸到遺體、葬具與相關禮器的，亡者家人皆要包紅包代表感謝，也避免親友「見刺」而有沖煞。

　　然而對於擇日、堪輿風水師，或是棺木店派員前來巡查打桶棺木是否有漏氣者來到家中，每每見面若有執行任務，無論大、小、繁、易，喪家都必須有人負責打點致贈紅包避免失禮。然而就餐點、菸、檳榔、茶水的供應，以及紅包累積的金額來說，對於深受喪親失落事件的家人們來說，在工商業社會中實為一筆沉重的負擔，因此原本由宗親、鄰里為主導的助喪主導權，逐漸地便被由傳統的葬儀社所逐漸取代了。

　　因此，臺灣在民國 60 年代以前，專職從事殯葬服務者，主要在於販售物品，譬如棺木店、墓碑店、骨甕店，再者就是道士、釋教法師、土公仔、禮生、擇日堪輿師、剪刀尺等付出勞力或提供特定諮詢的運作組成臨時的編組與團隊。過去大多是由地方仕紳耆老的帶領下各司其職，賺取紅包與餐食。然在民國 60 年到 80 年代，臺灣十大建設帶動經濟起飛，勞動者移往都會地區，因此死亡事件的發生，宗族與鄰里無法協助時，只能由就近的葬儀社取而代之，也就形成了傳統提供殮、殯、葬的事業模式。於是地方上改由葬儀社為主導，也有棺木店、法師在地方上統籌擔任治喪職責的模式，但其經營模式，已從單純物品與服務的樣貌轉為協助喪家對應安排殮、殯、葬的流程、代辦與代購項目，再於土葬或火化安葬儀式結束後，由葬儀社統一憑單據或總包項目表再向家屬收款，這對喪親的家屬們來說，雖然還是搞不懂花費的細目，但終究有個收據可以對帳。

　　傳統以葬儀社為代表的殯葬產業，因為已經統整成單一窗口，業者主動協助的項目：包含遺體接運、沐浴、著裝、冰存與入殮等處理，亦包含豎靈、做七等相關法事的安排，另外擇日、訃聞校稿與印製、預定禮廳靈堂、會場布置及出殯發引等也由葬儀社一手安排。另外有關壽衣、棺木、孝服、祭品、回禮毛巾、銀紙、蠟燭與香等等，也由承辦的殯葬業者供應或代購，甚至涉及殯葬設施的使用、火化許可也能代辦，至於儀式所需的禮生、宗教法事人員、樂隊、陣頭或花車亦能協助代聘。

　　總而言之，對於可能是此生第一次遭逢家人過世的消費者來說，在喪慟無助之時，可以有個類似過去宗親族長的人士可供諮詢，再加上因為過去是在長輩的指導壓力下，即使覺得有些儀式或物品可免，但懼於權威，在不明究理下還是得做一些不知是何意義或目的儀式，或者採購了可能超額或不適用的物品，但是當葬儀社老闆取代宗親仕紳時，變成消費者與業者間的買賣關係，不再屈就於人情壓力中，因此喪親家屬可以事先詢問掌握預算，也能再相互平等的狀態下，消費者能就治喪流程與應備物品提出疑問及討論。

三、傳統殯葬產業的特色

　　約莫民國 50 年代，臺灣地方性的職業化葬儀社開始參與喪家、親友與鄰里之間相互「湊腳手」的殯葬活動，起初比較獨立突顯的是屬於「葬」，也就是私人公墓的部分。然而在人口居住較為密集處，葬儀社因應民眾的需求而發展得較為順利。雖然當時宗親、族長對於治喪流程的主導權還沒有完全交棒，但是就以靠近工業區的都會城市範圍，由其家人自行所聘請的葬儀社，則可以幾乎全盤接手儀式程序，包含臨終遺體接運、初終遺體處理與入殮、豎靈、做七法事、會場布置、告別儀式、出殯發引到土葬或火化進塔，可由葬儀社相關人員統籌安排，至於因應程序延伸出來需要用到的亡者壽衣、家屬孝服、棺木、誦經法事人員、陣頭、擇日與堪輿、樂隊、禮生、司儀、扛棺的土公仔、靈車、土葬或火化許可等等皆由葬儀社人員統籌發包出去，可區分為代購、代辦或代叫等等，至於金額的部分，可由家屬分別向協力廠商個別支付，或者整筆交由葬儀社跟其他廠商另行對應。

　　因此，若相關物品與服務內容若有差池，消費者能直接找葬儀社負責人反應。因此傳統以葬儀社為核心的模式，不但在都市地區被接受，也

讓偏向農業環境的鄉下區域，因為是原本當地的「頭人」年紀增長，體力不如往前，所以也接受將治喪事宜交給信任的葬儀社來主導，轉換擔任監督與顧問，如此可以獲得他人尊重，又有紅包可拿，何樂而不為。

傳統殯葬產業的興起與成熟發展，主要在於工業化快速發展，民眾也感受到經濟起飛的益處，再加上過去由仕紳耆老所主導的喪禮，經常是在不知其所以然的繁文縟節中舉行，雖被長輩告知一切都是為了表達孝道，但是對於時間就是金錢，少一天工作就會被扣薪的氛圍中，喪親家屬心中開始期待治喪也能更有效率與效益，無法再跟著長輩在複雜的幫喪成員多頭馬車的引導下，在長達十幾天的停殯期間，每天除了要準備三餐給親友鄰里，還得參與一遍又一遍的參與冗場的奠祭儀式，於是當成為主喪者的後一代，回想到過去類似經驗時，便會趨向於避免，轉為選擇以葬儀社來主葬的治喪模式，然而喪主周邊的家人也會力挺，因為若靠葬儀社負責人來負責，許多原本歸屬是家中婦女需要代辦或代購的祭品、物品就能由葬儀社人員代勞，如此讓家屬們在喪親中不用再奔走與煩心也是誘因。

為迎合工商業社會下喪親民眾的需求，起初除了私立公墓的獨立經營外，傳統葬儀社逐漸將殮、殯、葬都逐漸統包為其經營項目。然而這些葬儀社雖設置在社區或村莊中，因有別於其他的行業可以預估每月或每年的工作量，所以傳統的葬儀社基本上就以負責人為主，但為了生計，經營者可能同時平日也要採買木材並製作棺木，或者有些也身兼道士或懂得擇日、堪輿。

然而當生意上門時，其他的員工則是由老闆的配偶或手足、子女臨時來支援，但是，死亡的事件基本上是難以預料，葬儀社人員有可能是一整月都閒賦在家，也有可能下個月同時就有數個亡者需要服務，如此難以掌握工作量的狀態，除了少數在人口較為密集處開設的葬儀社之外，其餘業者包含老闆與其家人都需要擁有另外專長或職業來維生，但也因為如此，所以傳統的葬儀社在人力有限的狀況下，在服務的作業與程序中不可能有太多的創意，再加上因為服務的客戶基本上都是鄰里或

親友等熟人，包含禮儀人員在內相關參與喪事的親友也好，服裝儀容都偏向於隨興，甚至可以邋遢來形容，也因為喪家與葬儀社人員太過熟識，在服務一開始時，基於相互信任，大多不會進行服務品項的細目報價，亦不可能雙方簽訂契約，再者當時喪家仍然有包紅包給葬儀社人員的習慣，最終，當治喪儀式告一段落，業者要向喪家收款，消費者雖然對金額有所疑問，但是基於坊間傳說：「辦喪事不能討價還價，也不能欠債」的說法，也只好默默的付清了費用。

傳統殯葬產業的興起，乃源於社會的變遷，工商業化經濟掛帥的風潮所帶動。但是殯葬活動非一般的生活消費產品，背後乘載著傳統為父母親養生送死的責任，同時也因有關死亡所準備的器具、舉行的儀式和操作的流程，究竟對亡者是否有實質助益無法從科學的角度進行探討證實，但是從生者因為承擔慎終追養的重責，治喪時，喪親家屬們一般是不敢馬虎的，只能聽從仕紳耆老的引導。但是大部分民眾移居到容易賺錢的工業區或都市居住後，家庭結構也逐漸轉換為核心家庭，統籌包辦一切殮、殯以及串連到葬的葬儀社便因而有了產業化的機會，不過因應死亡事件發生的不可預期，所以葬儀社基本上以家族人員為組織本體，但是為了能在沒工作時大家還能糊口，大多都另有兼職，如此一來治喪的規劃與執行也就無法要求太高，再加上因都屬區域性或專為村民服務的經營模式，業者與喪家幾乎都非常熟識，在此情況下，服務與相關商品不方便事先討論，家屬也基於面子不敢就收費討價還價，再加上當時仍有包紅包給工作人員的習慣，這些對於民眾來說，就像過去的柑仔店親民與便利。

隨著時代的改變，摩托車與自家私人駕車商品普遍後，人們對於親人或自身的需求也有更高的視野需求，所以包含對於人生最後的大事也有了不同的看法，此時又正逢安寧療護的理念在國內萌芽，學術殿堂也突破有了生死學的探討，此時再加上墓園、塔位商品發展的瓶頸，便有業者乘著生命關懷的風潮開展出殯葬服務的新境界。

3-2 生命關懷事業的興起與發展

　　過去統整提供殮、殯、葬的殯葬業者是屬於在地化，以被動式的經營，當所屬社區有人過世，才開始進行協助，另外因受到死亡禁忌的影響，也擔心被冠上急著要賺錢的無良業者形象，總是低調的在社區中靜候著，但是因為受到以下三個因素的影響，一是臺灣熱錢過多，促使私人公墓業者興建納骨塔存放設施的商品銷售飽和後，為了永續經營還得往前跨足到殮、殯的服務，故仿效美國、日本推出生前契約的商品。再者因受到安寧療護運動以及國內生死學系所的成立，使得殯葬產業具備了相關專業理論基礎。三者為在勞動部推動喪禮服務技能檢定考試，以及內政部頒發國家級禮儀師證照，促成拓展擴大殯葬的服務內涵，而邁向為生命關懷事業的模式。

一、正視死亡課題的影響

　　早在民國 40~70 年代，國人十大死因以腸胃炎、十二指腸炎、肺炎與結核病為首，民國 70 年之後，癌症年年躍居取代了首位。數十年來，因癌症而過世者的人數是逐年攀升。然而因為癌症在其被醫師診斷之後，基本上一般民眾將其視為無法治癒的絕症，病人與家屬便在真實的恐懼下，面對生命在不久之後將嘎然畫下句點的失落。故，臺北馬偕紀念醫院自民國 76 年開始籌畫，民國 79 年正式成立國內第一個癌症末期病患照顧的「安寧病房」，同年成立「安寧照顧基金會」，推廣安寧照顧理念及相關醫療補助。之後又有財團法人天主教康泰醫療基金會加入並成立「聖若瑟之家病房」，以及財團法人佛教蓮花臨終關懷基金會的加入與推動，因此，社會大眾在癌症的威脅下，進而有了機會思考預先準備而得「善終」的課題。

　　當時，國內除了大力推動安寧療護，至於在學術界，則開啟了關於死亡課題的探討。其源於歐、美、日等國家在二次世界大戰之後，因著科學的發展與醫學之提升，又逢社會高齡化衝擊，以及出現有關死亡法

律與道德性問題，故其建構了死亡學(Thanatolgy)，並開啟了死亡教育的推廣與落實。我國則在民國 82 年由旅美學者傅偉勳教授在臺出版《死亡的尊嚴與生命的尊嚴－從臨終精神醫學到現代生死學》一書，以歐美有關「死亡學」的研究成果為基礎，再配合中國心性體認本位的生死智慧，提出「生死是一體的兩面」的看法，將死亡帶進到「生」的領域，建構「現代生死學」，引領人們生命的圓滿，乃是要將生死問題一併討論與思考才可能實現，傅偉勳教授另主張唯有透過「愛」的落實，方能引導人們貫穿生與死，人才有可能達成生命的尊嚴與死亡的尊嚴（傅偉勳，1993）。

於是在安寧療護與傅偉勳教授現代生死學的帶動下，社會大眾對於死亡的禁忌有所鬆動，並引發一波生死學、學生死的熱潮，促使民眾關心死亡的尊嚴與品質。不過在當時，生死學除了運用在安寧療護之外，但從中催化出最大效益的反而是殯葬相關產業。箇中原因，在於長期被列為不入流的治喪行業，在日治時代之後便缺少仕紳耆老的接棒養成，即使葬儀社透過祖父、父親到孫子的傳承，但是大多屬兼差性質，因此在殯葬禮俗與流程執行規劃中，依賴家族中師徒相傳，缺少理論的支撐，只靠口耳相傳的儀式模仿，所以，一旦國內成立生死學相關的學術單位後，反而成了讓殯葬專業教育有了學術理論的依循。

國內首先由南華管理學院（今升格為南華大學）於民國 85 年籌備、86 年成立生死學研究所，將喪葬納入探討範疇，課程之設計亦將喪葬管理與喪葬科學納入架構，又因民國 86 年，臺灣殯葬產業界因找不到員工而刊登報紙請求教育部應在大專院校設置殯葬科，所以該校在民國 87 年由宗教文化中心發起，並聯合校內外專家與學者開辦「喪葬管理科系規劃研討會」，經討論後，與會人士一致認同喪葬專業教育與證照制度實有建立的必要性。後續自民國 89 年 3 月，南華管理學院首辦短期的喪葬研習班，提供四期，共有四百餘人次參與進修課程，當中不乏已是葬儀社負責人或集團公司的殯葬服務幹部，後續又各大專院校、在地葬儀公會、政府部門、中華民國葬儀公會全國聯合會等紛紛開

課，甚至華梵大學推廣中心臺中分部亦規劃推出「喪葬禮儀技能檢定考試」，其接連不斷的開班培訓，突顯了喪葬專業教育的需求與必要（李慧仁，2012）。

殯葬專業化教育的需求，背後代表的即是殯葬產業化的市場與經濟體系的成熟，因此才需要大量專業的人才加入，而加入前的培訓課程及技能檢定測試便是向消費者負責的保證作為，確保提供服務時皆是訓練有成的專業人士，如此才能達到讓喪親者心安、亡者靈安的服務宗旨。所以，可見國內殯葬產業化的確定與成熟，乃源於社會中正視死亡課題而帶來的影響。

二、殯葬產業的因應轉型

在正視生死課題的風潮中，一般社會大眾暫時放下對於死亡的恐懼與禁忌，同時也基於孝道，避免無常來到時手足無措，而讓長輩的喪禮荒腔走板。所以，過去傳統殯葬業的現貨使用市場，在生死學的議題帶動下，成功轉型納入預售商品，其中一般消費者比較能了解與好入門的便是塔位，所以包含國內的北海福座、白沙灣安樂園的龍巖真龍殿寶塔、寶山紀念公園（今龍巖安泰陵園）等如雨後春筍般出現，再加上約莫民國 78 年到 83 年間，臺灣股市崩盤，房價狂飆，臺幣即升，投資熱錢無處可去便流入塔位商品市場，因此有不少民眾是抱持著投資的心理買了超過家人人數的骨灰罐存放位置，當中嘗到甜頭便是銷售塔位的事業體，全盛時期可說是每日進斗萬金，至於葬儀社雖只是從事殯儀服務，但是因塔位廠商為掌握客源，所以比照當時慣例，塔位若銷售成功，則撥給葬儀社或介紹人約莫二成到四成的佣金。但是假若負責執行殯儀服務的葬儀社察覺客戶早已購買塔位，業者因此而無法賺取介紹獎金，還回從中作梗將其介紹到另外的塔位或墓園安葬，所以當時，葬儀社與墓園、塔位公司之間的糾紛頻傳。

就葬儀社與塔位公司來說，明顯感受到營運威脅與危機的基本上還是墓園轉攻塔位的企業公司，因為當其發現，以其硬體的建築，以及固

定的人力資源投入，每月基本上都要預備高額的營運成本，所以，原本為其上游的葬儀社若不能確定將所有客戶引薦消費時，在加上長期計算塔位銷售佣金的支出時，於是這些塔位業者也逐漸發現骨灰骸存放設施的供過於求，因而轉向日本、美國的做法取經，所以，合乎生前規劃、有備無患的生前殯葬服務契約商品便上市了，同時，傳統的殯葬產業便開始傳型為生命關懷事業的體系。

　　我國生前契約商品是在民國 82~83 年間由國寶集團引進，該公司過去以銷售北海福座的塔位商品為主，在其發現塔位商品的銷售已經碰到瓶頸時，為了確保客戶來源與維持一定性的經濟規模，因此推出生前契約商品。相同的，龍巖集團在其真龍殿塔位商品在市場上已累積名聲時，另外專責成立禮儀服務的龍毅國際公司，招募殯葬服務人員，給予殯葬禮俗、宗教科儀、服裝儀容、接待禮儀與禮生等作業的教育訓練，同時間規劃推出普羅契約，並在電視媒體中播出祖父、父親與孫子三人一起打棒球被接殺後還偷跑的廣告，引導帶出爺爺希望兒子在他過世後要如何為他辦喪事的劇情，影片確實讓人有所啟發，揭示身後事不只是要先備好塔位，告別的殯葬事宜需要先做規劃與準備。

三、生命關懷事業的興起

　　除了龍巖、國寶兩大集團推出生前契約商品外，南部的寶山集團也從塔位的銷售轉為成立殯葬禮儀部門，但是這樣的轉型，直接衝擊到原本介紹喪家購買塔位的葬儀社，突然發覺原來在收取銷售佣金的背後，塔位廠商竟然也跨足涉入搶奪原本葬儀社在地經營的客戶，因此而發生殯葬業者之間的衝突與糾紛。然而從塔位商品拓展到殯儀服務的業者基本上都有以下幾個特性：

1. 企業化經營

　　延續過去塔位銷售時的經驗，要讓消費者願意先支付款項，等到過世後才能使用到的商品，其公司在經營必定要呈現出一定程度的可信度，所以在組織上、人員內外素質與營業據點門面的裝潢一定要下點功

夫，不能比照傳統葬儀社的樣貌，總體要能體現出企業公司的水準與氛圍。所以當國寶、龍巖與寶山涉入殯儀服務之後，負責生前契約、塔位銷售的屬於營業處，負責接體並完成後續治喪規劃的則是另外一個獨立的禮儀服務單位。其他為支援商品銷售、履約服務等，因此也必須成立行政部門、客服部門、財務單位、資材與物流等處室，其型態與一般的企業別無兩樣。

2. 注重服務品質

殯葬服務品質的特色在於很難用言語表達清楚，尤其是殯儀服務流程與內容，並不是一般民眾日常可以接觸得到的，因此被歸類為特殊性消費商品，但唯一大家都認同也希望服務與商品必須一次到位，因為人們的死後喪禮是沒有辦法重來，不能告知家屬，這次辦不好，下次會改進，所以，在與客戶接觸起到結束，工作人員不得不戰戰兢兢做好每一步驟，所以後來轉型為生命關懷事業模式的業者，為了企業體的永續經營，相較於傳統葬儀社來說，甚至會單獨成立客服部門或設置稽核單位，隨時掌握品質。

3. 經營成本較高

原本葬儀社老闆與配偶、家人就能執行服務完成案件的情況，在轉換為生命關懷事業形式的業者時，若以企業體來說，當然不遑多讓，必須爭取潛在客戶簽署生前契約商品，然而在當時可能有不少民眾被廣告或生死學的議題打動預先規劃的想法，但是要真的付錢去購買生前契約，心裡頭還是有障礙，所以，以集團公司來說辦理各種商品銷售說明會，或者以高額佣金或競賽獎勵促使業務親自拜訪客戶推銷。然而原本傳統的葬儀社在集團公司的衝擊下也受到壓力，於是裝潢門面，或者也將案件介紹獎金提高等，都逼得轉型為生命關懷事業的單位需要更加積極地掌握客源，而不是跟過去一樣被動的等待生意上門。

4. 觀念引導式行銷

　　殯葬商品畢竟對於一般民眾來說一生接觸不了幾次，也不會比照購買其他消費品時會事先蒐集資料進行分析。所以，生命關懷事業模式的公司便主動出擊，如龍巖製作父子相談身後事安排的生前契約廣告，至於寶山集團則採取推動生命教育與提升殯葬化的方式進行觀念引導式的行銷，譬如該公司辦理研討會、創新壽衣的福裝秀、殯葬用品創新改良、大專杯有關殯葬議題的辯論比賽，也請專家學者撰寫臨終關懷手冊等等，透過對社會大眾宣導的活動與宣傳，讓人們將生命中的最後罣礙，可以透過生前契約商品的了解，落實為購買的行動。

5. 異業結盟模式

　　當傳統殯葬業轉型為生命關懷事業模式時，一方面是因為商業考量想要提早掌握潛在客戶，但是就人類生命的本質，有生即有死，面對死亡才是完整的關照完整的生命，反倒是生命關懷的模式是比較合乎人們真正的需求。

　　國內過去的葬儀社、禮儀社屬性的單位，有取名為生命科技、生命美學，最多的即是生命禮儀公司。或許經營者只單純地想把壽板店、棺材店與葬儀社令人深感忌諱與壓力的名稱，改為中性但又含喻著專為身後事進行服務的店家，不過就整體社會而言，能將原本只處理人斷氣後事務的單位，冠上生命關懷、生命禮儀或生命科技，其實意味著殯葬產業不僅只於在遺體處理，還包括了對人們生命意義與價值的關懷與照顧，所以，此時的生命關懷事業的負責人或禮儀人員接受安寧療護團隊的邀請進行分享，醫療院所的太平間駐守的殯葬業者企業化經營的提升，成為銜接臨終到初終的關懷者，再者也有保險經紀團隊，將生前契約商品視為為圓滿其客戶生命的最後一張合約，亦有如嘉義市的瑞泰安養機構亦在其園區成立了瑞泰生命禮儀部門，這些原本是異業並不互相往來的產業，卻打開了鴻溝而有所交流與溝通，表面上，雖然看起來是商業行為的作為，但是從人類生死的真實面向來論，異業間的結盟與交流反而是更貼近生命的原來面目。

四、「死亡識能」對於生命關懷事業的啟發

生命關懷事業模式的興起，外在的因素是因為工商業社會的發展，內在的因素，則是人們懂得開始學習「死亡識能(Death Literacy)」(Noonan, Horsfall, Leonard, & Rosenberg, 2016)。世界衛生組織曾先定義的是「健康識能(Health Literacy)」，意指人們藉以獲得、掌握、表示及使用相關健康資訊的動機與能力，也就是說健康識能的人，其個人為了促進和維持身體健康的相關決策就會更加主動與有效，因此就能自我掌握比較好的自身健康（黃喬煜等，2017）。相對應的，「死亡識能」則是表示獲取、理解及使用末期、瀕死照顧相關資訊的知識與能力，而有比較好的死亡識能者，就比較有機會協助自己或家人得到「善終」以及「生死兩安」。

因此，我國在安寧療護及生死學推動下，塔位預售與生前契約商品乘風而起，而讓傳統殯葬產業因為將服務內容往前跨足到生前、臨終的階段，也就是說將原本殮、殯、葬服務再往前推到消費者還活著的階段，透過商品的介紹與銷售，灌輸了一些「死亡識能」的知能，其立意是好的，能夠透過行銷而讓民眾有機會思考死亡的事實，不過實際上，雖有打開殯葬產業跨足到生命關懷的事業範疇，但事實上，醫療單位與殯葬業者是各做各的，彼此之間並沒有因為臨終、初終的階段而相互銜接交班，殯葬業者也一直都被排除在安寧療護的團隊之外，所以，若要讓安寧病房病人及在家中善終的個案及其家人得到平安，除了生理的面向的照顧、情緒反應、遺族哀傷等，不能否認的有關喪葬的準備，以及病人過世後各地習俗或宗教而不同的儀式，乃是需要殯葬從業人員接棒，或者提早參與而從旁協助。

　　「死亡識能」讓殯葬產業拓展到生命關懷事業打開了一扇窗，但是只見業者的商品推出與行銷話術，事實上殯葬產業要真正落實到生命關懷的本質其實還有很大的空間，不過令人欣慰的是，殯葬從業人員並非全然的只是打著有備無患才能生死兩安的口號，而是真正的負擔起責任，參與各種培訓課程，或是報考相關科系，透過進修以及考照，提升個人生命關懷的知能，於是各地葬儀社負責人或第二代報考生死學研究所或東方人文思想研究所者不在少數，更多的是再回到學校攻讀二專、二技的課程，並且參與喪禮服務丙級的證照考試，其背後的努力正在呼應讓個人合乎《殯葬管理條例》第 46 條中之規範：

　　具有禮儀師資格者，得執行下列業務：

1. 殯葬禮儀之規劃及諮詢。

2. 殮殯葬會場之規劃及設計。

3. 指導喪葬文書之設計及撰寫。

4. 指導或擔任出殯奠儀會場司儀。

5. 臨終關懷及悲傷輔導。

6. 其他經中央主管機關核定之業務項目。

　　未取得禮儀師資格者，不得以禮儀師名義執行前項各款業務。

　　不過，當殯葬從業人員參與國家考試之後，卻因生命關懷的內容未與醫護串聯，也受到心理專業領域的挑戰，使得即使取得證照的人們也不禁質疑自己該如何進行生命關懷的內涵。

3-3　現代生命關懷事業的模式與發展

　　現代社會中殯葬產業自詡為生命關懷事業模式者不在少數，但大多數申請設立，以適用《商業登記法》的企業社、商行為多，基本上股東人數為 1 至 1 人以上，與消費者進行交易時提供收據為主，罕有主動開立發票，其設立的資本額可能就只有三千到二十萬。同樣的若是以塔位、墓園銷售為主，以及銷售生前契約者，若依據《殯葬管理條例》必須具備的資本額則是三千萬臺幣以上，但是不管是登記企業社或股份有限公司，大多的殯葬業者都號稱為生命禮儀、生命美學或生命科技等多樣化，意味著不僅是販售壽衣、骨罐和棺木，還能全程服務進行關懷協助。然現代生命關懷事業模式與發展趨勢實際上的情況如何，以下進行探討。

一、現代生命關懷事業的現況

　　從過去僅提供殮、殯、葬的傳統殯葬，擴大提升為生命關懷事業，也就是應當以人為主體，將其從生到死的最後階段需求進行統整與納涵，而不是以各專業為主體而畫地自限，因為生與死的界線與需求是無法一刀兩斷完全做切割的，而是應該相關專業組成團隊，共同在生與死的現場，隨時觀察、分析與確認，及時的就最適合的專業提出最合適的服務。

　　因此，生命關懷事業並是非要在人們年老或病重時，就急著將醫療團隊或者長照機構取而代之，而是要思考如何在其原本的專業服務範疇中如何協助社會大眾提升「死亡識能(Death Literacy)」，以及在安寧病房或相關醫療體系中，殯葬相關產業如何可以提早與消費者接觸，或者在病人及其家屬的同意下，提早介入類似「預立醫療照護諮商(Advance Care Planning)」。相同的，醫護團隊的專業也無須在病人出院後就非得停止服務不可，其實返家侍終的階段，或者發生事故身亡後的遺體修復等，若有醫療專業人的介入，可能對於遺體照顧及公共衛生會有更好的

服務內涵，甚至落實醫療團隊辦喪親者走奠禮、百日與對年之後，喪親者的悲傷任務也比較能順遂完成。但是，目前各專業之間還停留在口號的階段，彼此之間的交流與相互支援還沒有被落實。

　　近年來專職從事殯葬服務的產業，雖號稱「全人」的生命服務，著重點僅在「事亡如存、事死如生」的殮、殯、葬服務。相關業者也區分為禮儀社（公司）負責接受客戶委託最早從協助病人留一口氣回家，或是個案死亡後遺體接運到殯儀館或特定地點，之後就依宗教別或死亡原因進行遺體處理、安置與豎靈等作業，之後再約家屬進行治喪協調，討論訃聞印製、出殯前宗教儀式，以及最重要的告別儀式，當中也會協助與引導家屬選擇葬的方式與商品，然而為了方便生前契約的銷售，所以殯儀部分將服務表列程如表 3-1 的八大步驟，以利業者與消費者簽訂合約。

表 3-1　殯儀八大流程

流程	服務內容
1. 臨終關懷	視狀況以電話或親赴客戶指定地點，接受禮儀服務相關諮詢，並呈現專業提醒家屬臨終與初終相關事宜
2. 遺體安置	・安排接體車接運遺體至指定地點 ・協助遺體申請入殯儀館手續，或者返家侍終進行臨終者沐浴與更衣作業
3. 豎立孝堂	・組裝布置豎靈區域 ・依亡者或家屬宗教信仰，協助聯繫與安排宗教人員進行相關儀式 ・告知喪親者居喪禮儀與後續應配合及注意事項
4. 治喪協調	・與客戶確定宗教別與蒐集相關資料與需求 ・規劃並建議治喪地點、時間、會場布置、儀式流程、用品、車輛等 ・治喪場地的租借或安排布置等，並撰稿印製訃聞 ・依規劃流程執行並協助做七或超渡相關法事之執行 ・驗收相關物品、設備與人力服務品質

表 3-1　殯儀八大流程（續）

流程	服務內容
5. 告別奠禮	・會場布置與設備的準備與驗收 ・移靈、家奠、公奠與追思會的流程執行與監督 ・協助並引導家屬及親友進行奠拜或相關追思活動
6. 發引／火化	依客戶需求協助安排宗教人員進行儀式，以及將靈柩搬運到棺車或靈車，引導家屬與親友送行到火化場，或是到墓地，包含交通工具與人員引導、辭外家與辭客的禮俗執行等
7. 進塔／安葬	・協助搬運靈柩至火化爐或指導人員將棺木下土安葬 ・若為火化，還需要協助火化後的撿骨封罐，以及進塔安奉
8. 後續關懷	寄發百日、對年卡，並提前電話聯絡提醒，解答相關疑問或代為安排祭祀、追思事宜

　　統總上述的殯葬禮儀服務，的確包含了針對亡者遺體的照顧、靈性上的安頓，也包含了家屬的悲傷陪伴，其中核心的還有殮、殯、葬相關流程與禮俗的安排規劃、執行，再者也要就儀式執行時所需要的禮器、設備、工具與人力支援等預做安排，並如期如實驗收，得見殯葬專業的區隔性、豐富與成熟。

　　不過在表 3-1 中流程 1 與流程 8 的部分，卻相對的能給予個案及家屬時數比較空泛，尤其是臨終關懷的部分，亦是許多殯葬業者在參加各縣市政府辦理殯葬禮儀服務評鑑時，最能提具豐富或直接有效對應的做法，同樣的後續關懷也有類似的情形。至於在其他流程中，就以遺體的處理的技能來說，在面對不幸罹難而支離破碎的大體，若由目前各大專院校殯葬科系通才養成培訓的畢業生來執行服務還無法獨立勝任，然探究原因，就是在從殯葬產業邁向生命關懷事業模式時，仍有需要再開拓與深化的內容。

二、現代生命關懷事業的經營模式

現代的生命關懷事業模式雖然已經提早跨入臨終關懷，也延伸到後續關懷，其中就以王士峰的研究，傳統殯葬區分為殮、殯、葬三個階段，但是就現代社會消費者的需求，殯葬業應提升與再創造的價值，除了原本的殮、殯、葬外，還需要增加殮之前的「緣」，也就是指與客戶建立「緣」以推動生前契約。至於在葬之後，還需要再增加「續」的活動，以利對家庭作悲傷輔導及掃墓安排等售後服務。如此緣、殮、殯、葬、續才能滿足並發揮生命關懷事業的價值。

提升到生命關懷事業的時代之後，整體的殯葬業的確更有規模，依據營業的內容與範疇進行區分，可以分為以下四大類：

1. 殯葬禮儀服務業

即是傳統葬儀社，現代的生命禮儀公司，負責承攬亡者的服務案件，從臨終、接體到入殮、出殯、安葬等所有流程的規劃與執行。

2. 殯葬設施經營業

依據《殯葬管理條例》，經營公墓、殯儀館、納骨塔、骨灰（骸）存放設施之行業。

3. 殯葬人力服務業

負責遺體接運、遺體化妝、遺體修復與美容、奠禮司儀、禮生、奠禮接待、誦經法事人員與擇日堪輿師等。一般是成立個人工作室，或者申請成為企業社。

4. 物品流通與交通

包含製作與販售棺木、骨灰罐、祭品、花卉、豎靈台搭設租借、移動式冷凍冰櫃租用、金銀紙錢、香、罐塔及靈車、進塔車輛等的租賃。

可見殯葬產業透過分工，以殯葬禮儀服務業為核心負責承接案件，透過運用殯葬設施，並在殯葬人力服務業、物品流通與車輛支援下，完成殯葬的活動。

　　然而就以上的四大類，若有涉及到緣與續，則是殯葬禮儀服務業的生前契約銷售與百日、對年的通知，以及墓園及骨灰（骸）存放設施業者的商品預售及後續祭祀、追思等。如此仍然是以「點」的方式各自從行銷的角度來服務消費者，實在難以滿足每個人的生命就在呼吸間的情境，因為人們肉體的死亡有一定的時間點及判斷，但是人們在心理上和靈性上對於死亡的觀點與需求是隨時都可能發生的。因此，就承上述的觀點，殯葬禮儀服務業等在經營模式上能真正滿足民眾，為提升死亡識能而有效對應的經營模式，仍值得繼續探究。

　　然當中主要串聯涵納緣、殮、殯、葬、續的就以殯葬禮儀服務業為主，其經營型態大致可以區分為三種：

1. 傳統地方業者

　　大多是過去葬儀社的延續經營，服務範圍為所在區域的鄰近民眾，服務的對象大多是先前服務過的客戶介紹，或是自行聘請當地熱心地方事務人士擔任仲介。

2. 品牌財團公司

　　以打造國內知曉的品牌作為經營模式，目的在於建立可信與可依賴的形象後，以利銷售生前契約及塔位。為達經營成本效益，基本上全國都設有營業據點，然而客戶的來源除了自行來電洽詢者之外，大部分都是透過其所成立或招攬加盟的營業單位，進行親友的銷售或陌生客戶的開發，通常都是以高額的佣金或者直銷的方式推廣。

3. 大型連鎖業者

　　類似於品牌財團公司也是將營業據點設置於人口較為密集的縣市，雖也有些業者也有販售生前契約，但是偏向與異業合作，譬如設計提供給保險業者銷售人生最後一張保單，或者是參加投標成為醫院太平間的勞務服務廠商，也有跟特定團體如農會或公司行號職福會簽約者。

　　然而以上三種的經營模式，還是以如何跟潛在客戶接觸為主要的模式。譬如傳統地方業者，透過主動關心或是仲介的告知，基本上只能默默了解病人的狀況，或是意外發生時，透過樁腳通報前去關心服務，平日也不會主動就殯葬相關事務進行接觸與往來，再加上，現代民眾會比照傳統為長者預先準備「老人嫁妝」已是微乎其微，所以，臨終關懷的部分確實鮮少實行，至於後續關懷，還是主要在於百日、對年的提醒。

　　至於品牌財團公司以及大型連鎖業者應具有一定的知名度，或者服務據點就設在醫院，應當能落實全生命關懷的機會才是，但是就已銷售生前契約的品牌財團公司來說，確實有客戶會主動洽詢，或者是在辦完親人的後事之後，主動想要為自己的未來預做準備，但是目前國內的生前契約商品幾乎大同小異都是「定型化契約服務」商品，再者因為一般的民眾對於殯葬服務內容應有的項目實在很少接觸，所以，品牌集團業者推出的只有價格差異不同的商品，也因此無法在銷售前能夠與家屬或未來要使用者深入的了解與洽談，能夠對於個人的人格特質、興趣、宗教信仰與願望而規劃專屬的人生告別奠禮，因此這是無助於提升個人死亡識能的。再加上品牌集團公司的銷售人員採抽佣與業績競賽的方式行銷，所以，生前契約購買者可能只被灌輸到預先購買可以賺多少錢的訊息，卻沒有關懷到個人的殯葬流程與內容要如何呈現，才能呈顯個人生命意義與價值。

　　至於醫院附設太平間的業者，也因為投標所得標的為病人死亡後的遺體接運與初步安置的服務，所以，即使在醫院推動病主法之後，醫護人員與個案及家屬商談預立醫療自主計畫(Advance Care Planning, ACP)時，當中雖有涉及喪葬的部分，但是也沒有殯葬業者在場供諮詢與提建議，如此未來是否能落實也值得懷疑。

　　依據黃有志的觀點，整個殯葬業服務應該提供全方位的服務。而服務的落實應以「往生契約」作為核心的殯葬服務，所以相關內容不應只包含過去殮、殯、葬為主的殯葬服務，也應納含緣與續的殯葬服務。然而「往生契約」建構出來的全方位關懷的服務體系，並不是將「往生契約」視為商品，或者是理財工具。而是應當本於人道關懷，維護死亡尊

嚴的一種莊嚴的服務，故應包含
祭祀供養、臨終關懷、醫療服
務、遺產處理、往生葬儀、法律
諮詢、精神撫慰及社會福利等
（黃有志、鄧文龍，2001）。但就
當代的生命關懷事業模式還未達
到全方位服務的人道關懷境地。

3-4 後現代生命關懷事業模式的藍圖

　　殯葬產業確實已經邁向專業化的經濟體，能更有效運用資金與勞力
從事提供治喪物品與服務的行業。但是基於現代社會已經普遍運用高科
技與頂尖醫療的照顧，人們也能擺脫封建社會的大我限制，而能自由追
求民主的長壽的生活，相對的，褪去約束的同時就表示失去了過去大家
庭的支持；然而當人們的生命可以活得更長久時，卻不保證身心必定健
康。極有可能遭遇到，如伊莉莎白‧庫伯勒－羅絲(Elisabeth Kübler-
Ross, 1997)所觀察到的現代人的死亡過程：孤單、機械、非人性。因此
殯葬產業既然已經提升到生命關懷事業的範疇，就應當要名符其實，但
是並不是全盤取代醫療或長照，轉客為主，而是依循現代的人面對生、
老、病、死的課題需求，就殯葬的專業提出貢獻與協助。

　　如同安寧療護團隊中，全隊的服務，並非過去傳統以醫生為中心，
而是所有參與其中的成員，都能心懷個案與其家屬的需求而就各自的專
業提出建議，並經過討論後，提出一個適合的照顧方案。殯葬服務業也
是一樣，在今日已經發展到生命關懷事業的階段，應該要爭取加入到長
青大學、社區健康促進中心、長照據點、宗教團體以及醫療單位中扮演
專業的角色，如同英美將殯葬產業(Funeral Industry)到殯葬服務業
(Funeral Service)，再提升到死亡照護(Death Care)，但就後現代的社

會，更要正視生與死是一體的兩面，殯葬業更應該執行生命關懷(Life Care)才能對此世代有所貢獻與意義(Smith, 1996)。

一、高齡化社會與核心家庭的衝擊

我國內政部於在民國 97 年宣布，65 歲以上老年人口已占總人口數的 14%，依據聯合國教科文組織(UNESCO)的定義，每 7 人當中便有 1 位年齡超過 65 歲，即表示該社會已屬高齡社會，然我國很有可能在民國 115 年便有可能達到超高齡社會的人口分布比率。以人口老化比臺灣更加嚴峻的日本來說，超高齡社會並不可怕，反而要小心與注意的是所謂的「多死社會」。

余尚儒(2017)長期觀察日本與臺灣鄉村的超高齡社會，如日本戰後嬰兒潮邁入 75 歲大關後，將衍生出長期照顧及臨終安排的問題。若以現代大多數民眾死亡的地點都在醫療機構的情形來看，日本已經在擔憂西元 2040 年，該國當年可能有 167 萬人的死亡人數，即使在那時醫院、機構以及在宅臨終相關配套都已到位，該國仍然得面對相較於西元 2010 年多出 48 萬人的「臨終安排」缺口。也就是說後現代社會，若仍然依循醫療單位與生命關懷事業相互切割而非合作的模式，日本已經預期到在多死社會中，產生的「臨終場所壓力」。日本的情況如是，臺灣更受限殯葬設施的設置有限，未來受到的挑戰更不容小覷。然而即使場所的問題解決了，但專業人力的配置是否足夠，若僅靠醫療團隊人員，殯葬從業人員還是被動地等待亡者斷氣後才進行服務，如此不僅是對醫療體系的衝擊，更迫使社會大眾難以在生死中皆獲得有尊嚴的照顧。

面對高齡化的社會，甚至是超高齡社會的來臨，依據研究，民國 35 年臺灣家戶數僅有一百萬戶，戶量高達 6.09 人；民國 100 年時國內戶數超過八百萬戶，但戶量已經低於 3.0 人。所以，臺灣持續呈現「核心家庭化」，甚至「小家庭化」，就民國 89 年的普查，單人家戶比重便超過五分之一。預估未來「無子女」與家庭生命週期老化，「夫婦兩人家庭」數量與比重會不斷攀升，最終，單親、隔代與單人的家庭數量，仍將大幅增加（陳信木、林佳瑩、吳永明，2017）。

　　如此看來，人們未來從生到死，都將由各類專業的協助來取代家人的照顧，因此所有與生死相關的各專業實在不宜再各自為政，而應加強聯繫與互動，應各自從生理、心理、靈性、家庭與社會五面向從人的老化或需要長期照護起，到臨終、殮、殯、葬到後續關懷等五大流程，相互支援與協助，唯有生命關懷事業也同時加入從事真正的全人服務，才能為後現代民眾的生死尊嚴做好完善的把關，人們方有可能在落實善終中，回向讓所有後續代代的生者得善生。

二、以五全為宗旨的生命關懷事業模式

　　未來從出生、老化到需要長期照護，以及臨終到死亡，家人與親友間除了能表達愛與關心之外，其餘便成了社會或國家得擔負取代過去宗族之責。過去的社會是以家族與團體中的尊卑差異，建構父慈子孝、兄友弟恭與君仁臣忠的倫理道德，以實踐老有所終、壯有所用、幼有所長，以及鰥、寡、孤、獨、廢疾者皆有所養的社會。但是如今經濟掛帥、專業導向，於是國家中的社會福利制度以及照顧行業的產業化便取而代之，當中的殯葬產業轉向為生命關懷事業也正是因應時勢所趨，尤其是在近數十年來，我國殯葬政策偏向於土地利用資源的經營效應，因此推動節葬、潔葬與簡葬，同時因為無法有效與正向的民眾溝通，所以受到鄰避效應的衝擊，國內殯葬設施沒辦法時俱進的整修改善，更遑論擴建。

　　如此治喪地點的簡陋與不足，政府部門只好推動聯合奠祭，再者近年來倡導的環保自然葬，果真合乎現代人偏向物質面向的考量而接受度變高，但是就以生命必須滿足身、心、靈的需求與豐盛性才合乎全人的特性而論，不僅只是醫療單位、社福機構或是長照單位等，也應一同滿足個案全人權生命的需求，殯葬產業也是一樣，雖然發生在人生最後階段，但是人生最後遺體的處理、穿著的服裝、告別的方式、安葬的地點，以及是否留有遺言或家訓，包含個人的生平事略、傳承的家業或遺族的照顧安排等等，雖然後世親人可以代為決定，但彼此之間的價值觀

相同嗎？舉行的儀式滿意嗎？等等，更重要的是人們在預先從事身後事的安排，具有以下意義與功能：

1. 顯現個人的生命意義

人們對於死亡的態度將會影響到其對於生命的態度。然而經由在有生之年預先對於身後事進行省思與規劃，正好趁這個機會了解個人對生命意義的看法，譬如一般禁忌害怕談死亡者，對於生命的看法通常是為負向。相反的若能對於死不喜、不懼，認為死亡是生命中的一部分，進而設法讓有生之年的生命有意義與豐富者，通常會抱持著接受死亡自然性的態度，而有所規劃與思維。

2. 表達對生者的愛

在現代社會人與人之間趨向於利益計較考量時，彼此之間關愛也變得鮮有機會可以進行表達。以後現代社會，幼兒與保母相處的時間可能多於父母親，子女們陪伴父母的時光也可能少於移工或照服員，當告別的時刻來臨，殯葬儀式又是如此匆促的就告一段落，在當代已經不方便在家中設置祖先牌位的做法，親子之間與家人之間能夠溝通與互動的時間實在是少之又少，因此，每個家庭中、每個人若有機會與生命關懷師一同諮商，聊聊個人身後事的安排，讓自己負起自己的人生畢業典禮，這就是跟家人與親友表達愛最具體的做法。

3. 肯定個人宗教信仰

殯葬活動的舉行立基於個人的生死觀，生死觀協助人們認定此生的意義與價值，甚至最後臨終受苦的目的，然而要真正超克死亡的恐懼，一般人都是依賴宗教的生死觀所勾勒出的死後去處而超克，然而要落實到其真實的終極關懷，就應該在有生之年預先關懷自己的信仰生活，甚至也應該有機會與宗教師及生命關懷師、家人等就為能前往宗教所建構的他方世界，商討個人的殯葬儀式應該要如何舉行是非常重要的。

4. 完成善終的條件

　　相對於「健康識能」，為了實現善終以及生死兩安，人們也必須具備「死亡識能」。然而死亡識能除了包含對於臨終者的生理舒適性之外，也包含時間恰當性、當事人能心平氣和的接受並且知道死之將近，同時也要能對後事有所安排才能達到（程紹儀、邱泰源、胡文郁、郭斐然、王浴、周玲玲等，1996）。若以「臨終與死亡品質量表(QODD)」來看，死亡準備、死亡場所的選擇也占了當中的兩項(Patrick, Curits, & Engelberg, 2001)。

　　可見，生命關懷是每個人此生都必須要進行的功課，然而當傳統殯葬產業因應社會發展，將原本只服務亡者的範疇，擴展將流程往前推動到生前，橫向關心臨終者的生命意義與價值，並協助其在死後依其宗教信仰來舉行儀式，為了傳達愛故採取其生前選擇的告別方式與葬法，更重要的是在生前的諮商與討論中，協助個案有機會省思與檢核個人的生命意義，而最後若能依生前規劃如實實現，終究讓亡者善終也讓生者心安。所以，就生命關懷事業不能在畫地自限於個案死亡之後，應當加入生命教育、社區照顧、安寧療護等相關機構中成為當中的一員，非以先行掌握潛在客戶的心態加入，而是以生命關懷專家的角色參與，無須取代主導者的角色，只是扮演團隊中的一員，接受其他成員的監督，包含緣、殮、殯、葬、續，針對全人、全家、全隊、全程與全社區的五全照顧，這方才是生命關懷事業在後現代社會應扮演的角色與功能。

三、後現代生命關懷事業模式的藍圖

　　後現代的社會，將過去的家庭與宗族功能將全然由專業組織、機構或者事業機構來取代，然而為了經濟的發展並避免社會弱勢者無人照顧，因此營利與非營利的單位都應同時存在，而且為了全體民眾的福祉及社會的安定，必須由政府部門訂定相關規則，再由第三中立團體進行稽核與評鑑。

因此，生命關懷事業其實也將取代過去傳統社會宗族中對於所有成員的全生命關懷與照顧，但在追尋群體的和諧與安定中，是允許每個個體實踐個人的生命意義與價值，也將開放認同其以自己的方式面對老化與死亡。因此生命關懷事業體就像鄰里或宗親中的仕紳耆老，對於人生的意義與價值要有所體會，也能飽覽並掌握不同宗教與教派的生死觀，當然也懂得如何引導執行以下的服務項目：

1. 終活計畫

　　後現代的生命關懷事業，不僅只是與客戶簽訂生前契約，而是能夠參與融入到長者的長青大學中，分享與引導討論人的生命意義與價值，並且能夠搭配生命回顧製作回憶光碟，或個人自傳連結到未來喪禮時的運用。同時就未竟事宜與代辦筆記的書寫，除了釐清生命最後的重點也同時在安排妥當身後事而得心安。

2. 預備服務

　　延續終活計畫的制定，同步也能引導客戶依照《病人自主權利法》將待辦事項諮商釐清後，合併紀錄於預立醫療決定書或遺囑中，如此病人的臨終到善終就能相互連結而能落實。再者相關終活規劃中，若個案想要先制定個人的壽衣、遺囑、棺木等，或者最後的安養地點或死亡地點等，都能統籌交由生命關懷專業人員全權掌握。

3. 殯葬禮儀

　　生命關懷事業模式在個案死亡後，及按照其生前遺願所規劃的內容進行殮、殯、葬的儀式，由於經過先前充分溝通才制定的內容，所以，喪親家屬不用慌張也不用擔心亡者不滿意，然而生命關懷事業模式的經營者，可以自行設立殮、殯、葬的相關部門，也可以下單委派協力廠商來執行，但需為亡者與家屬做嚴謹的把關與

驗收。另外有關宗教的部分也能由生命關懷師主導並協助宗教人士依規劃流程如法圓滿。

4. 後續關懷

當亡者安置後，其靈性的安頓以及喪親者的悲傷任務也可由生命關懷事業師繼續專案關懷、執行與追蹤。未來生命關懷事業體若都能就近社區或鄉鎮服務，後續關懷，甚至包含七七四十九天的拜飯、百日、對年與合爐等也能由業者統一來準備，家屬只要準時參與、專心追思即可。

5. 悲傷團體

因應時代的變遷，未來的喪親者需要的除了禮俗之外的療癒外，也可由生命關懷事業單位就近成立悲傷團體，讓喪慟者也能相互支持進而撫平悲傷情緒。

6. 社會福利

有鑑於取之社會，用之於社會的理念，各社區與鄉鎮中生命關懷事業團隊也應當肩負起弱勢族群的緣、殮、殯、葬、續的所有服務，如此才能服眾，也能讓社區內的所有有生者安心、亡者靈安。

7. 生命關懷館

因應目前殯葬設施的不足與鄰避效應的抗爭，未來生命關懷事業體也應當有自設的集會場所，限於法令可能無法停放遺體或者進行宗教儀式，但是其據點主要在於為服務生者，可以做為長青大學辦理終活計畫活動，也能社區老少聚會觀賞電影或表演話劇進行生死教育，也能做為長照據點，提供共餐、送餐與共學中心，也能讓悲傷團體聚會或辦理地方普度或追思紀念活動，甚至其他的成年禮、婚禮宴客或抓周等，這是社區的活動中心，更是讓生命永續傳承的據點，平日只要由生命關懷事業專責經營，想必自然能集聚人氣，也能讓需要幫助的人走個幾步路就能得到協助。

　　因此，後現代的生命關懷事業是要走入人群，以及走進社區，化被動為主動，積極地就近關懷社區或鄉鎮中居民的生命尊嚴與死亡尊嚴，如此每個民眾才是真正的從生到死就被視為全人對待，每個家庭的長者也能得到關懷，當安寧療護或長照、守望小組也有生命關懷夥伴的參與，將會使社區更安全，孤獨而終的長者也會減少，再加上是從人的生老病死全方位的關懷，死亡就不再造成如此令人心生恐懼的禁忌，也唯有全社區中有生命關懷事業團隊的加入，社區民眾才能得到真正的圓滿與平安。未來的生命關懷事業不是要搶走其他行業的營業範疇，而只是要貢獻專長與心力，帶領社會大眾體認生死是一體的兩面，而在五全中所有人都能五福全歸。

 學習小故事 1

　　陳光國先生在新竹縣寶山鄉繼承父親的木星棺木店已有三十年，為了服務鄉里也在地方耆老老邁之後，負責辦理親友與鄰居的治喪事宜，但是近十年來，村里開始出現殯葬集團公司派員來到當地進行生前契約的履約服務，木星棺木店的土葬棺也因此滯銷而推放在倉庫蒙塵，最近光國先生的長子因考上就近醫專的生命關懷事業科，讓已經準備收店養老的光國先生突然已燃起了希望，然而時代已經有所變遷，對於設置在寶山的木星棺木店若要繼續經營下去，你給予陳光國父子的建議是什麼？

學習小故事 2

　　美華年輕時是從臺南官田南下到高雄楠梓家加工區工作，認真踏實的她，一心投入工作，不到十年便成了工廠的小領班，之後廠長規劃另行創業，也邀請了美華一同奮鬥，果真投資標的準確，讓美華還不到五十歲就已是億萬富翁，但是年輕時全心投入事業的她也因此蹉跎了婚姻大事，不過目前已經退休的美華，覺得已經過慣了一個人的生活，反而在她得閒之後，積極追求上進，因此報考大學進學班，畢業後還直升生死學研究所，當她樂在課業時，父母親卻因老邁而雙雙離世，在治喪過程中，她深感禮儀公司能給予的協助還有進步的空間，因此，她決心取得碩士學位後，報考喪禮乙級技術士技能檢定考試，規劃五年內取得禮儀師證照並開設生命關懷機構，若心願達成，該公司的服務對象將以她這種單身女性為主，如果你是她的合夥人，你會如何建議她在經營項目的規劃？

....

一、是非題

1. 現代有關生與死的產業是互相溝通、協助與協調的為民眾服務。

2. 面對死亡的課題時,個案生理、心理與靈性面向的問題都需要被關心與照顧。

3. 人類緣於靈魂觀念(Animism),為了要安頓亡者而產生了殯葬活動。

4. 殯葬產業起初是以葬的地點,以公墓所為主要商品。

5. 傅偉勳教授的《死亡的尊嚴與生命的尊嚴－從臨終精神醫學到現代生死學》一書,乃以歐美有關「生命學」的研究成果為基礎。

6. 生前殯葬契約商品最早是源自於日本。

7. 「死亡識能」是表示獲取、理解及使用末期、瀕死照顧相關資訊的知識與能力。

8. 以王士峰的研究,現代社會消費者的需求,殯葬業包含緣、殮、殯、葬、續的活動才能滿足並發揮生命關懷事業的價值。

9. 殯葬產業透過分工,以殯葬禮儀服務業為核心負責承接案件,透過運用殯葬設施,並在殯葬人力服務業、物品流通與車輛支援下,完成殯葬的活動。

10. 英美等國將殯葬產業(Funeral Industry)到殯葬服務業(Funeral Service),提升至生命照護(Life Care)。

二、問題討論

1. 殯葬業提升到生命關懷事業的時代後,其營業的內容與範疇進行區為何?

2. 請說明後現代生命關懷事業模式的特色為何?

解答 ....

一、是非題

1.(✕)　2.(◯)　3.(◯)　4.(◯)　5.(✕)　6.(✕)　7.(◯)　8.(◯)　9.(◯)　10.(✕)

二、問題討論

1. 殯葬業提升到生命關懷事業的時代後，其營業的內容與範疇進行區為何？

   (1) 殯葬禮儀服務業：即是傳統葬儀社，現代的生命禮儀公司，負責承攬某位亡者的服務案件，從臨終、接體到入殮、出殯、安葬等所有流程的規劃與執行。

   (2) 殯葬設施經營業：依據《殯葬管理條例》，經營公墓、殯儀館、納骨塔、骨灰（骸）存放設施之行業。

   (3) 殯葬人力服務業：負責遺體接運、遺體化妝、遺體修復與美容、奠禮司儀、禮生、奠禮接待、誦經法事人員與擇日堪輿師等。一般為成立個人工作室，或者集結成為企業社。

   (4) 物品流通與交通：包含製作與販售棺木、骨灰罐、祭品、花卉、豎靈台搭設租借、移動式冷凍冰櫃租用、金銀紙錢、香、罐塔及靈車、進塔車輛等的租賃。

2. 請說明後現代生命關懷事業模式的特色為何？

   取代過去的家庭與宗族功能，並以營利與非營利的模式同時出現，而且為了全體民眾的福祉及社會的安定，必須由政府部門訂定相關規則，再由第三中立團體進行稽核與評鑑。因此，生命關懷事業其實也將取代過去傳統社會宗族中對於所有成員的全生命關懷與照顧，但在追尋群體的和諧與安定中，是允許每個個體實踐個人的生命意義與價值，也將開放認同其以自己的方式面對老化與死亡。因此生命關懷事業體就像鄰里或宗親中的仕紳耆老，對於人生的意義與價值要有所體會，也能飽覽並掌握不同宗教與教派的生死觀，當然也懂得如何引導執行：終活計畫、預備服務、殯葬禮儀、後續關懷、悲傷團體、社會福利、生命關懷館等設置級服務。

參考文獻

王士峰(2011)・*殯葬服務與管理*・新北市：新文京。

余尚儒(2017)・*在宅醫療從 cure 到 care：偏鄉醫師余尚儒的翻轉病房提案（一版）*・臺北市：遠見天下文化。

李慧仁(2012)・*台灣殯葬專業教育的發展與展望*・台日殯葬文化國際學術研討會・苗栗：仁德醫護管理專科學校。

李慧仁(2016)・*試論禮儀師應具備的殯葬生死觀*・第一屆生命關懷與殯葬學術研討會・臺北市：馬偕醫護管理專科學校。

國家發展委員會(2017)・*殯葬政策與法規*・新北市：國立空中大學。

尉遲淦(2017)・*殯葬生死觀*・新北市：揚智文化。

陳信木、林佳瑩、吳永明(2007)・*我國家庭結構發展推估(106 年至 115 年)*・臺北市：國家發展委員會。

陳繼成、陳宇翔(2020)・*殯葬禮儀：理論與實務*・臺北市：五南圖書。

傅偉勳(1993)・*死亡的尊嚴與生命的尊嚴－從臨終精神醫學到現代生死學*・臺北市：正中。

程紹儀、邱泰源、胡文郁、郭斐然、王浴、周玲玲等(1996)・癌症末期病人善終之初步研究・*中華民國家庭醫學雜誌，6*，83-92。

陽光生前契約（無日期）・*百年傳承*・取自 https://www.sunshines.com.tw/tw/about/index.aspx

黃有志、鄧文龍(2001)・*往生契約概論*・高雄市：貴族出版社。

趙可式(1996)・台灣癌症末期病患對善終意義的體認・*護理雜誌，44*(1)，48-55。

德元禮儀有限公司（無日期）・*關於德元*・取自 http://lastservice.com.tw/aboutus/

譚維信、鄧文龍、李慧仁(2008)。*殯葬設施與服務*。新北市：國立空中大學。

Elisabeth Kübler-Ross (1997). *On Death and Dying*. Routledge. ISBN 0415040159.

Noonan, K., Horsfall, D., Leonard, R., & Rosenberg, J. (2016). Developing death literacy. *Progress in Palliative Care, 24*(1), 31-35.

Patrick, D. L., Engelberg, R. A., & Curtis, J. R. (2001). Evaluating the quality of dying and death. *Journal of Pain and Symptom Management, 22*(3), 717-726.

Smith, R. G. E. (1996).*The Death Care Industries in the United States*. North Carolina: McFarland.

WHO. (1998). *Health promotion glossary*. Retrieved from http://apps.who.int/iris/bitstream/10665/64546/1/WH O_HPR_HEP_98.1.pdf.

MEMO

04

編著者 林龍溢

生命關懷事業的內容

學習
目標

1. 了解臺灣生命關懷事業的現況、困境與發展過程。
2. 認識生命關懷事業如何因產業、學術需求,發展出其獨特的專業領域。
3. 理解傳統殯葬產業為何要轉型為生命關懷事業的原因。

前言

隨著現代商業模式的興起、臺灣人平均壽命的延長，以及消費意識的重視，殯葬產業以生命、人本為名的轉型如雨後春筍般出現。除了因華人對於死亡禁忌的因素，更深層的原因是殯葬業是鑲嵌於社會的一個部分，必須為社會集體需求而轉變其形態。換句話說，民眾期待殯葬產業更具人性化、現代化與全面化的改變，促成了生命關懷事業專業領域的學術建構。因為這樣的改革需求，生命關懷事業的內容也就必須回應國人在當前時代所面臨的生死問題。

首先就殯葬各項專業能力中，臺灣地區現行殯葬業者並不重視「臨終關懷」、「悲傷輔導」、「後續關懷」這一人文關懷區塊，也是殯葬教育目前應思考的議題。其次，隨著國人生前規劃的觀念興起，業者也採借國外殯葬服務引入生前契約與預備服務的商品，並延續到後端的殯葬服務。

殯葬自主的概念衝擊了原有傳統殯葬禮俗的內容，也讓業者開始思考新形態客製化殯葬服務的可能性。再者，在後續關懷與悲傷輔導部分，業者也嘗試新形態的後續服務。在此階段，如何進行產業與學術間的對話交流，成為突破後續關懷實況中實際執行所遭遇的困境。最後，說明為何生命關懷事業應重視其社會責任，並成為產業未來永續經營與發展的主要進路。

4-1　生命關懷事業中的終活計畫

一、日本的終活計畫與臺灣的安寧療護與生命關懷實踐

近幾年在日本相當流行「終活」(しゅうかつ)一詞，最早出現在2009 年的雜誌《週刊朝日》連載專題。終活是臨終活動的簡稱，「為了迎接人生終點所進行的準備活動」，除了告別式與墓地的選擇、財產的處置之外，其實還有其他精神層面與實質行動的準備（米果，2013）。

過去，老人研究領域稱為老人學(gerontology)，是指研究人類老化的生理層面、心理層面和社會層面等等，以及從新的研究發現來改變我們對於老人的刻板看法。爾後，老人一詞的標籤逐漸被高齡、樂齡所取代，因為上了年紀其實也可以很樂天、很活躍的生活。

　　生命關懷事業中的終活計畫，其定義為殯葬服務業應主動投入高齡者遺願之規劃諮詢中，並進一步透過生前契約或預備服務，提供生命終結前相關的殯葬規劃活動。同時，殯葬產業也應主動提供更多的公益設施，如生命關懷館、社區關懷活動，以建立樂情高齡服務基地，在本章後面會有更多描述。殯葬業者在長期關懷服務而建立的信任關係後，在關懷個案後事處理問題上會具有相當程度的影響力。

二、如何在安寧療護階段推動生命關懷實踐

　　如果希望未來的殯葬處理可以真正為我們解決死亡所帶來的問題與困擾，那麼就必須把臨終關懷的部分重新納入殯葬處理當中，恢復殯葬處理的有機完整性。換句話說，我們就不能再以死亡禁忌做為藉口，也不能再以親人才能送終做為理由，將臨終關懷的部分排除在殯葬處理之外。所以站在專業的需求上，再加上當事人與家屬對於生死兩相安的要求下，殯葬業者有必要重新把臨終關懷的部分納到殯葬處理當中。

　　臨終關懷也稱為安寧療護，臺灣早期推動安寧療護模式採取「四全照護」：全人、全家、全隊、全程，並無先後次序。「全人」指的是生理、社會、心理、靈性，稱之為 Whole Person。末期病人除了生理層面的痛苦之外，還有社會、心理與靈性層面的困擾，這些是傳統醫療照護較為欠缺與關注的議題，因此，安寧療護可以分為以下幾個部分：

1. 第一個部分是談論全人照護。

2. 第二部分是「全家」，係指不僅照顧病人，家屬也是醫療團隊的照護對象。家屬面對疾病與照護的過程，原有的家庭動力、角色與能力產生了改變，除了照顧與陪伴病人之外，家屬也會出現身、心、社

會與靈性的議題，包括原有的角色與功能的改變、健康情況、重要
醫療決策、情緒調適、靈性安適、照顧人力、經濟與社會資源等。

3. 第三部分是「全隊」，指的是以一個團隊運作的概念提供安寧照護，
   為了提供全人照護，需要跨專業共同合作，團隊成員不只有醫師與
   護理師，還包括社工師、心理師、營養師、牧靈人員與其他專業人
   員。

4. 第四部分是「全程」，係指從病人及家屬接觸安寧開始，直到病人過
   世後，延續到家屬的悲傷陪伴。

5. 政府為了落實安寧緩和醫療照護普及化，推動建立完整分層、分工
   的安寧緩和醫療網絡，並強化橫向連結，因此加入了第五部分「全
   社區」，以醫院發展的安寧緩和醫療照顧模式，提供教育訓練與輔導
   基層診所、衛生所、社區護理機構等，讓在地醫療基層診所、衛生
   所、居家護理所提供居家安寧療護服務，共同建構以病人為中心之
   社區安寧緩和醫療照護網絡。此外，社區安寧緩和醫療服務與現行
   長照系統相互轉銜合作，亦是目前政策推展重點項目。

6. 馬偕紀念醫院提出第六部分「全心」，第一層意思為「全心全意」，
   第二層則代表心身醫學與心理腫瘤學，特別關照病人與家屬的的心
   理照護與心理相關議題。

三、準備階段與進入場域

　　在安寧照護上，與生命告別是很重要的階段；因此強調「四道」人
生課題——「道謝」、「道歉」、「道愛」、「道別」。這四個課題看起來很
簡單，實際上卻是病人與家屬送給彼此最重要珍貴的禮物。

1. **道謝**：感謝在我們生命裡面出現的人，為我們所做的一切，讓我們
   備受呵護。

2. **道歉**：請求對方原諒我們所做的過錯，也寬恕、原諒對方的錯，釋
   放彼此的愧疚，放下恩怨。

3. **道愛**：對摯愛的親人，說出彼此的真心話，祝福彼此，以及表達關愛。

4. **道別**：真誠的和親友說再見，再次感謝他們出現在生命中，請他們安心；親友也祝福病人放下，好好的走。

　　因此透過生前的預錄，擷取病患在生命最後階段想對家人們所說的話語，除了可滿足病患的心願，也表達其對於家人滿滿的愛與祝福。人的一生會有許多理想與願望，有些已實現，有些未完成。在安寧病患的人生末期，引導他寫下尚未實現的願望，可結合親友與支持團體的資源與力量，在可及範圍內盡力協助他實現生命最後的願望、了卻最重要的心願。

　　在此階段需要學習：

1. **了解臺灣安寧療護發展脈絡與現況**：包括認識《安寧緩和醫療條例》與《病人自主權利法》、安寧照護模式與相關資源（如圖 4-1）。

2. **了解安寧療護團隊運作模式**：包括跨專業課程教學：
   (1) 醫師：末期病程常見的倫理困境、症狀控制、病情告知等。

圖 4-1　安寧療護介紹與馬偕模式課程

(2) 護理：舒適照護、臨終照護與遺體護理、淋巴水腫評估與處置、輔助療法等。

(3) 社工：家屬面對末期疾病常見的心理狀態與情緒紓緩、悲傷陪伴與家屬關懷服務、社會資源運用等。

(4) 心理：末期病人的心理狀態、助人工作者的自我調適等。

(5) 靈性：多元文化之牧靈關顧（如圖 4-2）。

3. **學習自我覺察**：我能有多少的接納與同理？我能允許彼此有多少的彈性空間？我能否適時自我覺察與釐清？

圖 4-2　臨終照護、末期病人的靈性需求課程

四、進行生命關懷工作坊（紀錄片）

生命關懷工作坊是透過紀錄片拍攝的訓練[1]，學習善終概念與相關研究理論，並理解與詮釋不同生命故事。爾後進入拍攝專業領域，學習專業影音製作相關知識與技術。在過程中，學員得以從中看到病人與家

---

[1] 紀錄片工作坊前置工作進行內容說明：

　(1) 介紹善終概念與相關研究與理論。

　(2) 認識末期病人及家屬常見之心理情緒反應需求：提供適切的回應、關懷、支持或是協助轉介之情境與時機。

　(3) 以個案情境來進行角色演練並進行討論。

屬相處的最後時光，以及他們生命中的遺憾；還有病人希望留給親人的遺愛，作為往後生命中藉以生存下去的勇氣。紀錄片的目的是透過這些生命故事，來反映臺灣人生死過程中，到底出了什麼問題？有什麼需要社會關注的？以及生命圓滿如何可能？學習用影像說故事的能力，透過團

圖 4-3　安寧紀錄片：大村假期

體討論（聽故事與說故事），撰寫企畫書，更有效率的完成紀錄片（如圖 4-3）。

 牛仔很忙的小故事

馬偕醫院安寧中心方俊凱主任

　　我記得 1998 年成立（安寧療護中心）那棟樓時，特別準備了 2 個房間，那 2 個房間叫什麼呢？叫「蓬萊居」（蓬萊仙島的意思），這明明是很「道教」的名稱，在一個基督教醫院裡放個「蓬萊居」感覺怪怪的…。那是什麼呢？大部分醫院的病人過世之後，遺體很快的被搬離病房並送往太平間，接下來就是冰冷的冰櫃，或是也沒有什麼地方可以讓家屬與往生者好好的道別，所以在我們那棟樓內準備了 2 間房間，當病人過世後可以移到這個特別的房間（單人套房），讓家屬有至少 7、8 個小時的時間與往生者相處；也可以等待其他親屬到來，或進行一些簡單的儀式（雖然不能燒香），昨天也聽到有家屬在那裡為往生者唸法號或做一些開示，個人覺得也不錯。

　　不過很多人忌緯這些，原先「蓬萊居」前方有 2 個房間，一個是醫師值班室、一個是醫師討論室，從來沒有醫師願意去那邊值班，過了 3、4 年之後，大家覺得這空間使用效率太差，決定把值班室和討論室也改為「蓬萊居」，所

以目前一共有 4 間「蓬萊居」。我要說的是，連醫師經常要接觸生命的人都不願意親近，更何況是一般人呢！因為「死」這件事實在不是一件太熟悉的事，除了少數以「死」這個議題來從事相關工作的人比較熟悉之外，大部分人是沒有辦法的。而且就算是從事這樣工作，有時也必須透過某種認知，硬是把心理的感受給掩蓋過去，才能繼續從事這樣的事。在心理層面上是很不容易的，其實這些年在安寧療護和殯葬的發展有很大的進步，但是要如何做「悲傷輔導」，要將各層面做更好的連結，還有很大的進步空間。

我想講一個小小的故事，這故事叫作「牛仔很忙」，不是市面上那首流行歌曲，當有親人過世後總要有人來主持大局，要準備很多的喪葬儀式，我知道有一位大哥，是家裡真正的大哥，當親人過世後，實際上自己還沒準備好自己的親人要過世了，雖然親人是慢性疾病，但事情發生的太急、太快，事件發生後就必須快速的處理很多喪葬事宜，也因應往生者的信仰必須要辦理很多儀式，而當事者也堅強的辦理完所有的儀式。可當所有儀式都辦完了，當事者確不知道要如何過生活，不知該如何睡覺，過程中雖非常忙錄，但碰觸不到自己的內心，也不知道要向他人傾訴，半年後自己得了憂鬱症，不得不就醫。

我們現在很多儀式非常的到位，但是怎樣在這些儀式之中讓生者有事做但也可以忘卻傷痛，因為也許儀式過後接下來就沒有後續的服務，也許只是一年一度清明時節的掃墓可以懷念親人，但是這之外我們到底還能做什麼，所以從這個角度來看的話，馬偕專校成立生命關懷事業科就有非常大的價值，學生如何從學校就懂得一個人的心、認知到什麼是悲傷輔導，又有機會到醫院去看醫院如何照顧病人，病人往生後家屬要如何面對這樣的情境。

怎麼樣把一個系統完整的連結起來，讓生命的價值更被彰顯。生命不會在死亡的那一刻就完全結束，對「呼吸」來說或許是一個結束，但是人是有記憶的，人的記憶會讓這個人不斷延續下去；文字、照片影像等都將讓這個人的影響力變得更大，我想這樣的服務模式只是人生一小部分，但是會是非常有影響力的一部分。

4-2　生命關懷事業中的預備服務與殯葬禮儀

一、預備服務

（一）預備服務的概況

　　預備服務(Pre-need)是指事前安排的喪禮，或替家人預先為自己安排死亡事務，是為釐清生命最後的重點，也同時在安排妥當身後事而得心安。預備服務起源於西方的殯葬服務觀念，重視個人價值、事業、家庭、興趣、成就、信仰等面向，將人的生命價值融會在未來舉行的喪禮儀式中，使得喪禮不再是制式化行禮如儀的展示，讓儀式更貼近亡者的主體性，以及撫慰參與來賓親友的悲傷。在臺灣，生前契約的推行解決了民眾部分死後無法自主的問題，不過契約的內容仍著重在以價格的高低與商品的形式來決定殯葬服務的內涵。

　　學者黃天中認為：「喪禮具有協助家屬度過哀悼失落期，說明喪禮具有心理治療的功能」（黃天中，1991）。契約推廣流行之後，臺灣殯葬產業把預備服務焦點放在悲傷療癒作用上。2007 年某殯葬公司推出「用你想要的方式道別」的殯葬服務，提供客戶另一種不同於生前契約式的預約殯葬服務型態，並安排明星為代言人舉行記者會與推出電視廣告，在民間造成了影響與討論。該公司「用你想要的方式道別」專案主張殯葬服務的核心價值，應在於處理每位亡者生前的「遺憾」，並在奠禮會場中呈現亡者與親人生前互動的影像。此外，該專案提供客製化的奠禮服務，如廣告中一句：「阿嬤在天上吃冰淇淋」，不但感動人心且深具教育意義。

　　由此得知，化解死亡所帶來的問題是喪禮服務關懷生命的重點，臺灣殯葬服務產業也一直企圖建構為喪家解決死亡所帶來的問題之服務。接下來將說明殯葬公司在實際執行預備服務時的流程，以及在服務過程中所處理之問題。

圖 4-4　你想要用哪一種方式來道別呢？

（二）預備服務的做法

在美國，這類計畫通常稱為預備服務(Preneed)，因為涉及各方面的因素，購買人通常以分期付款方式繳付款項，通常是每對老夫婦美月或每年幾百美元(United States Senate, 1964)。而一般臺灣殯葬公司提供預備服務作法，是由資深禮儀人員做專業的預備服務諮詢，了解客戶之生命禮儀服務需求，作專業的預備服務規劃（如圖 4-5）。

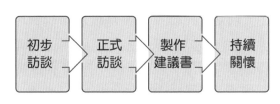

圖 4-5　預備服務流程

一開始接到相關客戶詢問預備服務，先做初步的訪談，了解顧客的基本需求，並約時間進行正式訪談。在正式訪談時，談論他們關於喪禮的願望，例如：

1.　**葬法**：採用火葬、土葬、火化後灑葬，與葬禮的地點。

2.　**告別式的方式**：追思音樂會、傳統奠禮儀式，或是不舉行。

3.　**音樂**：中、西式樂團演奏、CD 伴奏，以及曲目的選擇。

4. **照片**：選擇遺照，生活照或大頭照。

5. **道別感言**：預錄或以書寫的方式，以及用什麼方式呈現。

6. **宗教儀式**：佛教、民間信仰、道教、其他，或無宗教儀式。

7. **場地**：殯儀館、會館、飯店、戶外等。

8. **邀請卡**：制式訃聞、個性化訃聞、特殊邀請卡。

9. **棺木**：材質、顏色等。

　　整理資料並經過內部團隊討論後，殯葬公司為客戶製作「生命禮儀建議書」（如圖 4-6），服務內容與費用以 2~5 年一期略作調整（考量物價、商品供給之問題）。

圖 4-6　生命禮儀建議書

　　客戶選擇期望的商品與服務後，將檔案設置於資料庫內，開放客戶更改內部內容，並由公司管理客戶資訊（如圖 4-7）。

圖 4-7　建立資料庫及管理客戶資訊

二、殯葬禮儀服務

殯葬禮儀是綿延持續的演變的過程，殯葬禮儀是遠古流傳而來的一套「通過儀式」，與華人的生死智慧結合而指導民眾體悟與圓滿生死的方法，成為個體超越死亡一套解脫進路。這些傳統殯葬禮儀文化的人文價值是延續先秦以來的深層結構，隨著歷史社會的演進過程中，採藉了各個時代的精神文化涵養後，透過人類集體的建構，逐漸形成一套足以解決民眾死亡問題的殯葬禮儀。

但是，過去的殯葬處理原則上是以遺體處理為中心，因此重點放在殮、殯、葬的部分。到了民國 83 年，受到從日本引進現代化服務的影響，臺灣的殯葬禮儀服務開始現代化。引進「現代化殯葬服務模式」，即以「標準化的服務」，取代過去繁瑣複雜的在地化喪葬儀式；並且以「制服式」的服務業包裝，取代過去不修邊幅的草根型業者的模式。現代模式，不只注意殮、殯、葬的部分，還注意臨終關懷與後續關懷；後現代的模式，除了殮、殯、葬的部分，以及臨終關懷與後續關懷的部分。以下，分別以緣、殮、殯、葬、續五個部分，分別敘述殯葬禮儀服務在現代化後的實際作為與內涵：

（一）緣的殯葬服務

就傳統的殯葬禮俗而言，所謂的善終指的就是壽終正寢，臺灣民間相信臨命終的人一定要在正廳等待死神的召喚，俗稱搬鋪。如果臨命終的人在搬鋪之前不幸死在寢室時，死者的靈魂就會留寢室的床架上，同時也無法立刻獲得轉生，對家人來說，是一大困擾（鈴木清一郎，2000）。光復以來，這樣的禮俗似乎也沒有改變。臺灣民間習俗認為家中的正廳是家中最神聖的地方，因此，在這個地方斷氣，也是最光榮最幸福的事。

此外臺灣人認為能夠「壽終正（內）寢」就是好命，所謂正寢其實就是「正廳」的意思。對臨終者而言，家不只是自己成長的地方，也是支持自己生命的地方。當自己遇到困難挫折的事情時，自然而然就會想

到回家尋求支持。當自己遇到高興的事情時，自然而然也會想到回家予以分享。因此，無論是挫折或高興，家都是一個可以參與我們生命、與我們共存的地方（尉遲淦，2009）。可以說：一個人如果身後事沒有辦法得到如己意的妥善處理，那麼他在臨終時就會憂心掛慮。如果一個人的身後事可以得到如己意的妥善處理，那麼他在臨終時就不需要擔心這個問題。

在西方安寧緩和醫療（即中國所謂的臨終關懷）與生前契約的影響下，臨終關懷開始為我們所接受。殯葬服務推到臨終階段，喪親家屬與病患臨終者的對應情境上，這是屬於人性的基本教育，臨終者在彌留時，生理、心理、靈性與社會等面向是需要生者們的照護，這種照護應是殯葬臨終服務最為重要的一環。

1. **身體面向**：要對臨終者身體痛苦與壓力的照護與控制。

2. **心理面向**：重視臨終者關心的問題，以及同理心來關心臨終者的各種情緒與心理。

3. **靈性面向**：協助臨終者找尋人生的意義與靈性的安頓。臨終者與陪伴者都需要有臨終關懷，在病患彌留時能夠有效的交流與溝通，獲得最後平安的死亡。

4. **社會面向**：重視臨終者關心的問題，以及積極地協助解決。例如：保險、遺產、社會救助、社會關係的處理等。

（二）殮的服務

就殮的階段而言，殮指的是遺體的處理。當人死了以後，人的遺體就開始產生生理變化。這時就必須採取一些作為，讓這些生理變化不要影響到親人之間的感情。如果我們沒有這樣做，那麼這些生理變化就會讓家屬對於亡者的遺體產生負面印象。一旦這些負面印象出現，那麼就會更加強化死亡就是可怕的感受，使人們更加逃避死亡。在過去，殮的儀節部分包含了洗身、穿衣、化妝、入殮，主要由家人來擔任執行的作業，再由儀式專家來協助儀式進行。當代則由禮儀人員或殯儀館人員負

責執行,而家屬則成為輔助的角色,儀式專家仍負責指導宗教儀式。不過,後來由於殯葬館所提供殮的服務功能有限,無法提供家屬參與的機會,有鑑於此,業者也開始引進一系列更精緻的淨身服務。

　　日式湯灌服務引進臺灣許多年(大約民國 92 年或 93 年龍巖引進),除了原本日本文化浴佛與精緻的 SPA 服務技術(又稱為禮體淨身),業者也融入臺灣的喪葬習俗以適應市場需求,其目的為:

1. 引進日本湯灌(淨身)服務之特色,創造禮儀服務商品之差異化,以供最為行銷通路銷售生前契約之切入點,並提升公司禮儀服務專業門檻。

 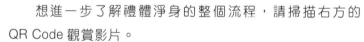

　　禮體淨身服務是讓往生者於莊嚴及舒適的環境下,由專業的禮體師為他們做體貼、細緻的洗身服務,讓往生者回復以往美麗的模樣迎向下一段旅程。

　　想進一步了解禮體淨身的整個流程,請掃描右方的 QR Code 觀賞影片。

圖 4-8　禮體淨身服務教學示範

2. 提供往生者莊嚴離開人世之方式，讓接受禮體淨身服務之客戶，在生命最後一個階段獲得死亡尊嚴。

3. 透過家屬對淨身儀式之參與，並得以盡最後一份孝心與表達思念及不捨之意。而該服務之產品的定位為：「禮體淨身服務」乃引進日本湯灌服務之特色，並融入臺灣地區殯葬習俗與孝道精神所發展出之往生淨身服務。其基本服務內容包含消化道引流、洗身、修容、剪洗吹髮、著衣、修剪指（趾）甲、化妝等服務執行與乞水、告天等家禮動作之引導。

（三）殯的服務

殯指的是從入殮以後到出殯之前。在這個階段，主要的作為有兩個：一個就是停靈的守靈；一個就是出殯的告別式。

1. 停靈的守靈

這個階段包含了日常生活的轉變、拜飯、瞻仰大體與各類的其他活動。在守喪生活禮節方面，喪家應身穿黑衣或白衣等素色衣服（現一般以運動服居多），保持整潔但不宜吹燙髮型、刮鬍鬚、剪頭髮、修指甲、或擦指甲油、不宜穿皮鞋、女性不宜上妝擦口紅、飲食有節、生活從簡、遇到年節時只祭拜家中神明祖先，不可參加廟會慶典、不宜參與探病、拜訪親友。拜飯俗稱「捧飯」，過去的喪事多半在家中安置靈位，現代社會多將靈位放置於殯儀館或私人會館。

2. 出殯的告別式

在告別式的進行中，有兩個重點：一個是家屬善盡孝道；一個是親友的送別。出殯奠禮是合眾人之力所完成的，每一個角色擔當不同的工作事項，並交織著參與在出殯告別式過程中。按角色分類而言，可區分為一般的奠禮專業人員與其他人員之別。

(1) 奠禮專業人員：

　　包含了專業的司儀：在奠禮會場中掌控全場秩序的專業人員，負責的工作項目包含了儀式過程的引導、家奠與公奠的順序安排、家奠文的誦讀等事項。

　A.襄儀：顧名思義為協助禮儀過程之責，一般來說安排在家奠與公奠時，負責三獻禮、手勢指揮等工作。

　B.樂隊：為奠禮過程伴奏音樂的數名樂師，身著中式灰色的唐裝，作為在奠禮會場增添哀傷氣氛之關鍵成員。

　C.師父與誦經人員：同作七與功德儀式的成員，在奠禮中負責宗教超薦儀式、引導亡魂等事項。

　D.移靈人員：在奠禮中負責遺體運送、入殮、扶棺、送火化等工作項目，身著該個案公司之全套西裝外套制服。

　E.靈車司機：同為身著個案公司制服之員工，負責在奠禮過程中載運棺木至火葬場或墓地之成員。

(2) 其他人員：

　A.收賻人員：負責在奠禮式場門口收奠儀之成員，一般來說會有三至四名，一位負責將回禮之毛巾或手帕遞給前來參與奠禮之賓客，一位負責收取來賓餽贈之奠儀，一位負責記錄奠儀、花籃、罐頭塔等餽贈物之人名及數量。

　B.接待人員：負責奠禮會場的秩序，如替來賓配戴胸花、供給來賓點心與香菸、帶領來賓入禮堂就坐等雜務。

　C.親友送行車輛：送行至火葬場的親友車輛，通常會在照後鏡上綁上紅布條作辨識。

　D.生平事蹟講述者：由往生者生前之摯友或親人擔綱，在奠禮過程中講述生前之經歷與事蹟。

　E.回憶錄播放：奠禮中負責播放回憶錄之成員播放。

（四）葬的服務

1. 火化

　　靈車到火葬場，工作人員會安排祭品，家屬要跟隨誦經人員祭拜往生者。

表 4-1　火化流程及準備的物品

	流程	準備物品
上香	靈柩放置火化爐前，將魂幡放在靈柩上，隨師父誦經上香	遺照、靈位、魂幡、香、香爐、水果
火化	靈柩送進火化爐中，依習俗家屬都會喊「某某某（亡者稱謂），火來了，快走！」	
除服	火化之後所有的家屬將孝服脫去	

2. 撿骨封罐

　　火化的時間約一個半小時至二個小時，這段期間，部分家屬可回家休息，直系家屬必須留下等候撿骨封罐。撿骨封罐時家屬可隨侍在側，等到撿骨師將包巾包好後，由孝男或長孫抱著往生者的骨灰罐，隨即進塔或暫厝。

3. 安葬（土葬）

　　靈車到了墓地後，扛棺人員會將靈柩移放在墓穴旁等候吉時入壙。

表 4-2　安葬（土葬）之流程及準備的物品

	流程	準備物品
放栓	由專業人員將棺木尾部下方的木栓打掉，以利空氣流動，讓遺體自然歸於塵土	遺照、靈位、魂幡、香、三牲、水果、金銀紙、五穀子、銅板
入壙	扛棺人員在專業人員的指導下，將靈柩抬入墓穴裏	
覆土	孝眷跪立於墓旁，在孝服的衣擺放置一把泥土，靈柩入壙後，將泥土撒向靈柩	

表 4-2　安葬（土葬）之流程及準備的物品（續）

流程		準備物品
祭拜	家屬持香先拜后土（土地公），後向靈位及墓碑祭拜，並由師父誦經	
撒五穀	由地理師執行	
除服	以上儀式完成後所有的家屬將孝服脫去	

4. 返主

　　家中供有祖先牌位之家屬，大多於選擇出殯後將牌位請回家中供俸，乾淨靈（七出殯前作完者）靈位回家時，可直接供俸於神桌上，即置於面對於祖先牌位的左邊；未乾淨靈（七於出殯前未作完者）靈位回家時不可恭奉於神桌上，須另準備一張方便供桌，靠牆而置或用香火籃掛在牆上。

（五）續的服務

☼ 百日、對年與合爐的通知

　　百日（應以亡者過逝的當天以農曆計算後三個月加 10 天，本省人需幾個孝男及長孫就需扣幾天）、對年（應以亡者過逝當天以農曆計算隔年的同一天）、合爐的通知是個案公司的一項貼心之服務，禮儀師通常會在這些日子到的前幾天告知家屬某一天先人要作儀式，請喪家準備菜碗與牲禮，或由個案禮儀公司代為服務。

禮儀師與喪家解釋在居喪期間所要注意的事項

- **喪家**：居喪期間有哪些生活上需注意的事項？

  禮儀師：在居喪這段期間，有一些事情你們（喪家）要注意的，像是家中的男生在戴孝之前，鬍子跟頭髮能夠不要剃掉就不要剃掉，除非是因為工作上的需要，否則要一直留到出殯之後才可以剃。至於女孩子最好是不要化妝、打扮應較為保守。除此之外，也不能修指甲、擦指甲油，並且在穿著上，儘量以黑、白或素色系為主。

- **喪家**：那麼，平常居家或工作的時候是否也要戴孝呢？

  禮儀師：現在一般都會地區的喪家除非是在長期待在家中，否則都不會隨時戴著孝出去外面。以我的建議，你們可以將孝誌寄於靈前，平常來燒香拜拜或作七、功德的時候，再將孝誌戴上。我等一下會幫你們準備好每一個人的孝誌，在戴上去之前，你們可以先去修剪頭髮或指甲。

  另外，在這段時間（治喪期間），一般的廟宇或廟會慶典活動都不要參加，因為在居喪期間喪家比較「不乾淨」，所以怕會汙染到有神明的地方。其他像朋友家也都不要去拜訪，這也是同樣的原因，同時也是尊重人家的一種禮貌。

- **喪家**：那麼，如果有同事或朋友要來家中弔唁的話，那麼家中是否還要設靈堂呢？

  禮儀師：基本上是不用的，你們可以請同事或朋友直接來佛堂（靈堂），來為往生者上一炷香，我們這裡上班時間都有人在服務，如果你們不在的話我們工作人員都會替你們招呼前來弔唁的親友。

- **喪家**：那麼，我們怎麼知道有什麼人來過呢？

  禮儀師：我們可以幫你們在往生者靈前準備一本提名簿，來拜過某某的親友或同事會在上面簽名，你們看簽名就知道有誰來過了。

- **喪家**：那麼，牌位設在這裡我們多久要來祭拜一次？

  禮儀師：基本上，牌位設在這裡我們工作人員會在固定時間替你們上香、換香環、清潔靈桌等工作，所以你們可以不用每天都過來。

4-3 生命關懷事業中的後續關懷與悲傷團體

後續關懷與悲傷團體是生命關懷服務的一部分，禮儀人員如具備此一職能，除了符合社會期待之外，還能提供更圓滿的服務。透過後續關懷與悲傷團體服務之推行，使得這樣的觀念逐漸落實在生命關懷事業當中。傳統殯葬禮儀的專業當然包含了後續關懷服務的訓練，但放在當代卻因社會變遷而無法達到原本的功能。因此，只有專業還不夠。因為，許多答案都是過去的答案。對於身處時代變遷的問題可能使不上力。這時，就需要回歸問題本身重新建構合宜的答案。

一、後續關懷與悲傷團體的源起

在華人傳統社會，喪禮之後，親人聚集在一起為亡者進行未完成的做七、百日、對年、合爐儀式，以及年節、忌日的祭祀。禮儀師通常會在這些日子來臨的前幾天告知家屬某一天先人要作儀式，請喪家準備菜碗與牲禮，或由禮儀公司代為服務。透過親人之間的團聚，誠心在法會或儀式中為亡者祈福，在心理上獲得慰藉；並且，透過儀式的作用，將有形的生命轉化為無形的存有，以精神與靈性的永恆超越了死亡所造成個體生命有限的困境。

然而，在當代社會喪葬儀式簡化與人際關係疏離的情況下，喪親者往往需獨自面對悲傷，而造成許多人無法順利哀悼而完成悲傷的調適。因此，在喪事辦完之後，我們會遭遇種種心情與生活的壓力。為了化解這樣的存在困境，殯葬業者開始有機會可以提供後續的關懷。那麼，這樣的關懷關鍵是什麼？在此，我們要分兩方面來了解：一方面就是親人死亡所引起的傷痛；一方面就是親人死亡所產生的生活問題。

二、當代後續關懷與悲傷團體的作為

在 90 年代，臺灣也因醫療院所的臨終關懷和諮商與教育者的呼籲，興起了「後續關懷服務計畫」。該目的是回應在死亡與失落悲傷教

育中提倡讓喪親者能夠有好好的悲傷的表達，得到紓解的機會。因此後續關懷就是要幫助喪親者完成五項悲傷支持的任務工作，包括遺體的處理、接受死亡的事實、經歷悲傷之痛、協助適應死者不存在的環境、協助喪親者情緒穩定以新角色繼續過生活。2006 年，有殯葬公司與學校簽屬「喪葬服務人員之簡易悲傷輔導與喪葬後續關懷服務教育訓練計畫」（如圖 4-9），目的是為了：

圖 4-9　殯葬公司後續關懷服務教育訓練

1. 增進禮儀人員之同理心、傾聽、溝通與悲傷輔導技巧，以提升人員服務品質與案件爭取成功率。

2. 透過喪葬後續關懷服務之新觀念灌輸，提供禮儀人員既有客戶群關係維續與社區人際關係拓展的態度與技巧，提升回頭件與據點社區件之數量。

3. 為公司在職人員取得學術單位發給之上課證明（長期——目標為全體禮儀人員）。

　　該計畫之特色是運用悲傷治療讀書會，強調殯葬服務中生到死到後續的全程關懷，以及提醒從業人員應關注高危險族群，如年輕喪偶；並且，試圖利用群體的力量（讀書會）撫慰參與個體的悲傷。活動結束後，殯葬公司也開始思索下列問題：

1. 針對公司客戶及與公司有互動之消費者，對於喪葬後續關懷服務之實際需求進行調查研究，並提出具體喪葬後續關懷服務實施方針。

2. 建議在公司或各區擇一重要據點，設置小型圖書室，放置悲傷關懷或具心理輔導效果之書籍資料。

3. 配合喪葬後續關懷開設「悲傷治療讀書會」團體，除可建構網路線上互動團體外，亦可以考慮在上述的圖書室進行讀書會活動。

　　不過，由於當時禮儀人員相關後續關懷意識與專業知識尚且不足，又喪親家屬投入相關後續活動的意願不高，而且又牽涉到是否有商業利益的問題，也因此很難在實際服務中推廣與執行。

三、後續關懷與悲傷團體未來可能的作為

　　由於喪禮文化與多元宗教發展的差異，我們切忌完全抄襲美國的「後續關懷」做法。首先，「後續關懷服務團體」（以下稱為「後續團體」）的成員必須知道，在臺灣，我們可以服務關懷的對象與標的，請參考表 4-3。

表 4-3　後續關懷服務對象及服務標的

後續關懷服務對象	後續關懷服務標的
往生者	身、心、靈
狹義喪親者 （與往生者有血緣關係或日常生活依存關係者）	身、心、靈
廣義喪親者 （除了狹義喪親者以外，還包含那些因為往生者的死亡而受到影響者）	心、靈

　　當然，有心從事「後續關懷服務」的專業人士或志工，通常會將服務的提供聚焦於特定的狹義喪親者身上。但是要知道，如同一場優質、有意義的喪禮服務絕對是「以團體的專業與力量來服務往生者與喪親者

團體」一樣，我們所提供的「後續關懷服務」也必須墊基於「以團體運作模式來做好服務」（馬偕專校生關科，2019）。

對喪親者的後續撫慰，還可以尋求一些專業性輔導團體或機構的協助，經由專業的心理諮商人員或受過專業訓練的志工人員等，來幫助喪親者從急性悲傷歷程中復原。這種悲傷醫療是一種專業的知識與技能，一般是由醫師、護理師、心理師、社工師等透過個別或團體形式提供支持性服務，也可經由專業訓練的義工團體，或者是由有共同失喪經驗的人組成的自助團體，來互相協助，其對象是具有高危險群的喪親者，經過喪期後還適應不良的人，其重要的預測指標有四：

1. 在危機期間，喪親者很缺乏支持性社會網絡。

2. 社會支持網絡並非特別不足，但死亡情境極端創痛。

3. 與亡者有極端衝突的婚姻關係、極創痛的死亡情境，以及未被滿足的需求。

4. 同時出現其他生存危機。

此時是需要各種輔導人員進行持續性的醫療與撫慰，來幫助喪親者完成走過死亡的哀悼任務（馬偕專校生關科，2019）。例如使用藝術治療[2]、沙遊工作坊或喪偶者敘說團體等工作坊方式，來聚集喪親家屬建立後續關懷服務。藝術治療是透過視覺藝術形式，運用在諮商輔導與心理治療的工具或媒介；允許人們透過口語、非口語的表達及藝術創作的經驗，去探索個人的問題及潛能。透過藝術創作，接觸了各種媒材，如石頭、火柴、鹽巴沙等等，進行對自己或對他人自我探索與悲傷撫慰，達到悲傷輔導與後續關懷等效益。當藝術治療團體中的團員在陳述其作品，和團體分享時，常能喚起或刺激旁觀成員的情緒反應，加強其他成

---

[2] 藝術治療的特質是重視全人的概念，並從主體性來思考被關懷者的治療需求。主體性是個人的經驗與內在過程進一步延伸為在社會生活中的個人主體，以釐清人類的本質、社會控制、以及能動性等問題。疾病過程乃是理解之人類如何從日常的轉換成超越日常的「基本過程」，可理解患者的思考、情感、情緒、知覺、關懷等如何產生轉換或變異的過程。

員積極參與活動的動機，增進團體的互動與凝聚力[3]。例如，工作坊團體透過黏土、製作糖果娃以及集體創作等形式凝聚團體動力（如圖 4-10）。

圖 4-10 馬偕專校 USR 藝術治療工作坊

　　沙遊工作坊（如圖 4-11）所運用之沙遊治療，是採取「榮格理論」為治療的基礎，除了用一般的言語治療、夢的分析之外，還採用兩個沙箱以及成百或成千的小物件，讓病人或案主能夠建造他自己內心的世界，且以三度空間的圖樣呈現出來。在治療師所提供的自由與保護的空間之下，案主可以把內在的世界呈現在這沙箱中。這是一種非常新進的、有創造性及非理性與非言語的治療方式。而建立喪偶者敘說團體，則是站在人性關懷之立場[4]（如圖 4-12）來運作。對於喪親家屬而言，當其面對親人的辭世，如何協助悲傷當事人接受失落的事實進而經驗、涵容悲傷，並在悲傷調適歷程當中能夠轉化經驗，成為自我生命之轉折點，重新詮釋對失落的理解、發現助益、以及認同改變。

---

[3] 帶領具實務經驗的工作者，重新接觸過去心理上的未竟事宜，看見個人內心的多元樣貌，將原本不願接納的自我部分再次與人格整合，並以此為基礎修復與重要客體的關係，提升在日常生活中的適應能力以及專業知能

[4] 由於臺灣社會快速的變遷，過往在華人傳統殯葬禮儀，已無法在現今之殯葬儀式中發揮其原具備悲傷輔導之功能。希望可以協助喪親的家屬可以有一個安全且具溫度的環境，提供有相似經驗的喪親人們，可以有一個可以重新整理失去所愛的痛苦，更進而可以在團體裡，重新建構向我生命的意義以迎向未來，達到身心健康的狀態。

圖 4-11　馬偕專校 USR 沙遊工作坊　　圖 4-12　馬偕專校 USR 喪偶者敘說團體

　　因此，未來生命關懷事業中的後續關懷與悲傷團體，應思考如何發展當前生命關懷教育體系所應培育的後續關懷服務的素養與核心能力；並且，進一步認識自己的專業極限與適時提供轉介治療，以建立和諧社會與實踐生死兩安為目的。

 喪禮後才是後續關懷的開始——喪失愛女的父母

　　十幾年前，急診護理站通報往生室接體，我與同事一同推接體車至急診室，當時只發現極度哀傷的父母坐在急診室前的長條椅子上，不斷地哭泣且無法相信女兒的逝去這個事實。他們往生的女兒是在早上上學的時候，被公車在不經易的擦撞下而被碾斃。送至醫院時已經回天乏術。她的父母親無法相信這個事實——前一分鐘還是好好的人，在下一分鐘卻已經躺在血泊中了。肇事者是某客運的司機，當時還在警局作筆錄。

　　家屬質疑我們為何不讓他們送女兒到太平間的原因，於是我們跟家屬說明為何不能讓父母跟在身旁的禮俗意義：「一般來說，父母親是不能送晚輩的，所以請你們要見諒。」

　　家屬主動不發一語的離開急診室門口，獨自的前往太平間。遺體在助念室中助念，家屬一開始在往生者與助念師姐的身旁協助助念，但是感覺得出來強烈的悲傷情緒影響了他們（父母）助念的專注力，不久就被師姐「請」了出來。亡者的父親有一點埋怨的問我：「我為什麼不能看她、不能陪她！」

　　此時，我凝重肅穆的回答了這位哀傷的父親：「在助念的過程中，其實妹妹還是聽得到你們（父母）的聲音，此時她（往生者）需要的是助念師姐的開示與迴向，如果你們不能心平氣和的陪伴著師姐與妹妹念經，反而會造成她離不開你們而繼續留在凡間受苦的現象。這時候，對她來說是很重要的，請你們相信師姐的專業能力，他們都是常常幫人家助念的，知道怎麼樣才是對往生者最有益的。」亡者的父親聽到了這樣的解釋後，勉強的釋懷但仍舊哀傷的坐在助念室門口。

　　在此同時，亡者的母親持續不斷的打電話給親朋好友，告知這一個不幸的訊息，親友們紛紛趕到太平間探視這位難過母親，以擁抱的方式讓她的哀慟得以抒發出來。此時，為了讓家屬心靈得以得到寄託，我詢問家屬是否幫小妹妹設一個牌位來祭拜。家屬同意我提供的禮儀協助，在設香案之前，我跟家屬解釋長輩是不能夠拜牌位的，這是因為倫理上的問題，但家屬在我設完靈位牌之後一直到出殯的階段，仍不斷「偷偷」的在拜，這是因為他們想跟小妹妹說些什麼。至於牌位的內容，書寫著「愛女某某某靈位」，這是她爸爸的意思，他對我說：「我一輩子也忘不了她的，她的照片我也會一輩子保留下來的。」

　　助念的過程裡，她的父親不斷的詢問我，什麼時候可以打開屍袋看看她女兒。我跟他說：「在助念的過程這八個小時內，最好不要打擾她，如果你們要看的話，最好是八個小時後再看；如果要幫她清洗或整理的話，也是八個小時後再說。這樣子，對她來說比較好。」

　　她的母親，仍舊是六神無主的不斷進出助念室，一會兒在遺體邊難過的哭了起來、一會兒在外面的椅子上跟親友擁抱哭泣，過程中，我主動的遞上面紙與杯水，除此之外，我覺得自己也沒有辦法幫她些什麼。其實，有這些親友就夠了，他們一直在支持著亡者的母親。不管是在身體的接觸上、言語的安慰中，或是默默的陪伴……。

遺體相驗之前，我告知家屬如果能不要進去裡頭看，就不要進去。她的父親仍舊質疑著我，為何又不讓他看女兒，我解釋道：「在相驗的過程中，需要不斷的翻動大體，這時大體會有流血的情況發生……你們看了一定會很難過，所以沒有心理準備的家人，最好不要進去看。」（家屬也認同我的說法）過程中，家屬的反應出乎意料的冷靜（即便肇事者也在一旁，但家屬表情仍十分哀傷），她的父親一邊提供檢察官案情的解釋，一邊在默默含淚傷心的看著滿身是傷的女兒。

此後我們建立了信任的關係，有一次亡者的母親帶著亡者的照片，告訴我很多關於女兒生前的種種事蹟：「你要不要看她的照片。」「這是在中正大學拍的照片，她一直很希望將來能上中正大學……。」「這是她十四歲生日照片，你看很可愛吧，不過那也是不久前的事……。」「她都很照顧弟弟跟妹妹，因為年紀比他們大很多，所以也是家中最懂事的小孩子。」

某一天亡者的父親又來找我，但得知我在睡覺便自行離去，我感到很愧疚，因為家屬應該有話要對我說。有一天，他看到我，便點起了菸說：「你知道南無妙法蓮華是什麼嗎？」我回答道：「這是日蓮正宗的咒語，日蓮正宗是日本傳來的宗教。」她的父親說：「昨天我女兒同學的家長在我們家裡唸了半個多小時，就一直在唸這一句。」我也回應他：「很有心啊！她的同學跟她的感情一定很好，像她的靈前常常有一些食物與飲料，都是她同學帶過來給她喝的，她們還會陪她說話。」

最後，我想說的是喪禮才是後續關懷的開始。故事中女孩的父母試圖在死亡中找到意義的連結，然而短短的治喪期間與有限制的哀悼，並不能讓父母獲得悲傷的調適。當時，身為第一線的禮儀人員，深深感受到自己能力實在有限，也因此影響我後續以發展殯葬學術研究作為自己終身的志業。

4-4 生命關懷事業中的社會福利與生命關懷館

一、社會福利與生命關懷館的源起

以前賣身葬父的故事，說明傳統社會對於處理遺體的社會義務之重視。現今法律也針對遺體處理的責任，作了明確的規範，如刑法第 247 條第一項遺棄屍體罪、第 250 條遺棄直系血親尊親屬加重其刑。社會福利支持著貧窮家庭的喪葬處置，有利於貧戶取得相關補助與減免資訊，減輕辦理喪事的壓力。但對於缺乏社會資源的底層民眾，社會網絡與社會支持顯得更為重要，這方面在目前政府財政狀況確實難以全面涵蓋。在這些貧戶遭遇家中成員過世時，雖然可獲得鄉鎮區公所的急難救助金，但因一場合宜的喪事辦下來，即便是政府針對低收入戶有許多殯葬設施的使用優惠（如禮堂、冰櫃的減免），但在實質的治喪內容仍顯不足，部分實需要民間機構來支持，以提供遺族雪中送炭之協助。

此外，過去禮儀業者在各社區與鄉鎮中負擔起弱勢族群的殮殯葬事宜外，似乎並沒有其他值得被認同的社會福利作為。殯葬業者提供各類的殯葬設施，也僅為提供一般民眾治喪時使用，對於生命品質的提升並沒有別的作用。不過，近年來殯葬業者逐漸以「五星級會館」（如圖 4-13）的概念來建構殯葬設施。在整體的規劃上，殯葬會館的空間感已打破一般民眾過去對治喪空間的印象。民眾可以自由的在該空間內休憩與閒談；可以在每個獨立的祭拜區靈位前為亡者哀悼，述說內心的話語，並親身為亡者服務；可以輕鬆的坐在沙發椅上，觀看具有生命意義與教育內涵的影片。以生命關懷理念所打造的治喪空間，讓喪家感受到環境的溫暖與溫馨，也讓死亡不再讓人感到恐懼。

圖 4-13 殯葬會館空間與設施（鼎薪行館授權使用）

二、社會福利與生命關懷館的實際作為

生命關懷事業應學習如何以專業為核心，結合各大專校院專業師資、跨領域實務專家、學生的專業學習與社會服務等，共同參與落實推動於社會福利之實務場域中。具體目標為：

1. 鏈結產學合作

以「落實在地老化・樂情高齡服務」為主軸，鏈結跨校跨領域、結合高齡服務實務單位共同研議，配合現有長照 2.0 政策的推動、審視在地服務需求及欲提升之專業知量與服務項目，以滿足長者服務需求。

2. 協助在地發展、建立樂情高齡服務基地

　　結合本案合作之長照單位，包括公共托老中心、長期照護中心等，協助長照單位在地發展、在地服務，共同建立樂情高齡服務基地。

3. 協助長照單位職能提升、培育長照人才

　　除參與的在校學生外，亦針對現職長照人力（照服員）提供實務整合型訓練課程（如圖 4-14）。輔導及協助高齡服務單位照服員學習、帶領及建立適合高齡者之多元活動方案。運用專業課程研習訓練、小組討論與演練、實際規劃與操作、反思與檢討等機制，激發創意與創新思考，並能由生心理及社會互動面向評估長者參與活動需求，建立完整活動方案，活絡長照機構服務能量，提升整體服務品質。

圖 4-14　邀請專家及教師教導學生銀髮族功能性體適能專業知能及實際操作演練

4. 實踐社會責任

　　結合社區需求、配合長照政策推動，以結合學校專業資源、落實社會責任的主軸方向出發，結合高齡服務單位、了解其需求，釐訂學校社會責任實踐的主軸，擬藉本「落實在地老化・樂情高齡服務」計畫的規劃推動，結合師生專業服務、建立回饋與服務社區中長照單位機制，由

訓練培育共進的過程中，提升合作單位現有長照人力的專業能量與高齡活動技巧、累積學生服務回饋的學習經驗、促進產學合作，進而達到大學社會責任實踐、服務社會的最終目的（馬偕專校，2021）。

由此，學員可在社會福利場域中找到實踐生命關懷之價值，將來得以落實到生命關懷事業中，實現生命關懷館的目標，在其營業據點服務生者，如前述可以做為長青大學辦理終活計畫活動，也能社區老少聚會觀賞電影或表演話劇進行生死教育，也能做為長照據點，提供共餐、送餐與共學中心，也能讓悲傷團體聚會或辦理地方普度或追思紀念活動等。

三、社會福利與生命關懷館的未來展望

後現代的生命關懷事業除了應在各社區與鄉鎮中負擔起弱勢族群的緣、殮、殯、葬、續的所有服務，更是要走入人群，以及走進社區，化被動為主動，積極地就近關懷社區或鄉鎮中居民的生命尊嚴與死亡尊嚴。為了進一步發展這樣的目標，生命關懷事業應著重於在地深耕與永續經營

圖 4-15　馬偕專校生關科 USR 計畫：關渡在地關懷據點設置

及發展的信念，鼓勵學員們進入場域，並在蹲點過程中了解鄰近社區，進而建立在地關懷據點（如圖 4-15）。

在學期間由教師帶領學生投入於社區中並以課程為主導，教育學生累積生活知識及服務體驗，並引領學生思考未來所學與地方的連結，啟發學生解決問題的智慧。並在走訪醫院、教會、社區協會、長照機構後，傾聽各種在地民眾的聲音，聚焦於關懷民眾的身體、心理、靈性與社會關係的層次之需求，與產學專家討論與資源盤點後，帶領更多資源走向社區深耕，為民眾的生命品質提升做更多的努力以及服務。

課後
練習

一、選擇題

1. 有關自主權敘述，下列何者「正確」？(1)業者沒有察覺、家屬沒有自覺　(2)按照家屬與亡者的需求重新調整設計服務內容，經他們認可再辦理　(3)滿足社會需求　(4)利用家屬情緒脆弱時的無謂添加。

2. 現代業者提供「標準化的服務」服務是因為？(1)社會大眾開始認為對於服務還是要遵循傳統禮俗　(2)外國業者進入臺灣殯葬市場　(3)《父後七日》電影引起民眾對殯葬文化關注，大眾開始思考殯葬自主性問題　(4)部分業者往國外取經學習如日本，因文化背景相似、精緻化服務所以造成風潮。

3. 何者「不是」殯葬業的現代化經營策略？(1)從其他產業借鏡　(2)硬體的改變　(3)綜藝事業化　(4)軟體的改變。

4. 臨終者與陪伴者都需要有臨終關懷，在病患彌留時能夠有效的交流與溝通，獲得最後平安的死亡，其目的是為了？(1)要對臨終者身體痛苦與壓力的照護與控制　(2)協助臨終者找尋人生的意義與靈性的安頓　(3)重視臨終者關心的問題，以及同理心來關心臨終者的各種情緒與心理　(4)重視臨終者關心的問題，以及積極地協助解決。

5. 為何後現代的生命關懷事業除了應在各社區與鄉鎮中負擔起弱勢族群的緣、殮、殯、葬、續的所有服務，更是要走入人群，以及走進社區，化被動為主動，積極地就近關懷社區或鄉鎮中居民的生命尊嚴與死亡尊嚴？(1)做功德　(2)替家屬解決問題　(3)社會責任實踐(4)來世的回饋。

二、問題討論

1. 透過生前的預錄影像並在自己的告別式中撥放這些影片，你希望跟你所愛的人說些什麼？

2. 閱讀完本章，如果你是殯葬業者，你會如何規劃後續關懷的活動？

3. 如果你經營一家禮儀公司，你會如何規劃地方公益活動？

解答 ···

一、選擇題

1.(2)　2.(4)　3.(3)　4.(2)　5.(3)

二、問題討論

1. 透過生前的預錄影像並在自己的告別式中撥放這些影片，你希望跟你所愛的人說些什麼？

　　此題可自由發揮。

2. 閱讀完本章，如果你是殯葬業者，你會如何規劃後續關懷的活動？

　　後續關懷的活動如追思音樂會、失落關懷團體、藝術治療團體、特定節日追悼活動、普渡法會等。

3. 如果你經營一家禮儀公司，你會如何規劃地方公益活動？

　　地方公益活動如社區生命關懷講座、辦理長照機構活動、清寒家庭救濟等。

參考文獻

米果(2013)・「*臨終活動*」*的積極意義*・取自 https://opinion.cw.com.tw/blog/
　　profile/57/article/650

馬偕專校(2021)・*110 年生命關懷實踐計畫(USR 計畫)*。

馬偕專校生關科(2019)・*生命關懷實作手冊*，第三篇　後續團體與生命關懷實
　　踐（頁 1 及頁 17），108 年馬偕專校大學社會責任實踐計畫・未出版。

尉遲淦(2009)・*殯葬臨終關懷*（頁 178）・威仕曼文化事業股份有限公司。

黃天中(1991)・*死亡教育概論 I —死亡態度與臨終關懷研究*（頁 16）・臺北
　　市：業強。

鈴木清一郎(2000)・*增訂臺灣舊慣習俗信仰*（馮作民譯，頁 290）・臺北市：
　　眾文圖書。（原著出版於 1989）

United States Senate (1964). Preneed Burial Service Hearing Before the
　　Subcommittee on Frauds and Misrepresentations Affecting the Elderly of the
　　Special Committee on Aging, Eighty-eighth Congress, Second Session (p2).

MEMO

05

編著者 施秋蘭

高齡社會與服務

學習目標

1. 認識人口老化趨勢、原因與階段。

2. 了解高齡社會帶來的衝擊、挑戰與影響。

3. 了解因應高齡社會各項服務事業的興起與發展。

前言

依據世界衛生組織(World Health Organization, WHO)的定義，65歲以上人口視為老年人口，而此歲數者占比之於社會總人口代表的含意將區分高齡社會的類別。高齡社會動態轉變的歷程，將使生活在社會中的個人、家庭、社會等均面臨了照顧、生活、經濟等各項挑戰及適應的問題；國家則需因應高齡社會帶來的勞動力人口、無障礙環境、長期照顧政策、銀髮商業等衝擊與需求，規劃適宜政策措施。因應高齡海嘯，各國以活躍老化(Active Aging)、在地老化(Aging in Place)、高齡友善城市(Age-Friendly Cities)為共同策略。

聯合國世界衛生組織於 2012 年提出「活躍老化」概念，期由健康政策介入及營造高齡友善環境，達到促進長者身心健康及延緩失能之目標。強調老人除了保持身心良好適宜狀態外，更應以積極態度面對老年生活，維持身心健康、融入社會、參與社會發展，成為家庭和社會的重要資源。

世界主要國家目前以「在地老化」為老人照顧政策的主要指導原則，認為老人應在其原本生活且熟悉的社區中自然老化，並能維持老人自主、自尊、隱私的生活品質。

表 5-1 我國高齡化時程

類別	內容	我國高齡化時程
高齡化社會 (Ageing Society)	65 歲以上老年人口占總人口比率達 7%以上時	1993 年 9 月老年人口數達總人口的 7.1%，進入高齡化社會
高齡社會 (Aged Society)	65 歲以上老年人口占總人口比率達 14%以上時	2018 年 3 月老年人口數達總人口的 14.05%，進入高齡社會
超高齡社會 (Super Aged Society)	65 歲以上老年人口占總人口比率達 20%以上時	行政院國家發展委員會預估，我國老年人口 2025 年將達總人口的 20%，進入超高齡社會

5-1 人口老化的趨勢與原因

一、國際趨勢

聯合國 2019 年公布報告指出[1]，由於平均壽命延長和生育率下降，世界人口正在老化，現每 11 人中就有 1 人超過 65 歲，占人口總數的 9%；預估至 2050 年，全球人口中每 6 人就有 1 人超過 65 歲，占了人口總數的 16%。平均壽命將由目前的 72.6 歲增加到 77.1 歲；且超過 80 歲的人口將從目前的 1.43 億增加到 4.26 億，人口老化已是全球必須共同面對的關鍵課題。[2]

聯合國經濟社會事務處(the Department of Economic and Social Affairs of the United Nations)為了解全球人口高齡化趨勢，自 2002 年開始即持續蒐集及分析人口動態與高齡化相關政策變遷資訊，陸續發布「世界人口高齡化」(World Population Ageing)報告（國發會人力發展處，2014）。針對人口高齡化的全球趨勢及其與經社發展的關係，提出主要發現，包括：人口高齡化為全球趨勢、老年人口數超過幼年人口數、扶老負擔將成為主要的社會經濟問題、高齡者獨立生活日趨普遍及強化勞動市場政策與人力投資等。

世界主要國家均面臨了出生率降低、死亡率下降的情形，人口結構高齡化成為全球趨勢。聯合國推估全球 60 歲以上的老年人口，預計由 2013 年的 8.41 億，至 2050 年將快速增加至逾 20 億；且因不易快速提升生育率，預估至 2047 年，60 歲以上人口將超過 0~14 歲幼年人口數。老年人口的持續增加、平均壽命延長，加上非傳染病的盛行及失能、失智情形增加，使得人口結構高齡化後，家庭照顧人力需求增加、影響勞動力參與就業市場，全球將面臨社會經濟問題。

---

[1] 世界人口持續老化聯合國：2050 年將達 97 億 https://news.ltn.com.tw/news/world/breakingnews/2825546

[2] 【聯合國報告】全球總人口 2050 年逼近百億　印度將成人口第一大國 https://www.upmedia.mg/news_info.php?SerialNo=65566

但因生育率下降、家庭人口數減少，老年人口獨居或與老年配偶共同生活、互相照顧，已成為普遍情形。我國衛生福利部於 2020 年底統計，年滿 65 歲以上獨自居住、或同住者無照顧能力，即列冊需關懷獨居老人人數為 41,983 人；獨居老人占 65 歲以上人口比率約為 1.1%。與全球趨勢相較，我國高齡化速度來得既急又快，老年人口的經濟安全將為其能否滿足適當生活需求的關鍵之一（表 5-2）。

表 5-2　主要國家高齡化轉變情形

國別	65 歲以上人口所占比率到達年度（年）			轉變所需時間（年）	
	>7%（高齡化社會）	>14%（高齡社會）	>20%（超高齡社會）	7%→14%	14%→20%
全世界	2002	(2041)	(2084)	(39)	(43)
日本	1970	1995	2006	24	11
香港*	1984	(2013)	(2023)	(29)	(10)
中華民國	1994	(2018)	(2026)	(24)	(8)
新加坡	1999	(2021)	(2030)	(22)	(9)
韓國	1999	(2018)	(2026)	(19)	(8)
美國	1942	(2014)	(2030)	(72)	(16)
加拿大	1945	2010	(2025)	65	(15)
法國	1864	1990	(2019)	126	(29)
挪威	1885	1977	(2031)	92	(54)
瑞典	1887	1972	(2016)	85	(44)
丹麥	1925	1978	(2021)	53	(43)
義大利	1927	1988	2008	61	20
奧地利	1929	1970	(2022)	41	(52)
英國	1929	1975	(2025)	46	(50)
比利時	1931	1975	(2021)	44	(46)
瑞士	1931	1986	(2025)	55	(39)
德國	1932	1972	2008	40	36
澳洲	1939	2012	(2035)	73	(23)

註：*特別行政區。( ) 括弧代表為推估數據。

資料來源：經建會人力規劃處 (2013)．全球人口老化之現況與趨勢（31 頁）．取自 https://www.ndc.gov.tw/cp.aspx?n=4AE5506551531B06&s=FE1E60C81C6EF92B

何謂非傳染病？

衛生福利部指出，除傳染病(Communicable Diseases)及事故傷害(Injury)外，其餘皆可列為非傳染病(Non-communicable Diseases, NCDs)。世界衛生組織(WHO)指出主要的非傳染病為心血管疾病、糖尿病、慢性呼吸道疾病、癌症等四大類。這些主要的非傳染病成因，除了人口老化及快速都市化外，主要是不健康的生活型態。導致非傳染性疾病增加的主因分別是：吸菸、身體缺乏活動、喝酒和不健康的飲食。

二、我國人口老化趨勢及原因

（一）我國人口老化趨勢

我國已於 1993 年 9 月老年人口超過總人口數的 7%以上進入高齡化社會，於 2018 年 3 月超過 14%成為高齡社會，預估於 2025 年老人人口超過 20%邁入超高齡社會。

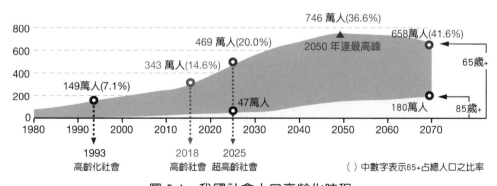

圖 5-1　我國社會人口高齡化時程

資料來源： 國家發展委員會(2020)・中華民國人口推估(2020 至 2070 年)簡報・取自 https://pop-proj.ndc.gov.tw/download.aspx?uid=70&pid=70

依國家發展委員會中華民國人口推估（2020 至 2070 年）報告指出，在少子高齡化趨勢下，於 2019 年達到人口最高峰後，2020 年出生數將低於死亡數，人口開始呈現自然減少，人口轉為負成長；與 2020 年相比，預估 2070 年總人口數約減少 27~39%。

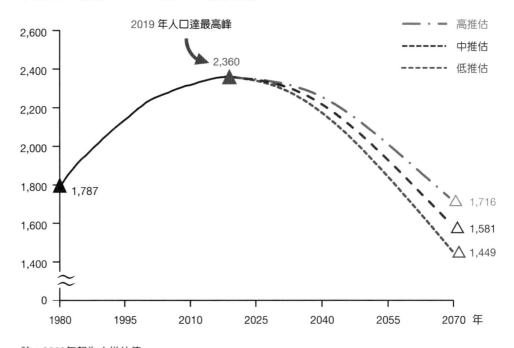

註：2020年起為中推估值

圖 5-2　我國總人口數推估

資料來源： 國家發展委員會(2020)．中華民國人口推估(2020 至 2070 年)簡報．取自 https://pop-proj.ndc.gov.tw/download.aspx?uid=70&pid=70

而高齡人口持續增加，將由 2020 年 65 歲以上老年人口所占比率為 16.0%，2070 年持續增加至 41.6%，且其中超過四分之一為 85 歲以上之超高齡老人。每百位青壯年人口的需扶養之依賴人口數將由 2020 年之 40 人，增加至 2070 年之 102 人，超過青壯年自身人數。扶養比上升的主要原因為扶老負擔快速增加。

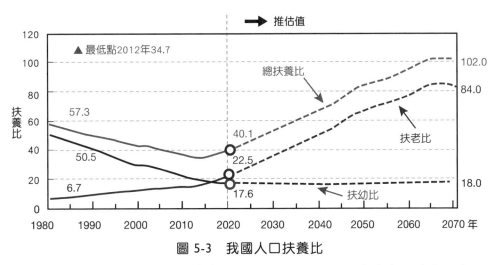

圖 5-3 我國人口扶養比

資料來源：國家發展委員會(2020)．中華民國人口推估(2020 至 2070 年)報告．取自 https://pop-proj.ndc.gov.tw/download.aspx?uid=70&pid=70

 老化指數及扶養比、扶老比、扶幼比

1. 老化指數

係指「65 歲以上人口數」除以「14 歲以下人口數」得出的比率，又稱為「老幼人口比」。

2. 扶養比、扶老比、扶幼比

人口按年齡區分為 0~14 歲的「幼年人口」、15~64 歲的「工作年齡人口」、以及 65 歲及以上的「老年人口」，從這三個年齡群比例的變化，即可看出一個國家或社會的人口結構，以及經濟發展所需的人力資源。

扶養比（或稱依賴比）即是其中一項人力指標，又可以區分為扶幼比（「幼年人口數」除以「15~64 歲人口數」）與扶老比（「老年人口數」除以「15~64 歲人口數」），扶幼比加上扶老比，就是所謂的「扶養比」，一般而言，扶養比越低越有利於經濟發展。

資料來源：人口政策白皮書。

（二）人口老化的原因

聯合國人口基金會(United Nations Population Fund, UNFPA) (2013)指出，21 世紀最重要的趨勢之一就是人口老化(Population Ageing is One of the Most Significant Trends of 21st Century)。無論是高、中、低度開發國家都將面臨人口加速老化的問題；此將影響到社會的所有層面（黃財丁，2014）。

分析人口老化的原因，可能包括下列：

1. 生育率下降

我國生育率長期持續下降，使育齡婦女人數隨之減少，連帶影響未來嬰兒出生數減少。原因諸如女性教育程度及就業機會增加、對婚育價值觀的改變，使遲婚、遲育與不婚、不育等現象日益普遍。

表 5-3　出生概況－高、中及低推估

項目	2020 年年底	人口低於 2,300 萬人時點	2070 年年底
高推估－人口數 （與 2020 年比較）	2,357 萬人 －	2036 年 2,294 萬人 減少 62.9 萬人 或 2.7%	1,716 萬人 減少 641.6 萬人 或 27.2%
中推估－人口數 （與 2020 年比較）	2,357 萬人 －	2033 年 2,299 萬人 減少 58.2 萬人 或 2.5%	1,581 萬人 減少 775.7 萬人 或 32.9%
低推估－人口數 （與 2020 年比較）	2,357 萬人 －	2031 年 2,297 萬人 減少 59.6 萬人 或 2.5%	1,449 萬人 減少 907.7 萬人 或 38.5%

資料來源：國家發展委員會(2020)．中華民國人口推估(2020 至 2070 年)報告（5 頁）．取自 https://pop-proj.ndc.gov.tw/download.aspx?uid=70&pid=70

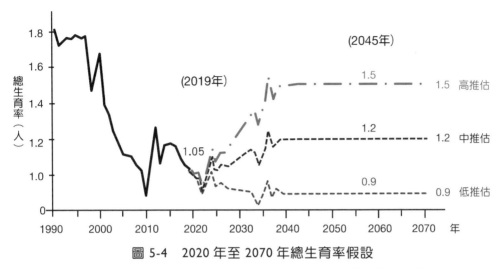

圖 5-4　2020 年至 2070 年總生育率假設

資料來源：國家發展委員會(2020)‧中華民國人口推估(2020 至 2070 年)報告（23 頁）‧取自 https://pop-proj.ndc.gov.tw/download.aspx?uid=70&pid=70

2. 醫療科技進步

　　社會經濟水準提升、醫療科技日益發展，改善了疾病的預防與提供有效的治療；營養、健康、健康促進獲得重視生活品質提高，及醫療知識與照護水準的進步，讓國民的生活與健康得到良好的照顧，使得死亡率逐漸下降、平均壽命持續延長。我國人口推估報告中可知，國民的壽命由 1990 年的平均 74 歲、2020 年的平均 80.9 歲，推估至 2070 年將達85.8 歲。

3. 環境清潔、公共衛生改善及養生保健受重視

　　於教育普及、媒體宣導及衛生觀念努力提升下，整體生活環境注重環保及清潔衛生，減少病媒的孳生、預防傳染病發生，公共衛生方面符合國際衛生組織標準。學者沙依仁指出(2005)，中老年人逐漸注重養生保健，且國內食品科技、藥膳、生機飲食、生物科技等研究及發展推廣盛行，使得身心都更健康的情況下，助益壽命延長。

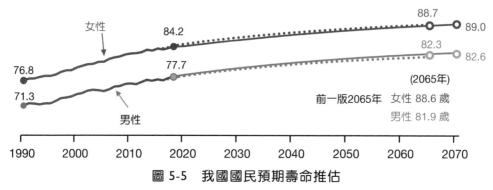

圖 5-5　我國國民預期壽命推估

資料來源：國家發展委員會(2020)，*中華民國人口推估(2020 至 2070 年)簡報*，取自 https://pop-proj.ndc.gov.tw/download.aspx?uid=70&pid=70

4. 家庭組織型態及功能改變

　　家庭具有傳統的功能，諸如生育、經濟、教育、社會化、情感、娛樂、保護等；對老年人而言，家庭是主要照顧、經濟及社會支持的來源。近 20 年來，家庭組織型態以核心家庭為主。曾嬿瑾(2005)指出，家庭除保有無法被取代的生育、養育功能外，原有的經濟、教育、保護及娛樂等功能已無法完全因應社會需要，轉而被其他制度，如教育、法律、保險或是醫療等所取代。而核心家庭常因雙薪及經濟需求因素，夫妻均投入或一方投入職場，考量照顧能量、生活品質及經濟負擔因素而致生育養育意願及功能下降，進而成為影響人口老化之因素之一。

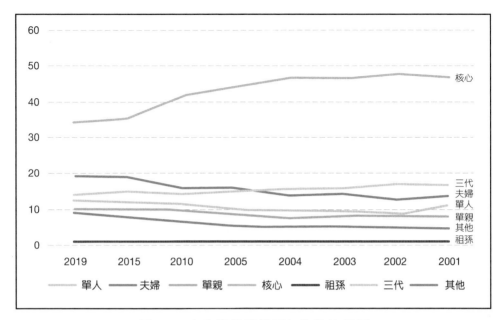

圖 5-6 家庭組織型態歷年趨勢比例圖

資料來源：行政院主計總處 (2020)‧*108 年家庭收支調查*‧取自 https://win.dgbas.gov.tw/ fies/all.asp?year=108

 家庭組織型態

　依行政院主計總處家庭收支調查，家庭組織型態之分類如下：

1. **單人家庭**：指該戶僅一人居住。

2. **夫婦家庭**：指該戶僅夫婦二人居住。

3. **單親家庭**：指該戶成員為父或母親其中一人（離婚、分居或寡居），以及均未婚子女所組成，不含其他親屬。

4. **核心家庭**：指該戶成員為父及母親，以及至少一位未婚子女所組成，但可能含有同住之已婚子女，或其他非直系親屬。

5. **祖孫家庭**：指該戶成員為祖父（母）輩及至少一位未婚孫子（女）輩，且第二代直系親屬（父母輩）不為戶內人口，但可能含有同住之第二代非直系親屬。

6. **三代家庭**：指該戶成員為祖父（母）輩、父（母）輩及至少一位未婚孫子（女）輩，但可能還含有其他非直系親屬同住。

7. **其他家庭**：凡無法歸於以上型態者均屬之。

5. 女性受教育及就業比例增加

　　教育普及，女性受教育比例、投入職場發展及尋求自我成長、成就與實現的比例亦不斷增加，傳統「男主外、女主內」、「養兒防老」等觀念備受挑戰。陳玉華(2016)研究顯示，女性晚婚或不婚的比例，與接受大學或大學以上教育程度有直接關係；當多數民眾傾向晚婚、晚育、少子的行為時，整體社會就必須承擔人口急速老化的衝擊。長期以女性為家庭中主要的幼、老照顧者的角色亦隨之改變，傳統家庭照顧功能逐漸式微。

6. 經濟壓力與負擔大

　　中壯年者上有父母，下有子女，即所謂的「三明治世代」族群，其負有父母年老照養或長期照顧責任、子女教育養育、家庭生活開支等的經濟負擔，再加上社會經濟發展快速、職場就業壓力大且受全球化因素影響。當家庭原有的經濟功能改變時，家庭成員彼此間的經濟照應與扶持的能量降低，則不利於家庭中的幼老照顧或影響生養育動機。

5-2 人口老化的衝擊

　　隨著平均餘命的延長，人口結構老化將造成整體勞動人口比率下滑，醫療保健、社會福利及長期照顧需求與支出持續增加，而社會保險與福利服務支出上升，對家庭、社會與國家經濟等，均將產生廣泛的衝擊。

一、對經濟的影響

　　由於人口持續老化，我國工作年齡人口所占比例未來將逐漸下降。於國家發展會人口推估報告，依中推估結果，2020~2070 年總人口將減少 775.7 萬人，其中 14 歲以下幼年人口將減少 155.2 萬人，15~64 歲青壯年亦將減少 900.2 萬人，65 歲以上老年人口則將增加 279.6 萬人；幼年與青壯年人口漸少、老年人口漸多，人口結構將益趨少子高齡化。

　　值得重視的是，無論在何種生育率情境假設下，幼年及青壯年人口於未來均漸減少，老年人口則漸增加。青壯年工作人口扶養負荷沉重，加上倘整體社會照顧、長照保障（險）及兒童福利政策未臻完善，恐致使生育率雪上加霜。

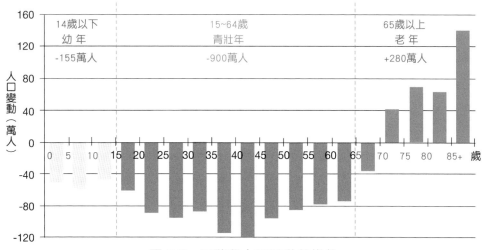

圖 5-7　三階段人口變動數推估

資料來源：國家發展委員會(2020)，*中華民國人口推估(2020 至 2070 年)報告*，取自 https://pop-proj.ndc.gov.tw/download.aspx?uid=70&pid=70

　　由上可知，當青壯年人口減少時，整體的勞動人力將面臨短缺，造成生產力弱化、國際競爭力下降。學者廖珮如(2020)指出，勞動力短缺除會造成生產要素不足外，更因產出減少和納稅工作人口下降，使得政府所得稅稅收減少，導致政府必須刪減政府支出、減少社會福利、舉債、或提高所得稅稅率因應。若政府以提高所得稅稅率因應，將對勞動供給造成反效果，使得納稅的工作人口進一步降低，產生惡性循環。缺乏有效的勞動力的負面經濟效果，恐造成薪資成本提升，不利企業於國內發展，造成經濟成長趨緩，甚而喪失經濟競爭優勢。

　　另因老年人口面臨家庭功能改變，退休保障不足，將面臨持續工作、維持生活及醫療需求的壓力。相較於世界主要先進國家，我國2020 年 10 月底，中高齡者勞動參與率（簡稱勞參率）約 64.2%，惟60~64 歲之勞參率僅 36.7%，高齡者（65 歲以上）勞參率更僅有 8.7%，遠低於主要先進國家。為增加我國勞動力，於 2020 年 12 月已通過中高齡者及高齡者就業促進法及相關子法及配套措施，主要目的即期能因應人口老化、勞動力短缺的狀況，提升中高齡者及高齡者的勞動意願，避免讓勞動人口萎縮太快。

表 5-4　主要國家中高齡者勞動參與率(%)

年齡組	中華民國	日本	南韓	美國
45~49 歲	84.7	88.5	81.1	83.0
50~54 歲	74.4	87.6	80.1	79.9
55~59 歲	56.1	83.7	74.8	72.9
60~64 歲	36.7	71.9	62.1	57.5

資料來源：行政院主計總處國情通報。

二、照顧扶養負擔沈重、受暴受虐增加

　　我國扶老比持續增加，由國發會人口推估（2020 至 2070 年）可知，於 2020 年扶老比約為 22.5，推估至 2070 年中推估值將達 84.0、總扶養比超過 102，可謂相當沉重。

　　我國人口政策白皮書(2014)指出我國老人的經濟來源，依據歷次老人生活狀況調查報告，以子女奉養者為最多，因此子女數下降會使得家庭內代間資源移轉受限制；且因少子女化及人口老化雙重影響，個別家庭為主的「私人移轉」或「家庭內部移轉」，勢必愈難承擔起老人經濟保障的責任，因此政府的介入已成為政策重點。

　　當平均壽命延長，需接受長期照顧年限也將因而延長。老人因失能或失智情形，依賴家庭照顧或長期照顧服務體系需求增加，照顧人力亦將增加。且因長期依賴家人或照顧者照顧而發生受暴受虐情形層出不窮。依據衛生福利部(2018)統計，政府受理之老人保護案件共 1 萬 4,777 件，以遭子女或孫子女等直系血親卑親屬身心虐待、疏忽照顧或遺棄者逾半數；而老人受暴類型，以精神虐待和肢體暴力為大宗，其他還有經濟剝削、財務侵占或詐取、及少數性侵害等情形。老人受虐原因多元，衛生福利部由歷年通報案件及近年老人嚴重受暴的案例分析，老人因失智、失能衍生的家庭照顧負荷、及施暴者有精神疾病、藥酒癮或長期失業等情形，是老人受暴的兩大風險因子，其他如個性或生活習慣不合、親屬間的相處問題、經濟狀況不佳、財務支配或借貸問題等，亦可能是家人長久下來衝突累積的原因。

三、對醫療及社會福利的影響

　　我國人口政策白皮書(2014)指出，老年人口的快速成長，慢性病與功能障礙的盛行率呈現上升趨勢；這些功能障礙者或缺乏自我照顧能力者，除了需要健康促進與醫療服務，以延緩老化或降低失能發生率，也有長期照顧服務的需求。部分高齡者因退休後無適當經濟來源及保障，或家庭未提供或無法適當照顧其生活或經濟協助，將使老人於基本生活維持及醫療保障等出現困境，且因年長者體力漸衰、失能失智等因素，生活中需要更多的無障礙及友善環境設施、醫療保健及社會福利、長期照顧介入。

5-3　高齡服務相關產業

　　當社會的人口結構進入高齡化後，各國將遇到勞動參與率下降、人口紅利下降、扶老比上升、青壯年齡層扶養負擔沉重，及醫療與長照需求量增加、整體社會福利支出增加及影響經濟成長等問題。由此危機困境中，將敏察到轉機，即高齡社會對各項措施、環境及設施設備、服務與休閒、教育及娛樂等各項需求的大幅增加；加上家庭照顧能量的不足，依賴社會福利服務及高齡產業的需求將倍增。

　　高齡社會浪潮已影響社會各層面，而高齡者的面貌也與印象中的老人圖像不同。黃富順(2016)嬰兒潮世代老人的特徵為：(1)數量龐大、人數眾多；(2)經濟良好，生活有保障；(3)教育程度高；(4)身體健康，樂於參與社會活動；(5)對財產觀念改變，消費欲望高。由此可知，各項高齡相關政策及產業發展，應以高齡者實際需求進行規劃設計，方能真正符合其需求與期待。

 嬰兒潮世代

　　「嬰兒潮世代(Baby Boomer Generation)」，一般來說，泛指二次世界大戰以後至 1960 年代早期出生的大量人口。「戰後嬰兒潮」的現象除了美國之外，歐洲、亞洲也出現，但各地情境不同因而時間的劃分上略有不同（黃秋華，2016）。

　　促使全世界無論在各國層次或全球總體層次，積極面對長期照顧議題，其中一個很重要的原因是，戰後嬰兒潮世代（1946 到 1964 年之間出生者）已經在 2011 年開始陸續達 65 歲，他們在未來 20、30 年間，即將全數邁入老年或超高齡老年，屆時將會引發前所未有的影響力道（吳淑瓊、張文瓊，2016）。

一、推動高齡友善城市

依據世界衛生組織(WHO)之定義，所謂高齡友善城市，意指「一個具有包容性及可及性的都市環境，並能促進活躍老化的城市」，以八大面向為基礎，分別為：(1)無障礙與安全的公共空間(Outdoor Spaces and Buildings)；(2)大眾運輸(Transportation)；(3)住宅(Housing)；(4)社會參與(Social Participation)；(5)敬老與社會融入(Respect and Social Inclusion)；(6)工作與志願服務(Civic Participation and Employment)；(7)通訊與資訊(Communication and Information)；(8)社區及健康服務(Community Support and Health Services)。透過高齡友善城市的檢視、推動及改善，使城市能提供高齡者友善、有愛的生活環境。

 高齡友善城市八大面向與主要措施

1. **無礙**：持續改善公共空間，符合無障礙標準，例如馬路綠燈時間夠長、禮讓行人、維持社區的良好治安等。
2. **暢行**：提供長輩搭車的優惠、有便利的交通運輸或接送設計。
3. **安居**：社區有適合不同失能程度的住所與服務，還可結合志工，提供送餐和家事服務。
4. **親老**：各種服務與活動便於長輩參與，像是位置便利、收費合理、容許親友陪伴參加。
5. **敬老**：提倡敬老文化與增進跨代互動，並且鼓勵業界發展各種銀髮服務和產品，創造銀色 GDP。
6. **不老**：支持長者持續就業、參加志願服務或勇敢追逐夢想。
7. **連通**：主動提供各種重要資訊給長輩，確保長輩與社會的連結；提供資訊時，盡量字體大、說話慢，並配合長輩慣用的語言。
8. **康健**：提供各種社會服務、休閒娛樂、運動保健活動、講座或健檢服務等，鼓勵長輩多多走出來參加。

資料來源：衛生福利部國民健康署。

　　我國衛生福利部國民健康署於 2010 年呼應世界衛生組織倡議之「活躍老化」及「高齡友善城市」概念，積極打造臺灣成為高齡友善社會，以「敬老、親老、無礙、暢行、安居、連通、康健、不老」為基礎，推動城市友善措施。由生活、交通、居住、文化、就業、資訊及健康促進，檢視老年人生活環境中，軟硬體不足處來提供改善及建議，此將促使各產業以高齡為中心，思考改進及發展之處，除讓高齡者生活便利安全外，更能讓高齡者融入社會、參與社會，達活躍老化的目標。

二、長期照顧服務產業

　　隨著人口老化與照顧服務需求多元化，以及因應失能、失智人口增加所衍生之長照需求，行政院於 2016 年 12 月核定《長照十年計畫 2.0》（簡稱長照 2.0），提供從支持家庭、居家、社區到住宿式照顧之多元連續服務，建立以社區為基礎之長照服務體系，並自 2017 年 1 月起實施長照 2.0，以回應高齡化社會的長照問題。計畫中對失能人數的推估可知，於 2017 年為 415,314 人，至 2026 年推估為 619,827 人，約增加 1.49 倍；另亦針對失智人數的推估，於 2017 年為 109,970 人，至 2026 年推估為 162,656 人，十年間約將增 1.48 倍，且因人口邁入高齡社會，失能失智人數預估將持續增加。

表 5-5　2017~2026 年 6 歲以上失能人數推估

年度	男－人口數	男－失能人數	女－人口數	女－失能人數	合計－人口數	合計－失能人數
2017	1,502,549	190,824	1,767,638	224,490	3,270,187	415,314
2018	1,572,671	199,729	1,861,472	236,407	3,434,143	436,136
2019	1,646,088	209,053	1,959,073	248,802	3,605,161	457,855
2020	1,726,150	219,221	2,062,107	261,888	3,788,257	481,109
2021	1,807,073	229,498	2,166,945	275,202	3,974,018	504,700
2022	1,880,274	238,795	2,264,041	287,533	4,144,315	526,328

表 5-5 2017~2026 年 6 歲以上失能人數推估（續）

年度	男－人口數	男－失能人數	女－人口數	女－失能人數	合計－人口數	合計－失能人數
2023	1,959,392	248,843	2,366,564	300,554	4,325,956	549,397
2024	2,041,048	259,213	2,471,884	313,929	4,512,932	573,142
2025	2,122,309	269,533	2,575,501	327,089	4,697,810	596,622
2026	2,202,417	279,707	2,678,112	340,120	4,880,529	619,827

註： 65 歲以上者失能率為 12.7%。長照需要定義為吃飯、上下床、更換衣服、上廁所、洗澡、
室內外走動及家事活動能力（含煮飯、打掃、洗衣服）等 7 項中 1 項以上障礙。

資料來源：衛生福利部 (2016)．長期照顧十年計畫 2.0（106~115 年）．取自
https://www.mohw.gov.tw/dl-46355-2d5102fb-23c8-49c8-9462-c4bfeb376d92.html

表 5-6 2017~2026 年 65 歲以上失智人數推估

年度	50~64 歲－人口數	50~64 歲－失智症者人數	65 歲以上－人口數	65 歲以上－失智症者人數（無 ADLs 失能之個案）	總計
2017	5,218,601	2,145	3,270,187	107,524	109,970
2018	5,265,265	2,164	3,434,143	112,915	115,079
2019	5,301,593	2,179	3,605,161	118,538	120,717
2020	5,320,629	2,187	3,788,257	124,558	126,745
2021	5,323,377	2,188	3,974,018	130,666	132,854
2022	5,327,296	2,190	4,144,315	136,265	138,455
2023	5,316,017	2,185	4,325,956	142,237	144,422
2024	5,295,998	2,177	4,512,932	148,385	150,562
2025	5,279,404	2,170	4,697,810	154,464	156,634
2026	5,314,864	2,184	4,880,529	160,472	162,656

註： 50~64 歲失智症占率 0.1%；65 歲以上失智症占率 8%。失智症者中無 ADLs 失能比率為
41.1%。

資料來源：衛生福利部 (2016)．長期照顧十年計畫 2.0（106~115 年）．取自
https://www.mohw.gov.tw/dl-46355-2d5102fb-23c8-49c8-9462-c4bfeb376d92.html

現政府推動之長照服務項目包括：居家服務、家庭托顧、日間照顧、居家復健、喘息服務、輔具購買及無障礙空間改造補助、交通接送、送餐服務、公費安置、到宅沐浴車等多元服務，然對長照需求者及其家庭，仍為不足。

除現有長照服務外，針對高齡者提供之個別化的營養膳食規劃製作、居家清潔服務、洗衣及簡易修繕服務、生活關懷與陪伴服務、代購或陪同購物服務、智能科技照顧服務、無障礙友善空間規劃服務、短期居家生活照顧、短期居住照顧服務、復能活動規劃與訓練服務、照顧美容與保養服務等需求將預見增加。透過個別化的照顧服務規劃，提供長照需求者更多元、更細緻的選擇，讓服務更貼近生活、滿足需要。

三、健康休閒與醫療旅遊產業

於國際社會互動交流頻仍，異業結合的新興產業，正因服務需求提升，而創造新的商機。退休長者，多於職場家庭中奉獻多年，於退休後，想於生活中創造樂趣又能兼顧健康、休閒旅遊，此一趨勢，使世界各國結合健康休閒與醫療旅遊的產業正為興盛，銀髮商機應運而生。劉宜君(2008)指出根據世界衛生組織(WHO)報告，預估到 2022 年，健康照顧與手術治療相關產業將成為世界上最大的產業；其次，觀光旅遊將成為世界第二大產業（劉宜君，2008），其中醫療保健與旅遊的組合將占世界 GDP 的 22% (Bies & Zacharia, 2007)。陳文昌等則指出臺灣的保健醫療旅遊極具競爭優勢，醫護專業素質高，加上臺灣擁有世界先進的醫療儀器，及精湛的醫療技術，是醫療服務與品質的保證（陳文昌、何艷紅、林秋湧，2011）。

隨著個人壽命的延長，退休者可支配的時間、金錢增加，以及期待個人能擁有健康美好生活的情形下，對抗老化、健康促進及保健產品的相關服務需求日增，連帶造就健康休閒與醫療旅遊產業的新商機。

四、高齡住宅與生活服務產業

對年長者而言，生活在自己熟悉的環境在地老化及能自由安全的居住、擁有好的照顧服務與生活品質是非常重要的。由於少子女化、家庭結構與功能改變、經濟依賴降低、全球化的發展等因素，嬰兒潮世代的老人對與子女同住的期待及機會將逐漸降低，而傾向於規劃及服務良好的集合性住宅比例增加。劉正、齊力(2019)指出面對全球高齡化的趨勢，高齡者的居住安排一直是重要的議題（劉正、齊力，2019）。其中涉及高齡者的居住意願、經濟能力、行動與行為能力、居住空間設計、戶內外友善設施環境建置，以及政府居住政策等。高齡者的居住安排，既是經濟議題，也是社會議題。雖然多數的年長父母仍選擇與子女同住，為養老居住的選項，但傳統孝道觀念已因時代變遷及生活獨立自主的需求而形成轉變。而適合高齡者居住、能提供生活，以及健康照顧、教育活動與休閒娛樂滿足的住宅，已為市場趨勢。

五、樂齡學習與教育事業

除了考量高齡社會對經濟、福利及醫療等生活層面的影響，高齡者的教育與學習需求，更不能被忽略。隨著平均壽命的延長，針對八成以上是健康或亞健康的高齡者，如何提供有益身心健康的教育活動，協助其活躍老化，更顯重要（黃月麗，2016）。

依據勞動部 2019 年勞工生活及就業狀況調查統計結果，勞工預計退休年齡為 61.1 歲，而 2020 年的平均壽命為 80.9 歲，推估退休後至生命終了約有 20 年之壽命。如何協助退休者進行退休準備教育、轉換為充實且有意義的退休生活，實為重要。

各地可結合在地文化或產業特色，發展樂齡教育、長青學習，培育樂齡教育師資及行銷推廣人才，規劃多樣性兼具教育、興趣、生活、健康休閒、藝文及技能學習等各類課程，吸引長者參與，並可藉由退休者分享專業及學習領域，以小組分享共學、老帶少傳承及經驗分享方式，增進樂齡學習吸引力。

　　面對高齡社會浪潮衝擊，於家庭生活協助、長期照顧、高齡教育與休閒娛樂、醫療健康、經濟保障、安寧照護及殯儀專業服務等各項需求漸顯重要，應事先妥善適切地規劃、提供多元選擇，方能因應需求，利於國家社會發展。

課後
練習 ....

一、是非題

1. 65 歲以上老年人口占總人口比率達 20%以上時，稱超高齡社會(Super Aged Society)。

2. 我國 2018 年 3 月老年人口達總人口的 14.05%，進入高齡社會。

3. 人口老化是只有已開發國家才會面臨的問題。

4. 世界衛生組織指出主要的非傳染病為心血管疾病、糖尿病、慢性呼吸道疾病、癌症等四大類。

5. 扶老比是指「幼年人口數除以 15 至 64 歲人口數」。

6. 人口老化的原因包括生育率下降、醫療科技進步、女性受教育及就業比例增加等因素。

7. 人口老化只會對經濟產生衝擊。

8. 老年人口面臨家庭功能改變，退休保障不足，將面臨持續工作、維持生活及醫療需求的壓力。

9. 因年長者體力漸衰、失能失智等因素，生活中需要更多的無障礙及友善環境設施、醫療保健及社會福利、長期照顧介入。

10. 嬰兒潮世代老人的特徵包括對財產觀念改變、消費欲望低、不願參與社會活動。

二、問題討論

1. 請說明扶養比、扶老比、扶幼比之內涵。

2. 請說明人口老化原因。

解答 ....

一、是非題

1.(○)　2.(○)　3.(✗)　4.(○)　5.(✗)　6.(○)　7.(✗)　8.(○)　9.(○)　10.(✗)

二、問題討論

1. 請說明扶養比、扶老比、扶幼比之內涵。

　　扶養比（或稱依賴比）即是其中一項人力指標，又可以區分為扶幼比
（幼年人口數除以 15~64 歲人口數）與扶老比（老年人口數除以 15~64 歲
人口數），扶幼比加上扶老比，即所謂的「扶養比」。

2. 請說明人口老化原因。

　　人口老化原因包括：(1)生育率下降；(2)醫療科技進步；(3)環境清
潔、公共衛生改善及養生保健受重視；(4)家庭組織型態及功能改變；(5)女
性受教育及就業比例增加；(6)經濟壓力與負擔大。

參考文獻

自由時報(2019)‧*世界人口持續老化 聯合國：2050 年將達 97 億*‧取自 https://news.ltn.com.tw/news/world/breakingnews/2825546

行政院主計總處(2020)‧*108 年家庭收支調查*‧取自 https://win.dgbas.gov.tw/fies/a11.asp?year=108

吳淑瓊、張文瓊（2016，5 月）‧從戰後嬰兒潮老心及可用照顧人力萎縮探討對照顧缺口擴大之因應‧*社區發展季刊，153*，91-101。

沙依仁(2005)‧高齡社會的影響、問題及政策‧社區發展季刊，110，56-65。

尚國強(2019)‧上報－*【聯合國報告】全球總人口 2050 年逼近百億 印度將成人口第一大國*‧取自 https://www.upmedia.mg/news_info.php?SerialNo=65566

國家發展委員會(2014)‧人口政策白皮書—少子女化、高齡化及移民(102 年 7 月核定)。

國家發展委員會(2020)‧*中華民國人口推估(2020 至 2070 年)報告*‧取自 https://pop-proj.ndc.gov.tw/download.aspx?uid=70&pid=70

國發會人力發展處 (2014)‧*聯合國世界人口高齡化趨勢分析*‧取自 https://www.ndc.gov.tw/News_Content.aspx?n=114AAE178CD95D4C&sms=DF717169EA26F1A3&s=397D9220FC82B394

陳文昌、何艷紅、林秋湧(2011)‧台灣發展保健醫療旅遊可行性之探討‧*長庚醫訊，32*(1)。

陳玉華（2016，11 月）‧*國立臺灣社會科學研究院 風險社會與政策研究中心，人口與家庭政策研究*‧取自 https://rsprc.ntu.edu.tw/zh-tw/m01-3/research-archive/new-social-risks/85-declining-birthrate-aging/475-popu-family-105-1109.html

曾嬿瑾（2005，6 月）‧從老年的家庭照顧支持系統思考老年人口照顧問題‧*社區發展季刊，110*，274-283。

黃月麗（2016，3 月）・人口老化下的高齡教育政策・*國土及公共治理季刊，4*(1)。

黃秋華(2016)・中流砥柱：嬰兒潮世代的家庭代間支持類型分析・*人類發展與家庭學報，153*，50-66。

黃財丁(2014)・*由統計資料看人口老化問題*・取自 https://portal.stpi.narl.org.tw/index/article/37

黃富順（2016，3 月）・高齡社會發展下，對高齡服務產業及公共服務政策的展望・*國土及公共治理季刊，4*(1)。

經建會人力規劃處(2013)・*全球人口老化之現況與趨勢*（頁 31）・取自 https://www.ndc.gov.tw/cp.aspx?n=4AE5506551531B06&s=FE1E60C81C6EF92B

廖珮如(2020)・人口老化：勞動力短缺之衝擊與挑戰・人文與社會科學簡訊，21(2)，74-83。

劉正、齊力（2019，3 月）・臺灣高齡者的居住狀況與機構照顧的需求趨勢・*國土及公共治理季刊，7*(1)。

劉宜君（2008，5 月 24、25 日）・*醫療觀光政策與永續發展之探討*・第六屆台灣公共行政與公共事務系所聯合會・（TASPAA）暨學術論文發表會・臺中市：東海大學。

衛生福利部(2016)・*長期照顧十年計畫 2.0（106~115 年）*・取自 https://www.mohw.gov.tw/dl-46355-2d5102fb-23c8-49c8-9462-c4bfeb376d92.html

衛生福利部（2019，9 月）・長輩受虐原因多，防治策略需有智慧 齊助長輩走出受虐困境・*衛福季刊，22*。

06

編著者　曹聖宏

殯葬的服務

學習目標

1. 了解殯葬產業的定義，包含產業分類及經營範圍。

2. 了解殯葬服務具備哪些特性及重要性。

3. 殯葬服務業應用哪些經營策略，建立與管理顧客關係的理解。

4. 了解殯葬服務的未來趨勢。

前 言

　　服務業時代來臨，不僅是整體經濟發展的成長引擎仰賴服務業，整體社會更需要全面性的服務概念。服務業更是目前整個產業結構中，成長最快、型態最為複雜、而且最為吸引人的類型。臺灣殯葬業在 2002年公布《殯葬管理條例》後已然從傳統的服務業跨入現代服務業，但殯葬業與其他行業最大不同點在於販售的產品僅能使用一次，使其市場模式和其他行業大相逕庭。

　　國內殯葬服務業務範疇涵蓋臨終諮詢、殮、殯、葬及後續關懷等。殯葬產業具備了服務業的特性，因此藉由服務業的理論來探討殯葬業的特性及服務策略。同時，在時代的變遷下，面臨少子化的挑戰、潔葬簡葬的趨勢，都迫使殯葬服務必須做策略上的調整。

6-1　殯葬產業的定義

一、產業的分類

　　殯葬業者過去給社會大眾較為不佳的觀感與評價，被認為是從死亡與悲傷中獲取利益的行業。然而隨著經濟快速成長，人民的生活水準也隨之攀升，隨之而來的消費意識抬頭所需要的就是更好的服務，因此殯葬業的經營型態開始改變，產業發展至今，隨著政府施行《殯葬管理條例》及業者間透過商業化競爭發展出更符合現代化的服務模式都讓殯葬業的服務流程產生許多變革。殯葬業作為一種服務的營利事業，我們便需要對於服務業定義有所了解。

　　經濟學將產業分為三級，第一級產業係以農、林、漁、礦等資源的栽培、開發為對象者；第二級產業係利用一級產業所栽培、開發出的各種原材料予以加工、製造者；第一、二級產業以外的所有行業都屬於第三級產業，第三級產業又稱為服務業(Fisher, 1935)。隨著社會變遷、產業轉型，服務業高度發展，各國就業結構改變，逐漸邁向以服務業為主

的社會。根據 2021 年 2 月 20 日行政院主計總處「國民所得統計及國內經濟情勢展望」，臺灣 2020 年服務業占 GDP 比重為 61.7%，勞動人口從事服務業之比例為 59.8%，顯示服務業在臺灣扮演重要角色。

根據我國行政院主計處公告中華民國行業標準分類（中華民國行政院主計處，2021），全部行業分成十九大類（代碼 A~S）（如表 6-1 所示）。若依照上述產業分類的標準，第 G 大類至第 S 大類皆屬於服務業。其中，殯葬業被歸類在第 S 大類「其他服務業」。

表 6-1　中華民國行業標準分類

A 大類－農、林、漁、牧業	K 大類－金融及保險業
B 大類－礦業及土石採取業	L 大類－不動產業
C 大類－製造業	M 大類－專業、科學及技術服務業
D 大類－電力及燃氣供應業	N 大類－支援服務業
E 大類－用水供應及汙染整治業	O 大類－公共行政及國防；強制性社會安全
F 大類－營建工程業	P 大類－教育業
G 大類－批發及零售業	Q 大類－醫療保健及社會工作服務業
H 大類－運輸及倉儲業	R 大類－藝術、娛樂及休閒服務業
I 大類－住宿及餐飲業	S 大類－其他服務業
J 大類－出版影音及資通訊業	

資料來源：中華民國行政院主計處 (2021)，中華民國行業標準分類，第 11 次修訂本。

二、殯葬產業經營範圍

殯葬產業經營型態多元，除了以殯葬禮儀為主的服務業之外，還有經營殯葬館、納骨塔及墓園等設施經營業，說明如下：

1. **殯葬相關商品**：例如棺木、祭品、禮儀百貨、骨灰罐、紙紮、庫錢、花卉、會場布置、遺像製作、追思影片製作、投影設備租用等。

2. **人力派遣服務**：如樂隊、大體 SPA、外場招待、司儀禮生、宗教師、洗穿化人員、拾金起掘人員。

3. **設施經營**：殯儀館、墓園、納骨塔、殯儀會館、寺廟等。

4. **禮儀專業顧問**：禮儀師、擇日風水師。

6-2　殯葬服務的特性

　　殯葬業服務的對象除了生者外，還需要服務亡者，並且兼具孝道倫理及社會責任，這種特殊性也讓殯葬業有別於一般的服務業，首先，殯葬業符合 Regan (1963)所提出的服務四大特點，包括：

1. 無形性(Intangibility)

　　治喪過程中，有許多服務本身是沒有辦法直接具體觀察出來，例如參加親友的喪禮時，樂隊的演奏、司儀的主持及氣氛的營造。這些服務本身都是無形的，無法透過事先的體驗確知服務。最後也無法將這些體驗帶回生活中，最終只是腦海中的回憶，存在自己親身經歷或體驗當中。而有形體的殯葬商品，例如棺木、骨灰罐、庫錢、紙紮等禮儀用品，都是被用來創造經驗或達到無形的效益，例如：盡孝道、尋求安慰。也就是說，有形的禮儀用品通常是在創造家屬無形的效益與體驗。

2. 不可分割性(Inseparability)

　　一般實體產品是在甲地製造、乙地銷售。但殯葬服務幾乎是在同一地點、同時完成生產與消費。例如，禮儀師所提供的治喪過程指導，都是在禮儀師與家屬同時存在，而禮儀師即被視為產品的一部分。正因為這種特性，因此禮儀人員與家屬的互動關係是頻繁及密切的。

3. 異質性(Heterogeneity)

禮儀服務會隨著禮儀人員的認知、時間、地點或家屬感受的不同而有所差異性，無法明確衡量。製造業在產品的製造過程，透過標準化的規格及嚴密的品質管理來管控產品及產線，但是殯葬業服務過程中有許多複雜的情緒因素，例如，家屬在面臨親人死亡時產生憤怒或悲傷的情緒，而將這種情緒轉移到禮儀人員身上時，經常使得服務品質產生容易變動的狀況。

4. 易逝性(Perishability)

服務無法儲存也無法提前產生。實體商品在售出前可以有先存放在倉儲設備中，然而殯葬服務是無法儲存的。例如，家屬喪親時，禮儀服務需立即啟動，而出殯奠禮後，服務也跟著結束。

殯葬產業除了以上所述的服務四大特性外，由於其產業的特殊性，我們還可以列舉以下幾點特性。

1. 是一種以專業人員為主的服務業。

2. 地理特性

殯葬設施經營業，如納骨塔、殯儀館等，由於是鄰避設施，多為社會大眾所嫌惡，因此殯葬設施所在的交通便利性、腹地大小、停車容量都會影響到民眾消費時的考量。

3. 注重隱私權

現代消費者注重隱私，尤其死亡在臺灣社會是禁忌話題，儘管近年來探討生死議題的風潮較為開放，當親人的死亡原因如果是傳染病、意外、自殺或他殺時，家屬都會避重就輕，因此在服務過程中，禮儀人員需要特別注意家屬及亡者的隱私權。

4. 高度接觸與互動性

　　禮儀人員需和家屬有頻繁的接觸，在服務過程中除了一般性的契約說明及禮儀指導外，每天的關懷互動，不管是面對面或透過即時通訊平台（如 Line），都跟家屬有頻繁的接觸，並且從互動中去發現家屬的需求，設法滿足不同層級或屬性的家屬。而這種高度顧客互動的服務業也顯示顧客可以任意干預服務過程，以得到額外的服務（顧志遠，1998）。

5. 勞力密集度高

　　殯葬業在服務的過程中，由於服務的不可分割性，使得服務人員成為關鍵因素，殯葬流程從接體車司機、宗教師、禮儀師、司儀、禮生、樂隊、招待人員等需要高密度的人力需求，才能共同完成一場喪禮。

6. 應變性

　　由於各地習俗不同，治喪過程中經常會有親友鄰居提供建議，再加上家屬及亡者的特質、家庭狀況皆不相同，禮儀人員在治喪過程中經常面臨層出不窮的狀況，因此需具備高度的應變能力來解決服務過程中所面對的家屬及狀況。

6-3　殯葬服務的重要性

　　殯葬業的消費模式跟一般服務業有本質上的差異，喪親家屬是帶著悲傷的情緒來消費與接受服務的，而在消費的過程中，經常得面對來自各方的壓力以及需要考量家庭或社會因素來形成消費決定，因此許多商品或者服務不見得能自己作主。正因為太多因素影響了殯葬服務的品質，因此如何運用服務策略來達到家屬滿意的期望，正是現代化殯葬業所需要正視的課題。以下將說明殯葬服務的重要性。

一、死亡教育

國人深受儒家思想及祖先崇拜的文化影響，非常重視孝道倫理，因此「慎終追遠」、「事死如事生」是我國傳統美德，使得人們非常重視喪禮之事。另一方面，華人社會對死亡充滿禁忌，不似西方社會那般直接公開地討論死亡及身後事，除了避談之外，對於死亡也會用另外的詞語來替代，例如人死要稱為「往生」、「過往」或「返去」。傳統社會對於死亡的禁忌，讓人們避諱了解喪葬事物，認為跟喪葬有關的人事物都是不吉、不潔的，因此遭逢喪親時，對喪禮的不了解，只能任由不肖殯葬業者漫天喊價。

死亡在現代社會的變遷下，逐漸從我們日常生活的前台退到後台，變得越來越不可見，死亡的場所從自宅變成醫院，過去自宅治喪逐漸轉移到殯儀館，人們參與死亡過程的經驗及時間減少，有時只短暫停留在告別式上。這跟社會、勞動及經濟結構與條件的轉變息息相關，連帶地也改變人們的死亡經驗與心理感受。

死亡教育可以幫助人們正確地面對自我之死和他人之死，理解生與死是人類自然生命歷程的必然組成部分，從而樹立健康的死亡觀，透過死亡教育可以消除人們對死亡的恐懼、焦慮等心理現象，教育人們坦然面對死亡；使人們思索各種死亡問題，學習和探討死亡的心理過程以及死亡對人們的心理影響，為處理自我之死、親人之死做好心理上的準備。

Corr, Nabe 與 Corr (2000)提出死亡教育有三個主要目標，說明於下：

1. 引導探索死亡、瀕死、哀傷相關議題，豐富個人的人生

傳統的殯葬流程中涵蓋了以上所說的議題，親人的逝去引領家屬面對死亡，在治喪過程，家屬們透過分享及討論彼此的生死觀、對死亡的處理態度。而殯葬流程中常見的如辭生、接板的儀式，讓家屬透過實際儀式的參與來體認喪親的事實。

2. 指導並協助個人在死亡、瀕死、哀傷上，社會相關事物的處理

　　喪親家屬面對後續的殯葬流程經常是茫然不知所措，殯葬服務的介入，引導及協助家屬辦理亡者出院手續、死亡證明書、除戶及喪葬補助等行政手續，在儀式層面，禮儀師可以擔任禮俗程序的規劃者及解說者（尉遲淦，2011），如各項習俗所象徵的意義、喪葬禁忌的意涵、宗教儀式的選擇、各項禮儀用品的選擇，讓家屬在參與的過程中發展出面對死亡事件的能力。

3. 為個人在社會上的公民角色與專業角色做準備

　　每一個成年的公民，在社會上都扮演兩種身分，一個是源自憲法的「公民」，另一個是源自本職學能的「專業者」。作為「公民」，遵守法律及道德規範、就是一個好公民；但要做為「專業者」，事情就會複雜一點，尤其是當我們的社會缺乏死亡教育時，當社會上的專業者角色在面臨壓力或困難時，可能會選擇錯誤的方式來面對，而殯葬業所提供的死亡教育，正可以協助社會扮演各項專業角色的人們如實看待死亡的機會。

二、悲傷輔導

　　喪親對家屬來說是生命中的失落事件，心中的悲傷通常需要一段時間，才能逐步回復原有的心理狀態，這段從悲傷中回復的過程，稱之為悲傷輔導（陳繼成、陳宇翔，2006）。劉樂農(2010)認為悲傷輔導指個人因應失落或悲傷的過程，並嘗試將這些經驗納入自己往後的生活，是悲傷的社會性表達，也是悲傷得以紓解的歷程。李開敏(2010)認為悲傷輔導是調適失落的過程，從生活中殘缺、擾亂的適應，藉由哀悼、悲傷來面對痛苦，並接受親人的逝世，到生活重整，展現新的生活樣貌。

　　悲傷是需要時間的，每個人的時間視情況而定，而現代的治喪期間大多在兩星期左右，對喪親家屬來說，很難在如此短的時間完成悲傷的過程，此外，有些關鍵日子也都讓家屬備感難熬，例如百日、對年或相關的紀念日（例如往者生日、結婚紀念日）。另外，死亡因素的不同，

也都會造成不同的悲傷反應，例如「白髮人送黑髮人」、「意外身故」等類型，通常悲傷恢復期會相對較久。

傳統的殯葬服務由於對悲傷輔導不熟悉，而喪親者對於悲傷的表現不盡相同，因此過去的殯葬業者在服務家屬時，可能會說出不適當的安慰語言或者認為喪親者的情緒表現太離譜等狀況，一般人在面對死亡事件時，都會面臨尷尬不知道該如何安慰喪親著的窘境，因此在治喪過程中最常聽到的安慰詞便是節哀、保重、眼淚不要滴到亡者身上、看到親人哭亡者會捨不得離開等話語，而這樣的安慰詞在後來也被大部分喪親者認為對他們的悲傷毫無安慰功能，因此過去對於悲傷輔導的認知反而使禮儀人員感到不切實際。

喪葬儀式原是促進人們將「失去的」實際化，讓喪親者表達真正的情感，並感受其他親友給予的支持。每一套喪禮習俗，其背後均有其賴以支持的信仰。每一道儀節的內容，均有其設計的構思；每一種禮制的流傳，也必有其適宜生活的效能。殯葬服務過程中處理的是亡者，面對的卻是生者，因此對於喪家的悲傷情緒提供必要的支持是直接且迫切的。因此，在禮儀師的專業學分中便有臨終關懷與悲傷輔導的課程，旨在加強禮儀師在此領域的本職學能。

此外，殯葬服務具備與家屬高度接觸及互動性的特性，治喪過程中，禮儀人員透過與家屬互動，表現出尊重、真誠的態度，使用適當溝通技巧，如：傾聽、陪伴、不批判、同理心、簡述語意等，讓喪親家屬在悲傷之餘擁有支持與陪伴，以面對喪親之失落，確實提供了悲傷輔導服務。若能讓禮儀師在協助家屬之殯葬服務過程中，強化悲傷輔導服務功能，展現其具有專業內涵及品質的殯葬素養，便更能以主動的角度陪伴喪親家屬走出生命失落的經驗。

三、哀悼的場所

殯儀館、納骨塔及墓園作為葬禮及哀悼的場所，不但具有送往的社會功能，同時也是喪親者處理失落的場所。論語上說：「生，事之以

禮；死，葬之以禮，祭之以禮。」在孝道倫理的觀念下，國人相當重視親人的身後事，臺灣目前通行的喪葬禮俗很多都源自古禮，每一套喪葬習俗，其背後都有其賴以支持的信仰，除了協助喪親者走過失落的過程，也在幫助亡者順利的度過不安定的狀態，並根據其宗教，回歸到祖先或信仰之處。

受到傳統入土為安觀念的影響，早期葬式以土葬為主，不過臺灣地狹人稠，1985 年開始，政府確立以火葬為主的長期喪葬政策，從制度、法令、設施、宣傳等方面，逐步提高火化率，根本解決喪葬問題。據統計，我國遺體火化率由 1993 年不到五成，至 2009 年起已突破九成，2018 年更提升至 98.24%，顯示民眾喪葬觀念隨政府宣導及時代進步已有大幅改變。火化提倡了一種「哀悼的簡化」，例如在殯儀館舉行一個簡短的奠禮之後將骨灰進塔，而納骨塔往往遠離人們曾經生活過的地方(Kellaher & Worpole, 2010)。同時，隨著時代變化，傳統在自宅治喪的形式已被殯儀館取代，相關的儀式也越來越簡化，而這些治喪工作也被專業的禮儀公司所取代。

2002 年公布的《殯葬管理條例》針對環保多元葬法予以倡導規範，並授權地方政府因地制宜訂定公墓外實施骨灰拋灑或植存之相關規定。綠色環保是當今臺灣生態意識的自然結果。消費者的生活方式和價值觀，無論是環境、精神、哲學還是環境保護，都反映在消費者對市場產品和服務的態度上，並影響決策。這包括對死亡和葬禮的態度。隨著這種環保意識的增強，環保葬禮的選擇有望在臺灣普及。與一般的「環保」概念一樣，環保自然葬服務中的「環保」意味著要實踐環境意識和生態友善。包括環保的殯儀館、環保葬具、環保葬和自然葬。如今，殯儀館有機會採用綠色做法來滿足所服務家庭的需求。

關於死亡、失落和追思相關的地點和空間之研究在臺灣並不多見，而另一方面，生死學的相關研究，例如喪親、悲傷輔導、安寧療護及殯葬議題也在近 20 年來廣泛發展。因此，地理學在關於死亡的議題上，

可以呈現出景觀是否影響人們的死亡態度，進而揭示特定空間對死亡、悲傷和追思的意義。

在臺灣，許多地方都與死亡有關，而不僅僅限於傳統的墓園、納骨塔或殯儀館。為了涵蓋這種多樣性，「死亡地景」一詞可以被解釋為：喚起與死亡相關以及處理亡者喪葬事宜的場所，而這些場所被賦予的意義是：包括治喪地點、亡者最終歸處及舉行奠禮的地方。這些地方不僅充滿情感，而且往往是社會競爭和權力的對象，雖然有時是個人化的，但也經常是個人和公共的交會之處(Maddrell & Sidaway, 2010)。Maddrell (2011)將追悼視為紀錄他人過往和哀悼儀式的「空間修補」。可以是實體的神主牌、骨灰罐、墓碑或虛擬的線上祭拜，藉以連接多樣的空間和人(Hess, 2007)。儘管在形式和功能上不太相同，但它們揭示了討論死亡和哀悼時，空間、地點和景觀的重要性。

6-4 現代化殯葬服務策略

一、經營服務策略

1. 資訊科技與社群平台的應用

網路時代讓媒體產生極大的變革，現代社會已成網紅世代，只要一部手機就可以做服務及行銷，企業除了架設網站外，透過網紅業配、直播、錄製影片、Youtube、Facebook 來做顧客服務及行銷。此外，治喪期間，透過 Line App 成立家屬治喪群組，禮儀師可以發布治喪注意事項、上傳訃聞、治喪期間的相片紀錄等，同時還可以透過即時視訊，讓無法前往奠禮會場的親友一同參與。治喪結束後，群組還可以保留到對年合爐，繼續為家屬服務。

2. 企業識別系統

企業識別系統（Corporate Identity System，簡稱 CIS），又稱為企業形象設計系統。在全世界科技的進步與生產技術的普及之下，

企業識別系統是目前在市場上建立有效且持久競爭優勢的常用工具之一。企業識別系統(CIS)主要包含以下三大部分：

(1) 理念識別（Mind Identity，簡稱 MI）

　　包含企業精神、企業文化、品牌標語、品牌故事，屬於企業經營理念層面，是企業識別系統的基本精神所在。

(2) 行為識別（Behavior Identity，簡稱 BI）

　　為非視覺化動態的識別。對內是完善的企業管理與員工教育；對外則為各種活動、公共關係、公益與文化性活動等，提升企業形象，強化識別能力，增強行銷利潤所做的一切活動。

(3) 視覺識別（Visual Identity，簡稱 VI 或 VIS）

　　指具體化、視覺化的傳達形式，項目最多、層面最廣。以標誌、標準字、標準色為核心，展開的、完整的、系統的視覺表達體系。將上述的企業理念、企業文化等抽象概念，轉換為具體符號展現。

　　現代的殯葬業者，在 CIS 的應用上可說是最廣泛的，從公司品牌標語的建立一直到制服的設計（包含顏色、款式），企業識別系統如果運用得宜，它將有助於創建一個可以被客戶識別和記住的品牌。

3. 資訊透明與公開

　　客戶對於服務與價格的比較，已是現代消費者購買商品前必然的過程，因此如何讓消費者不管透過什麼管道都可以得到公開且一致的報價，是極其重要的。過去的業者會隱晦其服務價格，話術多半是告知家屬見面再談或者要了解需求才能報價，但多半是想了解家屬的財力背景後來調整價格。現代化的服務策略必須公開透明，在網站上載明不同需求的報價及服務內容，讓消費者可以安心消費。

4. 顧客關係管理

殯葬業並非一般的商品買賣，每個家庭可能好幾年才面對親人死亡，因此顧客的關係管理特別重要。顧客關係管理（Customer Relationship Management，簡稱 CRM）一般的做法就是透過對顧客資料的詳細深入分析，找出顧客的需求並優化銷售前、中、後的服務體驗，來提高顧客對品牌滿意度和忠誠度，為企業創造更多的收益。顧客是一個品牌、一間公司最重要的資產，因此 CRM 的核心理念就是「品牌的所有經營策略都要以顧客為中心」，顧客的反饋和數據將會作為公司決策重要的依據之一，市面上的 CRM 商業軟體功能強大，殯葬業者可以透過輸入家屬基本資料、家屬的回饋、家屬與親友間的關係聯結、先人的百日對年資料等來掌握顧客，並提供公司將來服務的參考。

5. 同業間的策略聯盟

資源連結與資源共享是現代化殯葬業需要重視的環節，因為殯葬業大多是在地化經營，在跨縣市的服務上有區域的限制，但殯葬業者往往會有回頭客的案件產生，因此殯葬同業間的策略聯盟就非常重要，不管家屬的親人在哪個縣市死亡，都可以立即提供服務，這有賴業者的超前部署因應。

二、顧客服務策略

殯葬業是販賣安心的產業，因此服務品質的穩定是十分重要的關鍵能力，尤其當服務的對象是喪親家屬時，禮儀人員在提供服務時所面對的壓力更是非一般服務業所能比擬，當殯葬業已然站在「服務業」的世界，但我們真正了解什麼是好服務嗎？禮儀人員怎樣做到最好的服務？家屬如何辨識好服務、並對不滿意的服務提出要求？而業者又如何善待、服務員工，好讓身心都愉悅的禮儀人員去服務家屬？這些都是殯葬服務至為關鍵的環節。試想一個家庭沉浸在悲慟時，許多的決策與想法都會跟平常不同，因此什麼是殯葬業該有的服務策略呢？

（一）親切溫暖：把家屬當成自己人

在某一場治喪過程，專心在辦理太太後事的先生始終很木訥的不發一語，即使禮儀師在詢問有沒有問題時也都搖搖頭說沒有，禮儀師後來花了許多時間去了解夫妻倆相識的過程後，幫木訥的先生寫了一篇追思文。出殯當天，當司儀唸出夫妻相識的場合、經常出遊的地點時，先生突然放聲大哭…奠禮結束後先生握著禮儀師的手說，真的很謝謝你，我真的不善言語，但是當司儀唸出我們相識的過程時，我腦海都是我與太太出遊的畫面…

人類因為有感官的刺激與體會，才能夠讓服務溫暖有感及觸動心靈深處，對於上述例子的禮儀師來說，提供這類服務的可貴之處在於背後的貼心感，禮儀師大可以按照禮儀服務的 SOP，但如此的做法就只是把服務做完，有靈魂的服務就是要從過程中發掘客戶在意的要素。很多時候，顧客不見得意識到自己的需要。如果能比顧客早一步看見，甚至提前滿足他，那種感動會讓顧客一再回味，並成為忠實顧客。禮儀人員服務的是喪親家屬，更需要比一般服務業多幾分敏感度。

（二）顧客忠誠：讓顧客成為忠實消費者及介紹其他顧客

凌晨三點，禮儀師協助家屬安置好親人大體在殯儀館助唸室，家屬提到，因為平常並沒有接觸宗教團體，但又聽親友說人剛死亡最好要助唸。禮儀師隨即告訴家屬，可以帶領家屬一同為親人助唸，助唸完成後，禮儀師發現家屬是搭著接體車一起過來的，因此主動提出載家屬回去…。喪禮圓滿後，家屬寫了一封感謝信到公司，特別提到禮儀師在接體當天提供的服務讓他們點滴在心…。該組家屬也在後續日子介紹親友讓公司服務。

其實，禮儀師只要做好接體流程，不一定要帶領家屬助唸及載他們返家，家屬也不會見怪，但是想到家屬對於親人的孝心，感同身受主動解決，便是服務的真諦了，從「感知」到付諸專業的「行動」，這兩點

間的連結，是優秀的禮儀服務工作者絕對不可或缺的訓練。愈能讀出顧客的心聲，愈能主動決定服務的內涵，而且對這些決定都非常有把握。這種來自專業的自信，會讓一個人非常有光采。最後，因為透過服務，帶給顧客出乎預期的體驗，甚至延伸出其他收穫，這就是服務最高的境界了。做到這一點，服務才算有了真正的不可取代性。

（三）注重細節

禮儀師在前往喪宅進行豎靈法事前先到公司拿了孝燈、祭品及豎靈用品，到了喪宅後，隨即拿起孝燈懸掛，緊接著宗教師進行誦經法事，當流程結束後，禮儀師向家屬說明拜飯及治喪期間生活禮儀。隔天，家屬來電，告訴禮儀師昨天懸掛的孝燈姓氏寫錯了。…此事導致家屬向公司客訴。

殯葬業跟一般服務業在本質上最大的不同即是喪禮無法重來，因此對於每個流程的管控更需要細膩謹慎，差強人意的服務與卓越服務之間的區別，就在於對細節的關注。儘管粗心大意是難免的，但有時候造成的後果卻是家屬一輩子的痛，也是對公司莫大的傷害，禮儀人員在服務過程中，要想讓自己和他人不忘記注重細節，列一份檢查清單是非常有用的工具，而且要確實執行。

（四）充分授權禮儀人員

自宅治喪的家屬向禮儀師提到去年曾經到殯儀館向已故親友捻香，他說到靈堂外有擺放淨水區供親友洗淨。這時候如果沒有得到充分授權的禮儀師可能會向家屬說，這個沒有包含在契約內，如果需要的話需要額外更添，若是得到充分授權的禮儀師立即告知家屬，已經在稍早聯絡廠商，應該傍晚就會來搭設了，試想當你是家屬時，對於哪項服務會更滿意和驚喜呢？

　　無論公司規模有多大，企業聲譽都需靠每位員工對於服務上的誠實可靠，如果希望留住顧客，那麼無論是在日常營運或是面對突發狀況時，禮儀人員都要堅決地捍衛公司的服務品質，相對的，公司也要充分授權給第一線禮儀人員，才能在發現家屬的可能需求後，快速反應，讓家屬對公司的滿意度立刻提升。

（五）專業化

　　治喪協調前，前來關心的親友常會你一言我一語的下指導棋，建議家屬如何進行喪禮、要做什麼法事、要請哪幾團的陣頭。禮儀師此時告知家屬及親友，將開始進行治喪協調，並打開平板電腦讓家屬可以有實際的圖像可以瀏覽，逐一的解說喪禮流程及習俗由來，並以堅定而溫柔的語氣告訴家屬，初逢喪親，請照顧好自己的心，親友的建議可以先記下來再跟禮儀師討論。

　　根據《殯葬管理條例》，禮儀師得執行下列業務：殯葬禮儀之規劃及諮詢、殮殯葬會場之規劃及設計、指導喪葬文書之設計及撰寫、指導或擔任出殯奠儀會場司儀、臨終關懷及悲傷輔導等工作，禮儀師的資格取得也需要經過專業學分及通過喪禮乙級技術士外加兩年工作經驗才能取得，因此禮儀師可以說是整場喪禮活動的指導規劃及執行者。專業人士最重要的特徵在於能掌控一切，對於家屬的情緒、需求都能運籌帷幄，對待家屬的言行也能拿捏的恰如其分。

6-5　殯葬服務業趨勢

一、環保意識

　　喪葬觀念、喪葬支出、死亡態度及環保意識的轉變也引發國人對於死後骨骸存放或處理的新態度，臺灣的埋葬方式及地點在火化政策正式

推行後，發生了重大的變化，過去以土葬為主、為亡者立碑讓其入土為安的方式是重要的形式，而墓地的大小、施工成本及墓地造景等顯示了階級和財富的差異。我們可以在公墓內同時看到維護良好和無人管理的墳墓，而隨著公墓的設置年代日久或者都市化後與住宅緊鄰，也開始發生管理及鄰避效應的問題，因此政府陸續推行禁葬及遷葬的政策，配合火化進塔，快速的提高了臺灣的火化率。

隨著時代發展，火葬比土葬更為國人所接受，這樣的觀念始於環保意識及對死亡態度的轉變，人們接受了火化後的骨骸是較乾淨的，同時也不會發生土葬後屍體蔭屍或將來拾金輪葬的問題；另外一項重大的轉變即在於火化進塔解決了臺灣地狹人稠的墳墓設置問題，因為骨骸存放不需要太多的土地，人們的觀念轉而為後代子孫留下土地，而面對空間壓力較大的都會區，則可以在遷葬後設置為公園綠地，或者若干年後作為住宅或商業使用。根據 2019 年第 13 週的內政統計通報，納骨塔在十年內增加 99 處(24.09%)，反映了國人對於火化進塔的需求日增。

二、儀式的簡化

火化提倡了一種喪葬的簡化，包括近年來在殯儀館治喪已成為趨勢，在十多天的治喪後舉行奠禮及火化進塔。於此同時，傳統守靈儀式的簡化，包括捧飯或為亡者淨身、更衣、入殮的工作也已經被專業的禮儀人員所取代。

簡葬及潔葬的趨勢，也讓遺體處理和追悼儀式產生了新的變化，例如，環保意識讓人們逐漸減少焚燒紙屋及庫錢等習俗用品，同時也將喪禮重心回歸到亡者本身，例如近年來遺體 SPA 服務受到消費者重視，在時代的變遷下，家屬也不如以往對殯葬習俗的依賴，轉而朝向個人化喪葬儀式的內涵，隨著哀悼形式選擇越來越多元，也反映出更多的消費及權利意識，也就是喪親家屬不再以習俗為主，而是將決定權重新回歸到自己身上，世俗或宗教的權威已漸式微。同樣地，自然葬的出現，也引領著人們朝向更新的喪葬形式作思考。

三、環保自然葬

　　2003 年臺北市富德公墓「詠愛園」啟用「自然葬」墓地以來，所謂的「環保」、「自然」或「樹葬」場所逐年成長。所謂的環保自然葬，係以火化方式將遺骸燒成骨灰，不做永久的設施，不放進納骨塔，亦不立碑，不造墳，以樹葬、花葬、海葬、灑葬等方式，讓骨灰歸於土地的一部分，永續循環於世。

　　近十年環保自然葬件數占全年安葬及骨灰（骸）納入數比率呈上升趨勢，2017 年推動環保自然葬計有 7,743 件，較 2008 年 669 件增逾 10 倍，其中非公墓內 1,447 件（公園、綠地等 1,153 件、海洋 294 件），較上(2016)年增加 143 件(10.97%)；公墓內（樹葬）6,296 件，則較上年增加 826 件，顯示愈來愈多民眾認同環保自然葬（內政部統計通報，2019）。

　　根據內政部統計資料，截至 2019 年 12 月底，全國環保自然葬已服務超過 6 萬名，可實施環保自然葬之地點：公墓內已有 39 處，公墓外 2 處，服務民眾累計 6 萬餘名。全國有 11 個縣市已辦理海葬，自 2001~2019 年 12 月底止服務 2,577 位。

　　環保自然葬區不允許作任何標誌，與傳統的墓地相較，樹木或公園化造景取代墳墓作為失落的象徵(Cloke & Pawson, 2008)。同樣值得注意的是，在現代社會興起之前，世界上大多數的墓葬都與現今的自然葬相似。換句話說，現代社會必須先對埋葬進行變革，然後再重新形塑「自然死亡」。

　　環保自然葬增加以及使用方式的變化引發了更廣泛的問題，即悲傷和地景的相互關係(Maddrell, 2011)，以及這些空間的管理。此外，它們的增加可能反映了這樣的葬法尚未被研究的方面，也就是簡葬和潔葬的意識形態與商業化之間存在著的緊張關係。

四、性別角色之限制

現代社會基於自由、平等、民主與人權，性別平等已是普世價值。多年來，臺灣社會在法令政策推動及多元對話後，性別平權普遍受到重視，臺灣女性已能在各行各業中綻放光彩，從女性教育權、工作權、成就表現、社會福利保障，乃至國家或組織事務的決策參與，都有女性溫柔而堅毅的力量在其中。

殯葬業過去一向是以男性為主導的，處理長輩喪事的過程中，決策者也經常以家族男性為主，禮儀人員在進行治喪協調時，經常會發現女性孝眷會自動退到一旁，並提到：「因為我們是嫁出去的女兒，這些事情讓我們的兄弟作主就好」。另外如早晚捧飯的習俗，也經常落在媳婦身上。女性在喪禮中似乎淪為無聲的角色。隨著時代進步，臺灣已朝向性別平等、多元尊重的社會邁進，使不同性別的人均能適性發展，尊重包容，政府部門亦持續推動性別平等政策，然殯葬業是個傳統、變革慢又封閉的行業，在面對國內社會環境變遷及全球性別議題發展趨勢，如何突破傳統文化習俗對性別角色之限制，將是殯葬業的重要課題。

五、祖先祭祀的式微

過去傳統觀念認為「慎終追遠」，因此許多家庭皆有供奉祖先牌位及規劃祭祀空間，而近年來社會變遷迅速、家庭結構改變，社會高齡化、少子化普遍，加上多數人住在公寓大樓，因此無法規劃祭拜空間或者與居家裝潢不搭，種種因素導致對祖先慎終追遠的觀念日漸淡薄，因此在殯葬服務過程中，家屬提出要將祖先牌位遷到寺廟或納骨塔的做法也越來越常見。

殯葬業者的服務項目也包括習俗及祭拜的指導，因此當家屬提出遷移祖先牌位的需求時，便成為社會轉型下的另類商機，包括安排宗教師、仲介牌位設施、擇日、接送服務及準備祭品等服務。

　　總結上述所言，殯葬服務業及殯葬設施經營業，主要功能都是透過現代化的服務策略來提供家屬度過喪親階段，隨著消費意識抬頭，家屬對於殯葬服務的品質要求也越來越高，過去喪家對殯葬業者言聽計從的時代已經過去，取而代之的是公開透明的資訊、人性化的服務、簡葬潔葬及悲傷療癒的需求，因此可預期的是殯葬業的競爭程度將越來越激烈。

　　此外，殯葬業真正重要的，而且對企業具有策略價值的，就是顧客和員工忠誠度，企業若不懂得建立這些忠誠度的祕訣，就算運用資訊科技、建構顧客管理系統的能力再強大也會舉步維艱。建立顧客忠誠度需要下功夫和思考周全，但也是相當直接的過程，喪親家屬在面臨人生最低潮時，企業要能滿足其盡孝道以及符合社會期待的需求。而對於員工方面，給予充分的授權，並讓他們有愉悅的身心來服務家屬，這樣的企業將不只是提供 SOP 的服務，更能為顧客創造超乎期待的消費體驗。

課後
練習 ....

一、是非題

1. 治喪過程中，有許多服務本身是沒有辦法直接具體觀察出來，這是屬於服務特性的無形性。

2. 殯葬業在中華民國行業標準分類中，是屬於醫療保健及社會工作服務業。

3. 禮儀人員在服務過程中要注意家屬及亡者的隱私權。

4. 禮儀師可以在家屬悲傷時，為他們進行心理諮商。

5. 禮儀人員需要具備良好的應變能力。

6. 一般而言，喪親的悲傷期，最長到對年就結束了。

7. 企業識別系統，又稱為企業形象設計系統，是目前在市場上建立有效且持久競爭優勢的常用工具之一。

8. 具有喪禮技術士丙級資格且在殯葬業服務超過 5 年，就可以稱為禮儀師。

9. 殯葬儀式中，女兒也可以捧斗。

10. 目前的環保自然葬區不允許立碑、做記號。

二、問題討論

1. 你認為從事殯葬服務需要具備什麼特質？

2. 你所觀察到的殯葬服務業趨勢有哪些？

解答 ....

一、是非題

1.(○)　2.(✗)　3.(○)　4.(✗)　5.(○)　6.(✗)　7.(○)　8.(✗)　9.(○)　10.(○)

二、問題討論

1. 你認為從事殯葬服務需要具備什麼特質？

　　禮儀人員面對的是喪親家屬，因此抗壓性一定要高，因為要隨時面對家屬的情緒及來自親友的壓力，另外就是要具備滿滿的熱情，不怕重複做瑣事的耐性。服務業雖然常常面對不同的人，外表看起來光鮮亮麗，但是殯葬這一行，絕對不像外界所看到的，而是經常頂著烈日搬花、懸掛輓額。

2. 你所觀察到的殯葬服務業趨勢有哪些？

　　殯葬服務業趨勢包括：

(1) 環保意識的抬頭，紙紮庫錢已漸漸減量。

(2) 網路媒體的應用，許多喪葬知識都拍成影片上傳到 Youtube。

(3) 因少子化，喪葬的規模漸縮小。

參考文獻 ‧‧

內政部統計處(2019)‧*109 年第 14 週內政統計通報*‧臺北市：內政部。

杉本辰夫(1986)‧*事務、營業、服務的品質管制*（盧淵源譯）‧臺北市：中興管理顧問公司。

李開敏（2010，4 月）‧*成人與老年人的悲傷與失落反應與實務*‧李開敏（主持人），悲傷與失落心理諮商初階訓練課程，國立臺北護理健康大學。

尉遲淦(2011)‧*禮儀師與殯葬服務*‧新北市：威仕曼文化。

陳繼成、陳宇翔(2006)‧*殯葬禮儀：理論與實務*‧臺北市：五南。

劉樂農(2010)‧生命教育「步入死亡」的省思‧*諮商與輔導，290*，31-36。

鄧振源、林建璋(1999)‧*大學行政單位支援教學服務品質之模糊多屬性評估模式*‧義守大學主辦，邁向 21 世紀品質管理技術應用研討會‧高雄市：義守大學。

顧志遠(1998)‧*服務業系統設計與作業管理*‧臺北市：華泰書局。

行政院主計總處(2021)‧*109 年國民所得統計及國內經濟情勢展望*‧臺北市：行政院。

Buell, V. P. (1984). *Marketing Management: A Strategic Planning Approach* (p. 620). McGraw-Hill Book Co.

Cloke, P., & Pawson, E. (2008). Memorial trees and treescape memories. *Environment and Planning D: Society and Space*, (26), 107-122.

Corr, C. A., Nabe, C. M., & Corr, D. M. (2000). *Death and dying, life and living*. New York: Brook/Cole Publishing Company.

Hess, A. (2007). In digital remembrance: vernacular memory and the rhetorical construction of web memorials Media. *Culture & Society*, (29), 812-830.

Kellaher, L., & Worpole, K. (2010). *Bringing the dead back home: urban public spaces as sites for new patterns of mourning and memorialization*. In

Maddrell, A. and Sidaway, J. D. eds. Deathscapes: spaces for death, dying, mourning and remembrance. Ashgate, Farnham, 161-180.

Maddrell, A. (2011). *Bereavement, belief and sense making in the contemporary British landscape*. In Brace, C., Bailey, A., Carter S, Harvey D and Thomas N eds Emerging geographies of belief Cambridge Scholars Publishing, Newcastle, 216-238.

Maddrell, A., & Sidaway, J. D. (2010). *Introduction: bringing a spatial lens to death, dying, mourning and remembrance*. In Maddrell, A. and Sidaway, J. D. eds. Deathscapes: spaces for death, dying, mourning and remembrance. Ashgate, Farnham, 1-18.

Murdick, R. G., Render, B. R., & Roberta, S. (1990). *Service Operations Management*. Allyn and Bacon, Boston, Mass.

Regan, W. J. (1963). *The service revolution. Journal of Marketing,* 27(3), 32-36.

07

編著者 李安琪

尊體美容師的服務

學習目標

1. 認識尊體美容服務的發展史。
2. 了解尊體美容服務的源起與內涵。
3. 學習尊體美容服務的作為。
4. 了解尊體美容服務的意義。

前　言

　　雖說生、老、病、死是人生必經的過程，死亡卻也無可避免，失去親人是每個生命中會面臨的課題，沒有人能逃脫這生命的演變過程，這經驗中的感受和意義卻又是獨特的。可見一個生命的殞落，對喪親者而言其影響可說是非常的深遠，自尊體美容服務引進臺灣後，這麼多年下來國內的整個發展也逐漸的穩定，雖說尊體美容服務是為喪禮當中其中一環節而已，但引進的觀點和概念正如林龍吟所言：喪禮對國人而言，具有多面向的轉換與意義的調整，可以說是具有報恩、傳承、盡哀、盡孝、養生送死、追思逝者、安慰遺族與整合親族系統等功能，在國人的生死系統中，尊體美容服務反映著一般人的精神寄託、期望價值、生死關照、心理感受作用等內化象徵（林龍吟，2011）。也是一種蘊涵了多面向的儀式，換言之經由尊體美容服務，讓喪親家屬能夠達到一個多面向圓滿的境界。

7-1　尊體美容服務的發展史

　　談起遺體的沐浴，可以說是由人類沐浴文化所衍生發展的，回朔人類的沐浴文化起源，歷史相當悠久是既有宗教性和世界性的習慣，大約從六萬年前早期人類為了捕撈漁貨而下水，而在當時炎熱的夏季裡，也讓居住在河邊的人類，出於適應環境的本能，讓身體浸泡於水中可以達到降溫的效果，這大概是最早期的沐浴起源了（殷偉、任玫，2003；呂繼祥，1999）。從這當中可以了解，原始人民是源自於生活本能之始，而利用水來達到降溫效果，抵擋酷熱的天氣。

　　這樣的形式一直到了商周時期，人們陸續懂得用器皿來盛水淨其身，於是慢慢的開始有了沐浴器皿的出現。春秋戰國時代沐浴器皿基本定型，此時的人們已經習慣在家中沐浴，也後續逐漸形成一種定制，由於沐浴的形成已經深入到社會和生活方面，人們開始對沐浴有了深層的理解，不僅把沐浴單純地看做潔淨身體的需要，也可以潤膚養生，往後

更視為隆重禮儀的先奏（殷偉、任玫，2003；呂繼祥，1999）。又如；禮佛前的淨身沐浴，視為一種對佛祖的尊重之儀，這當中也包含了喪葬禮儀的沐浴文化。從理解傳統沐浴文化的源起以及發展歷史的角度中，可以解讀尊體美容的引進，是接續著傳統沐浴並加以改良，以彌補現代的沐浴儀節不足之處並與本土文化接軌，給予家屬最後的告別機會。

一、尊體沐浴文化的源起和形式

從東、西方宗教的角度去理解沐浴文化，會發現不管是東方的佛、道教，或西方的猶太教和基督教，均都認為能藉由沐浴來消除身心的汙垢，使其身心潔淨（呂繼祥，1999）。沐浴文化的傳衍，從宗教或是世俗的觀點已經深固於人民的生活中了，在人往生後因傳統的理解認知中，認為死者是到另外一個世界去生活，故死者雖然已辭世，對待死者仍持視死如生之態度恭敬之。因此中國古代很早就形成一套喪葬禮儀，並且十分重視，其中為死者沐浴，也就是讓死者潔淨身體，古代稱作「洗屍」，是喪禮文化中重要儀式之一，從中國周朝歷代開始均有嚴格法制規定。根據傳統對遺體沐浴文化的理解，人死之後，在「入斂」之前要沐浴。入殮有「大斂」和「小斂」之分。小斂是指為死者沐浴淨身完畢後穿上衣服，並將死者放進棺木中。而「大斂」指的是收屍入棺，漢族民間俗稱為「歸大屋」是為死者與陽世隔絕，和親人最後一別之意。

中國古代在為死者沐浴時，一般會有二名晚輩親人，先裝水於盆中，為死者全身擦洗一遍，擦洗時要用二條葛布擦拭上身和下身，沐浴完畢後會用浴巾將身體的水分拭乾，有些地方比較講究的，會以煮沸後的黍稻汁液，來為死者沐浴，沐浴過的水則會倒至地上的坑洞中，如果死者是男性只能男性幫死者沐浴，死者若為女性則由女性代之，這裡涉及到男女有別、隱私和禁忌的問題（殷偉、任玫，2003）。如：《喪大記》中記載：男子不死於婦人之手，女子不死於男子之手（姜義華釋，2004）。從中可以看出當時的社會風氣是相當保守的。

　　在先秦是相當重視喪禮的時代，對遺體沐浴的流程也很講究，死者沐浴的器物也有規定，幫死者沐浴須用事先煮過的淘米水，先幫亡者洗頭髮、再用毛巾為死者洗身，洗畢後用浴巾將身上的水分拭乾等，從中了解到先秦人對於幫死者沐浴的儀式是相當莊重的（殷偉、任玫，2003）。在《禮記、檀弓上》中談到為死者沐浴時說：「掘中霤」（姜義華釋，2004），據唐人孔穎達疏解釋，就是掘室中之地作坎架而浴。床於坎上移屍床上而浴，讓浴屍之水流入坎中。故雲掘中霤而浴也。這當中也描述了當時為死者沐浴的場景。另外古人也相當重視死者的隱私，為了避免死者裸露，還須四人舉起布幅為死者遮擋。即《儀禮》既夕禮所云：禦者四人抗衾而浴（殷偉、任玫，2003）。為了就是維護死者的尊嚴，避免死者裸露身體故用布幅擋之，表示對死者的尊重。

　　洗屍儀式，直到了後代承周制時而略有變化，這當中還有以藥草和香料配製的水進行沐浴的儀式，如「可讓王」云：屍體保持芳香的氣味。《周記、春官、小宗伯》鄭玄注：「以秬鬯浴屍，孔穎達崩，大肆，以秬鬯涊，必用觀者，以死者人所惡，故以糊浴浴屍，使之疏：香也。」（殷偉、任玫，2003）。這當中指的是由於死者往生後遺體會產生物理、化學等變化，因而慢慢產生腐敗現象，為了避免死者身體所發出的氣味，會遭人所嫌棄，故用藥草和香料配製的水，來幫死者進行沐浴讓身體保有香味，讓前來致禮的親朋好友，不致於因氣味產生厭惡和不舒服的感覺。如同劉秋固曾藉荀子立論指出：沐浴淨身乃藉淨身工作，保持死者美好的形象與尊嚴。使生者或前來弔唁者，不致對變形、變臭的屍體產生厭惡之感，而是保有對死者的敬愛之情，克服了對屍體的厭惡感之後，悲傷與敬愛之意才能盡情的流露出來（方蕙玲，2001）。

　　就遺體沐浴觀點發現，從古今沐浴的過程中，都是由親人給死者沐浴、換上壽衣，則也會注重遺體的隱私問題，讓男性家屬為男性亡者沐浴更衣，倘若死者為女性則由女性服待，以此來表示對逝者的尊重，在現今的尊體美容在作法上則有了些改變，通常亡者不管是男性或是女性，大部分都由女性的尊體美容師來服務，僅有少數的男性尊體美容師，然則男性的尊體美容師只能服務男性亡者，不能服務女姓亡者，我

們可以看到對於遺體沐浴的演變，不管是古時亦是現代不變的仍是朝著對死者尊重，並教育下一代傳承孝道導向發展，更深層的寓意是來自於人對於沐浴文化上的信仰。

二、尊體沐浴文化的信仰與發展

在為死者沐浴的文化當中，有一個非常重要的信仰觀念，即中國古人非常相信「靈魂不滅」和「靈魂轉世」之說，相信洗屍體能夠度亡靈，在此觀念下形成了另一種死者沐浴的文化信仰。傳統喪禮意涵當中，往往包含了祈願死者能夠「再生」或「轉世」的內涵，並以水舉行喪禮儀式，以水沐浴其身，將水當成是死者靈魂轉世的轉介值，當中祈願死者再生的方式，則是用藉由水實現死者的「再生」內涵，亦有著信仰方面的意義（殷偉、任玫，2003）。

古人對水的再生崇拜和信仰在「中國水崇拜」中有相關的記載：對水的再生信仰，不是憑空產生的，是原始對水的崇拜而來，當中也包含了對水的生殖方面的信仰，因為「再生」與「生殖」，指的都是象徵著生命的誕生，所以古人相信為死者沐浴，注入生殖的力量，可以讓生命之水通過死者的身體，如此一來便可以讓死者「再生」（向柏松，1999）。另一方面用水淨身也有除穢之意，表示洗去今生之汙垢，重獲新生（林素英，1997）。

從古人對於水的崇拜信仰中去省思，大自然提供我們大海、河流、泉水等水的恩澤，這是大自然的贈禮，這神奇的生命之水負載了許多象徵也逐漸被各種文化來運用，其中敬神前會把純淨之水灑全身。水具有洗滌、淨化之意，水在宗教上亦有淨化的象徵，在佛教中認為，人類的內體生命是來自於地、水、火、風四種元素所組成，其中水是生命的來源，是天地萬物不可缺少的元素，扮演著生命催化的重要角色；在西方基督教和猶太教中水所扮演的儀式角色則更為重要，象徵性的藉由水的洗禮過程，認為人類的肉體可以進入到天國，水是人類轉化生命儀式的必備元素，也能進入永生的境界，在世俗的觀念中則以新生、重返生命

之源來理解，水也因而成為現代沐浴文化，以及遺體沐浴文化的核心物質（郭昌京譯，2003）。

延續對水的文化信仰，在古代當中有一些民族堅信只有買來的水才能幫死者沐浴，才能使死者「再生」，通常要先舉行買水儀式，他們會來到井、河邊，焚香燒紙、投錢於水中跟水神買水。在瑤族習俗儀式當中，則是孝子必須哭泣出門，到河邊去買水給死者沐浴，需先向河神焚香燒紙錢，再往河裡投四枚銅錢，然後取水三次，將買來的水提回家煮熱，再由親人給死者沐浴換上壽衣。彝族亦有此俗，一般由死者的男性親屬去井旁取水，並焚香燒紙錢替死者買水。相對於一般買水儀式，則土家族習俗顯得比較繁複，人死之後由孝子孝女去水井取水，並將水煮熱後給死者沐浴，再穿上壽衣壽鞋，停屍在屋中門板上，等到棺木下葬後三日內，孝子也必須每晚在墳前燒火，象徵陪伴死者安息，葬滿三日後，家門口會設帳子、放臉盆、腳盆和熱水、以及死者生前衣褲鞋子，此動作意謂讓死者沐浴返家，這當中也說明土家族人對於水的再生信仰堅信無疑。另買水儀式也象徵孝道的意涵，在廣西壯族喪禮中，孝男會持甕到水邊痛哭把銅錢、紙錢丟入河中，然後用甕裝河水回家，把屍體洗乾淨，此禮俗如古宋人周去非《嶺外代答》卷六〈買水沽水〉云：「欽人始死，孝子披髮頂竹笠、攜瓶甕、持紙錢、往水擲錢于水而汲歸浴屍，謂之買水。」（殷偉、任玫，2003）。

清代固有儀節裡，其中要幫死者「沐浴」前，孝眷人等要先去溪邊買水，持新的缽，投錢數枚，稱買水也可稱為「乞水」，把取回家乾淨的水，供死者沐浴之用（中華民國殯葬禮儀協會，2014）。值得提及的是，仡佬族喪禮的沐浴儀式，仡佬族的做法則是為死者煮一鍋熱水，只用一部分為死者沐浴，另一部分則分給死者的後代，每人喝上一口，稱為「救苦水」，相信孝子喝上了救苦水後，便可以減輕死者在陰間所受的痛苦，實質上比較像是為活著的人，並非全都是為了死者，這是一種祈求祖先保佑的一種方式，遺體的沐浴儀式傳至唐代後，變化不大並大致已基本定型了（殷偉、任玫，2003）。

　　隨著時代的演變，死者沐浴禮節直至近世，慢慢的由繁至簡，此仍是受了魏晉的玄學影響，此時期的喪禮儀式較以往簡單，倡導用比較自然的方式，也就是將傳統的沐浴儀式加以簡化，幫遺體淨身只需要擦拭即可，不需要洗澡沐浴，做到僅是形式上比畫而已。爾後在農業社會快速的發展下，由家屬幫亡者沐浴淨身的方式，慢慢的也改為外人代之，這是喪葬沐浴重大改變。

　　到了臺灣光復至及八零年代後，並無太大的改變，沐浴除了更改成比劃手法外，另加諸了一些吉祥話和祈願語，如：保佑子孫大富大貴、身體健康等。臺灣光復後並有著媳婦幫死者梳頭，女兒幫死者穿鞋的儀式，禮義上仍有盡其孝道，和教育下一代的意義傳達，在現今的社會僅有少數地區，還是保有傳統的遺體沐浴儀式，其他地區正式地進入簡化的情況（郭璋成，2015；朱心怡，2011）。

　　承上所言，在中國古代的文化信仰中，會有乞水（買水）儀式，各地買水浴屍方法雖有細微差異，但基本上相同，其寓意大致接續著「孝道」的傳承文化，和乞求死者「再生」的文化信仰，另一層意義則是為活著的人「祈福」，在此也發現了遺體沐浴文化上，所帶給人們精神層面的寄託，更多是對於來生的期待。

三、現代的尊體美容服務發想

　　因環境都市化的演變，遺體大多停至醫院太平間或殯儀館居多，故喪葬儀式也大多於太平間或殯儀館完成，較少數地區會停柩於自宅家中，然這也攸關到乞水的演變程序，停放殯儀館的遺體通常省略乞水儀式，若遺體停於自宅或醫院太平間者，也僅以自來水直接至瓦盆中取用，再做出給亡者淨身的象徵性動作，朝向簡化做法。

　　沐浴儀式隨時代變遷已不同以往，從中可發現這和臺灣殯葬儀的時代背景、經濟、社會結構，以及社會價值觀改變等因素有關，值得反思的是，雖然這是沐浴文化的變遷過程，然而追溯喪葬沐浴起源，就沐浴意涵而言，由親人來為死者淨身沐浴的行為，從古代喪禮儀節中，皆是

表達了對死者的思念和傳達孝道之禮，更意謂對死亡失落的體認。換言之，中國古代沐浴儀式的流程設計上，是藉由親自為死者沐浴、淨身、更衣的過程當中，讓家屬能夠傳承周代以來的，孝道觀念與倫理行為，實質上也讓家屬對於死亡有更真實的體認（郭璋成，2015）。

然而社會變遷的結果就是，將原來的禮儀加以簡化改良，然在整個遺體沐浴文化發展過程中，不免發現形式上的象徵意義，似乎大過於實質意涵，一直在遺體沐浴演變中，扮演相當重要的乞水（買水）儀式也幾乎都省略了。因現代的作法忽略了盡孝與思親的精神所在，以及文化信仰所要傳達的實質意涵，才因此有了尊體美容服務的發想，重新去思考定位整個沐浴儀式所傳達的意義。

7-2　尊體美容服務的源起與內涵

在變遷快速求新求變的時代中，殯葬產業也跟著時代的脈動一步一步地產生變化，這些想法使得原本的殮、殯、葬三個部分，發展成現在的緣、候、殮、殯、葬、續六大部分。尊體美容服務則為整個喪葬儀式中「殮」的部分，是日本「湯灌」結合了國內傳統喪葬儀式中的「沐浴」文化和創新演變而來，依循的是古禮中的孝道，中國古代對於遺體是相當的禮遇和敬重的，即便是隨著時代的變遷至現今，也都是基於傳統中國古代遺體沐浴儀節，再加以改良創新。

本節就日本湯灌的起源和形式，以及國內尊體美容服務的源起和文化內涵做說明，便能更加理解日本的湯灌與國內的尊體美容其差異為何。

一、日本湯灌的起源和形式

談起尊體美容的服務不得不從日本湯灌說起，有關日本湯灌有多種的起源說，在日本的編年史當中，其中有記載日本天皇於西元 1011 年去世時，在他的葬禮中有行「泡湯之儀」，而在印度公元世紀，當時的

佛教葬禮，也有相關記載用熱水沖洗的儀式，並認為用熱水沖洗是一種洗淨儀式（典禮會館，2015；公益社，2015）。從這可看出早期已有基本的湯灌概念形成。

「湯灌」一詞是源自日本，在日本神社上常可以看到民眾在浴佛，也就是拿起勺子勺水，以香湯澆淋在佛像身上，香湯指的是乾淨的水或放有香料的水，以香湯來灌沐佛身，取其中兩字就稱作湯灌（萬安生命，2012）。高橋繁行(2004)指出，佛教中有一種灌頂概念，其象徵智慧之水從頭上澆淋下去的動作，另也像是用水澆在魚類或死骨上，期待能得到解脫，但這個儀式在經典及儀軌中並沒有確實的根據，像這樣以水來澆灌的佛教流水的功德，是從「流灌頂」或者「湯灌頂」的意義來的，之後這種「湯灌頂」與我國固有的民俗信仰結合，慢慢地「湯灌」成立為一種淨化死者死亡汙穢的儀式（薛惠娟，2014）。

至於湯灌本身的形式及是如何進行呢？作法上最早可以追溯到早期，在死者棺材面前會聚集所有的家屬和朋友，並要照其順序分別為配偶、親屬、朋友和熟人，然後準備一碗水、一雙筷子、脫脂棉紗布，再用筷子夾沾濕的脫脂棉紗布，輕輕地滋潤死者的嘴唇。但因地區差異所準備的東西會有所不同，此動作的意義是，象徵生者和死者做最後告別的儀式，也希望藉由這個動作重振死者，洗淨死者的痛苦、切斷世俗慾望，亦象徵死者已完成了今生的責任，要踏上來世的旅程，並祈禱逝者免遭受乾渴的來世，將希望放在於來世。另一說法則是沐浴屍體的儀式就如同寶寶出生後，來到這個世上第一次的洗澡般洗淨汙垢。按照古老的禮俗，為遺體進行湯灌儀式即逝者重生獲得新生，另外生者可以透過湯灌儀式表達對死者的感情和追念（典禮會館，2015；公益社，2015）。

爾後的演變為家中若有人過世，會請納棺師（湯灌師），到家裡來為亡者打點後事，則湯灌流程會替死者洗澡、洗頭，清理口腔並在口內放入含除臭藥劑的棉花，用棉花塞住嘴、鼻、肛門等，接著用冷水加熱水加以綜合水溫，用木盆裝水，沾濕毛巾幫亡者擦拭遺體，較講究的還

會注射矽膠等，讓死者的臉看起來較豐潤，若有指甲過長也會修剪，鬍子也會修剪、穿壽衣、化妝，再將死者放置到棺木中（中村文哉，2005）。但隨著時代轉變，日本的喪禮儀式也逐漸簡化，有些地方已沒有專門的納棺師（湯灌師），現代人大多將喪葬事宜交給葬儀社，納棺的工作自然也由葬儀社員工兼任（典禮會館，2015；公益社，2015）。

如此的演變一直到了在老人的洗澡上得到了啟發後，才改變了湯灌的形式作法，根據日本文獻舊有的喪葬習俗記載，是以老人洗澡為構思，再轉移到幫遺體淨身的服務，用溫水來幫遺體沖洗沐浴，最後再穿衣、化妝（井上理津子，2015）。在日本所謂的湯灌，就是由執事的二名淨身服務人員，裝載著其所需的專業淨身配備，當中包含淨身沐浴床、溫水設備、相關沐浴美容用品等。到喪家府上為逝者沐浴淨身並著上衣裳和化妝。

熊田紺也指出在 1980 年代，葬儀社的員工在大阪開了一家專門做「湯灌」的公司，而這個想法是因為在照顧長期臥床者的看護服務中得到啟發，因而發展出來專門對遺體進行淨身的事業（熊田紺也，2006）。「湯灌」指的是在葬禮前要為屍體洗澡的一種服務，在某些情況下，由機構來分配，由兩個湯灌師為一組的服務形態，葬儀社進行葬禮時，會安排私家車滿載供水和排水設備及專用浴缸，到殯儀館的場地進行湯灌，男性死者要剃鬍子，若是女性的屍體則需要化妝，也需修剪指甲和毛髮，但也有地區差異的不同（熊田紺也，2006）。

湯灌的蓬勃發展時期可追溯到 1995 年的阪神大地震，在阪神大地震發生後，因產生了大量損傷非常嚴重的遺體，當時看到這個情況的關西地區葬儀社「公益社」認為有清洗遺體的需求，才將其當作為服務的一環，開始注重「湯灌」的服務，也因此成為現代「湯灌」變為廣泛的契機（薛惠娟，2014）。

由日本湯灌的發展看來，可以看出日本一度對遺體沐浴有從簡的作法，這和早期國內對於遺體沐浴的簡化作法相似。日本的湯灌意涵中，是一種表達對死者的追念，和淨化死者的儀式，亦象徵亡者再生，這個

概念和中國古代的傳統沐浴文化信仰有不同謀合之處。湯灌是從何演變而來，並無法做切確的時間推論，且不論是如何形成的，本著人們對關於「遺體」有高度的關心，考慮死後的處理方法就變的很重要（永山彩花，2015）。然而這一切都是在傳達一種對逝者適切的關懷，以及生者和死者間的緊密連結，不因死亡而終止彼此間的關係。

二、國內尊體美容服務的源起和文化內涵

國內的尊體美容服務除了源自於日本湯灌的發想外，與民間佛教的浴佛禮也有很大的關聯，農曆的四月八日是佛祖釋迦牟尼的誕辰紀念日，這天是浴佛節，佛寺當天舉行誦經的活動，並會用香料浸泡的水，灌洗佛像，這是從古印度傳至中國，後來變成了民間的風俗（殷偉、任玫，2003；呂繼祥，1999）。國內人們把對遺體的關懷比擬成浴佛之禮敬重之。「尊體美容服務」也因此而進入到國內的殯葬沐浴文化當中。其有一套標準作業流程（圖 7-1）。作法上大致和日本差異不大，仍由二個服務人員幫逝者淨其身，和日本比較不同的是，在日本做湯灌是依循日本文化跪著幫逝者服務，而國內業者則將跪禮加以改良成站立式，目的是方便服務人員操作，但在國內仍然有業者秉持著日本模式採取跪禮服務之，服務人員也由原二人服務改成三人服務（圖 7-2），另外日本只是單純的將遺體洗乾淨，而國內部分業者則改良並以精油幫逝者做全身按摩，其用意除了利用精油的功效來延緩遺體腐敗的時間，也延續了古人用香料水為逝者浴其身的概念，使其身散發出淡淡的香味，不因氣味而影響對死者的敬愛之情，而整個流程就仿彿亡者還活著般享受著頂級的 SPA 服務，從沐浴、指甲修剪、SPA 按摩、著衣、髮型、妝容甚至指甲彩繪，完全按照亡者生前所喜愛與習慣的樣貌來做打扮，更秉持著對待活人般的態度和方法恭敬之。可見遺體沐浴文化發展內涵中，有更多的人性關懷在其中，尊體美容服務和過去古代傳統遺體沐浴，最大的不同是擺脫了原有的框架，對遺體的關懷也有了不同的新思維。

禮體淨身流程解說

❶ 衣物去除

❷ 流程解說
（事項確認、服務說明）

❸ 洗髮、臉部清潔
（口腔、鼻、耳、孔洞清潔）

❹ 指甲修剪、家禮引導
（家屬洗手敬孝引導）

❺ 淨身、精油乳液

❻ 換床、著衣

❼ 吹整頭髮、化妝

❽ 裝容確認、告別圓滿

圖 7-1　國內禮體淨身流程

洗穿化與禮體淨身比較表

服務項目	洗穿化	禮體淨身服務
臉部、口腔清潔	僅臉部擦拭	臉部、口腔清潔、鼻毛與鬍子刮除、耳朵清潔
頭部清潔	– –	沐浴清潔頭髮兩次、頭皮深層護理
身體清潔	僅身體擦拭	使用海棉沐浴清潔擊親每一吋肌膚、修剪手腳指甲
臉部、頭部、身體柔軟按摩	– –	美容師透過手心溫度柔軟臉部、身體等肌肉關節，全身乳液或精油按摩
髮型設計	– –	客製化造型可染髮(噴染)、修剪頭髮依擊親狀況與家人討論髮型設計
臉部彩妝	單一膚色、唇色家人無法參與討論妝容無法修改	自然、精緻妝容可依擊親妝容習慣調整現場與家人溝通討論
整體妝扮	– –	客製化整體妝扮指甲油擦拭依需求，協助配戴飾品
傷口護理	– –	針對滲出組織液等淺層性傷口基本護理ex:針孔、褥瘡、破皮

▲注意事項:因健康安全與公共衛生，法定傳染性疾病，殯儀館與本公司均無法提供服務，敬請見諒

圖 7-1　國內禮體淨身流程（續）

資料來源：新台灣生命摺頁廣告

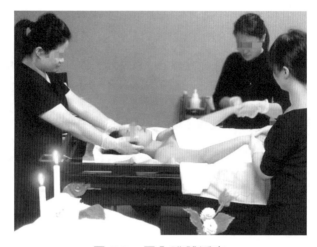

圖 7-2　國內禮體淨身

資料來源：新台灣生命禮體淨身

　　雖然儀式禮俗都是經過幾百、幾千年萃練慢慢演化形成，但由於不同的自然環境、生活條件、歷史淵源、地區等種種因素，影響了禮俗的變遷，就遺體沐浴而言，身體的接觸是最為直接，透過為逝者沐浴來傳達追念和敬愛之情，是再也恰當不過了，然臺灣這些年來的沐浴儀式朝向簡化，改用擦澡取代之，其象徵意義大於實質意義，尤其現在許多遺體存放在殯儀館，因此家屬較少參與到遺體處理這一部分，也很難和遺體做接觸（郭璋成，2015）。試想如果在喪禮儀式中的喪親家屬，因其他因素沒親眼見到或觸碰逝者遺體，在喪禮過後是否會感到遺憾？Worden 認為這是最後向逝者表達情感的經驗，然而這樣的經驗對喪親者而言相當的重要，即使逝者在車禍或意外死亡的情況下造成的遺體不完整，仍然可以透過妥善的遺體處理後再給家屬探視(Worden, 2009)。

　　換言之，在喪葬儀式中，可以藉由探視遺體或為逝者整理遺容，有助於生者接受失落的真實感和宣洩悲傷。這也呼應了林素英所言：古代喪禮在設計上，就是透過為逝者沐浴，實際的接觸亡者，做一連串的肢體接觸，從中體會死亡的真相，也是傳達對死者的感情（林素英，1997）。當中即可看出讓喪親者觀看並碰觸遺體之重要性。

7-3 尊體美容服務的作為

2005 年國內的殯葬禮儀業者引進日本「湯灌」技術,並結合國內民間傳統「沐浴」儀節並加以改良創新。如同電影送行者禮儀師的樂章中,呈現的仍是對「遺體」的重視和尊重。國人引進日本湯灌,仍是看重日本人對遺體的尊重,在日本將逝者視其為歸引西方即為佛之意,故對遺體做淨身比擬為浴佛之禮,對遺體尊重的思維並為國人所仿效(萬安生命,2012)。

國內殯葬業者考量了臺灣地區的殯葬習俗文化後,除了仿效日本的湯灌模式,也更注重在對遺體的尊重與對喪親者的關懷,因此注入了符合國內傳統孝道文化儀節,例如:引導晚輩喪親家屬為逝者洗足、媳婦梳髮、女兒穿鞋等。相關作為如下所闡述。

一、國內的尊體美容服務的機構

在臺灣仿間有相當多家從事禮體淨身的業者,規模由小至大不等,目前比較具規模的如:龍巖人本、新台灣生命、加麗寶等。現今的禮體淨身可以說是從龍巖所分支出來,而各家業者均有自身的一套服務模式,尊體美容最具代表的可以說是龍巖人本,龍巖人本於 2004 年引進日本湯灌並加以改良符合臺灣當地禮俗的禮體淨身,而 2006 年萬安生命(尊體美容現已獨立並改名新台灣生命)也引進了日本湯灌,服務人員也從二位增加到三位並延續日本跪姿禮(表 7-1),為方便讀者理解何謂尊體美容服務,以下僅就以萬安生命(新台灣生命)禮體淨身做介紹,此流程僅做參考,實際各家業者會依照所遇到的家屬、因應遺體的狀況做流程與時間上的調整,並非一成不變,但總體而言落差不大。

（一）現代禮體淨身儀式流程

表 7-1　禮體淨身儀式流程內容摘要（以新台灣生命為例）

流程順序	活動名稱／示意圖	主要活動內容	時間	目標／家屬參與
1. 行前電話聯絡		淨身前一日和禮儀師確認訂單，並確認家屬的狀況和注意事項	—	確認服務事項（家屬參與）
2. 活動流程說明		家屬抵達淨身地點，服務人員說明流程與進行方式	10 分鐘	流程說明（家屬參與）
3. 侍親引導		向逝者與家屬行禮，並引導家屬為亡者洗手、洗足、擦臉	10 分鐘	尊敬逝者、家屬表達謝意，孝道、教養之恩、思念之情（家屬參與）
4. 沐浴淨身		為逝者洗髮、全臉清潔、洗身（刮鬍子、指甲修剪）	20 分鐘	潔淨逝者身軀（家屬觀禮）
5. 精油按摩		為逝者全身精油按摩（含臉部）	25 分鐘	舒緩僵硬的身軀（家屬觀禮）

表 7-1　禮體淨身儀式流程內容摘要（以新台灣生命為例）（續）

流程順序	活動名稱／示意圖	主要活動內容	時間	目標／家屬參與
6. 著裝		為逝者著上衣裳	15 分鐘	為逝者著上衣裳（家屬迴避）
7. 吹頭髮化妝		為逝者吹頭髮、化妝	30 分鐘	頭髮吹整、化妝（家屬迴避）
8. 禮體淨身圓滿		引導家屬晚輩、喪親家屬媳婦梳髮、女兒穿鞋、妝容確認等	10 分鐘	家禮引導、祝福逝者，做最後的道別（家屬參與）
9. 服務型態		專業服務人員三位（跪姿禮）		

圖片來源：新台灣生命提供

（二）尊體美容服務方案設計目標

在尊體美容的儀式設計上，並不拘於二人或三人的服務形式，重要的訴求並非突顯高超技術或是表演性質，而是著重在於尊體美容儀式的意義，除了把古代喪禮中的部分儀式放進加以改良，家屬亦能在儀式中全程參與，藉此傳達對逝者思念，然如何在兩個小時的尊體美容服務當中，串連喪葬儀式的沐浴文化意義呢？其重點歷程區分為以下五個階段個說明，儀式歷程針對不同階段的意義做設計，分別為準備階段、情緒宣洩出口、孝道禮俗的傳承、祝福與告別、總體目標，共計五個階段。用此來區分為喪親家屬整個儀式歷程的階段目標，茲將以新台灣生命為例，說明如下：

✿ 準備階段

指的是研究前的前置作業，包含設備的組裝、布置空間的準備等等，並迎接家屬的到來，做細節部分的討論溝通，以及活動如何進行的告知。

✿ 情緒宣洩出口

藉由宗教對水的文化信仰（佛道教乞水禮、基督天主教祝禱）做為開端，藉由晚輩為逝者洗足，傳達了對逝者的敬愛及報親恩之情，和逝者做面對面的遺體接觸做為對悲傷的開啟，在這個觸摸遺體和觀看淨身的過程當中，讓喪親者意識到生死已兩別，體認到死亡的真實，已無法回歸到過去的樣貌。除了情緒有正當發洩的出口之外，並且提供安全私密的空間與逝者相處，讓情緒真正的能夠發洩出來（活動內容：乞水、祝禱，引導晚輩喪親者為逝者洗足）。

✿ 孝道禮俗的傳承

經歷這個歷程的當下必須承接失落的苦痛，生命承接了與摯愛別離的苦痛，與摯愛的共有回憶慢慢地清晰浮現，引發心底最深層的感受，當情緒被宣洩的那一扇門已開啟，就可以藉由這樣的經驗被說出，若苦痛能被說出療癒也即將開始，唯有經歷這個過程才能夠理解並承認死亡

帶來的苦痛，於是必須選擇面對這樣的苦痛不去逃避，引導晚輩為逝者扣扣子、穿鞋、梳頭髮，傳承了古禮的孝道文化、謙卑和服事長輩之禮（活動內容：扣扣子、穿鞋、梳頭髮）。

✿ 祝福與告別

在經歷上述的過程後，要慢慢地把喪親者拉回到現實，回歸到現實的生活當中有所體認，並且帶著這樣的歷程能夠對未來的生活持續的發酵，用已經與以往不同的心境來面對以後的日子，有目標的進行，不再只是認為時間可以治療一切，並回歸到正常的生活。在這個過程儀式的最後給了喪親者與逝者最後道別的機會，因此跟摯愛道別後也象徵了與逝者的關係將重新的被定位，開啟未來不同的人生，並藉由這樣的方式來透露給喪親者知道自己並非孤單一個人，家庭所有成員支持的力量相對的很重要，在這個經驗當中也能整合全家人凝聚的力量（活動內容：最後的道別）。

✿ 總體目標

透過尊體美容一連串的儀式，都是從關懷喪親者、尊重遺體的角度出發，除了讓喪親者有一個安全的管道去經歷悲傷，讓情緒有出口，也藉由對遺體尊重與呵護，讓喪親者感到安心，最後由晚輩家屬為逝者扣扣子、穿鞋、梳頭髮，傳承古禮的孝道及服事長輩之禮，並與逝者作最後的道別，接受逝者已離去的事實，陪伴喪親者渡過哀悼歷程。

（三）尊體美容的活動象徵、引導作法說明和引導語言

活動中所涉及的儀式，分別有：尊體美容開始的引導語、佛道教的乞水、基督天主教的祝禱、洗足、傳統禮俗儀式、告別與祝福等儀式。其引導作法及引導語說明於下。

表 7-2　尊體美容開始引導語

活動象徵／作法說明	開始引導語／示意圖
此過程由尊體美容師簡單的向家屬說明服務進行的方式 	現在我們準備來為我們的至親（稱謂）某某某開始淨身，請我們的家人在旁邊稍作休息，陪伴在我們至親的身邊，我們服務人員分別會為我們的至親來洗臉、洗頭髮、所有的孔洞（包含了鼻子、嘴巴、耳朵）也都會用乾淨的棉布或者棉花棒清潔乾淨，接下來會清洗身體，洗乾淨後會做全身的精油按摩，我們服務人員在做任何的動作之前，也都會跟我們的往生親人告知一聲，例如：現在幫你洗手囉、洗腳囉。家人在觀禮的過程有任何的問題都可以跟我們服務人員說，那我們淨身就開始了，謝謝。

表 7-3　乞水／乞水引導語

活動象徵／作法說明	乞水語／示意圖
傳統的乞水儀式是晚輩孝眷前往河水邊，敬獻兩個錢幣擲筊請示同意後取水並燒化褃金，向水神買水，為逝者淨身沐浴（李秀娥，2003）。現代因大樓林立，在住家附近要找到河邊實屬困難，其依循傳統儀式最大的意涵是古禮中乞水象徵清潔和文化再生意涵，故此儀式僅以象徵性的完成作法。 1. 喪親者持一柱清香與 2 枚十元硬幣，同服務人員前往附近之水源出處。 2. 取一乞水盆前往水源出處，打開水龍頭讓水持續不斷流出（象徵活水）。 3. 家屬持香向水源處拜三拜，服務人員引導喪親家屬說乞水語後再拜三拜。 4. 將 2 枚十元硬幣直接投擲水盆中（象徵買水）。 5. 水龍頭關起，取水後前往淨身處取用之。	水仙公！水仙婆，今天是我的（稱謂）某某某淨身的日子，現在我們要跟你買水，乞求你賜予我們乾淨的水，來幫我們的某某某淨身，洗去世俗的汙垢，洗去身體的病痛，讓他可以消遙自在前往西方極樂世界。 

表 7-4　祝禱／祝禱引導語

活動象徵／作法說明	祝禱語／示意圖
在此祝禱主要是祈求神的帶領，卸下身心重擔，平靜、安祥地回歸天上，安息在主的懷裡，雖說傷心不捨，卻是喜樂之事。 1. 服務人員引導喪親家屬眼睛輕輕閉上唸祝禱語（若喪親家屬自身可引導則請家屬代之）。 2. 祝禱語畢請比劃十字聖號。	主啊！謝謝您愛我的（稱謂）某某某，賜給他一生的歲月，雖然我的（稱謂）已經離開了我們，但我們永遠愛著他（她），主啊！請您繼續的引導他（她）回到天家，恩賜他在你的聖愛中，安慰他（她）悲傷的靈魂，獲得永遠的安息。並賜福我們所有的家人平安喜樂，阿門！ 

表 7-5　洗足／洗足引導語

活動象徵／作法說明	洗足引導語／示意圖
洗足禮最初的由來，與新約聖經約翰福音第十三章之記載有關。接待的主人通常會提供水讓客人洗腳，或是請僕人替客人洗腳，或是由主人親自為客人洗腳。洗腳在舊約聖經中曾被多次提到（例如：創世記 18:4; 19:2; 24:32; 43:24；撒母耳記上 25:41 等等），其中象徵了愛和赦免謙卑和服事，就現代禮為長輩洗足，除了謙卑和服事長輩外，亦有報親恩之意（引自維基百科洗足禮）。	現在要為我們最敬愛的（稱謂）某某某洗足，謝謝（稱謂）某某某的教養之恩，感謝他一生的辛勞，一路好走。 在實務上會依照輩分，引導家屬為亡者洗足、手、擦臉（通常是逝者的晚輩，則引導為逝者洗足表達謝意，孝道、教養之恩，若是逝者的兄弟姐妹，則引導為逝者洗手，象徵手足之情，若不是晚輩也不是平輩，則引導擦臉表達思念之情）。

表 7-5　洗足／洗足引導語（續）

活動象徵／作法說明	洗足引導語／示意圖
1. 服務人員引導喪親家屬為逝者洗足（洗足引導語）。 2. 禮畢請喪親家屬回坐位，進行下一個階段的引導。	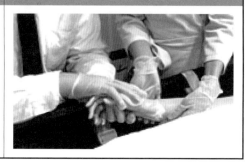

表 7-6　傳統禮俗引導語

活動象徵／作法說明	傳統禮俗引導語／示意圖
服務人員跟家屬說明，會由服務人員先把往生親人的衣服穿戴上，家屬則在旁陪伴，待衣服穿上後（最後一件衣服扣子會留給兒子扣上），會引導家中的媳婦、女兒與兒子分別來幫長輩梳頭、穿鞋與扣扣子來盡最後的孝心，與傳達感恩之情。 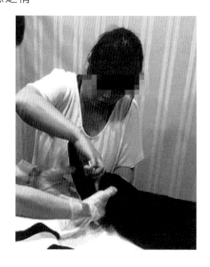	1. 服務人員請媳婦跪在地上，並拿取梳子請媳婦為亡者梳頭，並引導媳婦說：某某我是你的媳婦某某某，我現在要幫你梳頭，幫你梳整整齊齊的好去見祖先。說完引導用語請媳婦起身。 2. 服務人員請女兒跪在地上，並引導女兒為往生長輩穿上鞋子，引導女兒說：某某我是你的女兒某某，現在我要為你穿上鞋子，也請你一路好走，不要有罣礙，服務人員請女兒起身。 3. 服務人員引導兒子為往生長輩扣上衣的扣子，引導兒子說：某某我是你的兒子某某某，現在我要為你扣上扣子，讓你穿的整整齊齊、體體面面的，家裡我都會照顧，請你不要擔心，服務人員請兒子起身。 　　現代的禮體淨身過程，若亡者沒有晚輩子女則此過程就省略，若有晚輩的也可由晚輩家屬來代勞。

表 7-7　告別與祝福引導語

活動象徵／作法說明	告別與祝福引導語／示意圖
尊體美容師跟家屬說明整個淨身儀式都圓滿了，接下來我們來跟往生親人做最後的祝福與道別，我們會把時間留給我們的家人，服務人員會先迴避讓你們說說心裡的話，等你們說好了，再隨時呼喚我們服務人員，謝謝。	我們感謝我們的親人過去的陪伴與奉獻，現在他即將用嶄新的面貌去另一個世界去生活，我們要用誠摯的心祝福，祝福我們往生親人能夠一路好走，現在心裡有任何想對他說的話，都可以藉由這個機會來讓我們的往生親人知道。 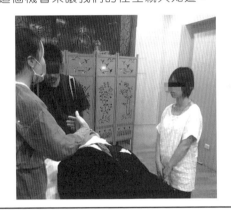

二、尊體美容的重要性

　　過去農業社會的喪禮中是由家屬來為亡者沐浴淨身，一方面可藉由親自為逝者擦拭身體的過程中，盡孝心和體認死亡的事實，另一方面則做最後的告別，並藉由水的信仰祈願死者的再生，從古代沐浴發展中可以看的出對人類非常重要，才會延續且傳承到殯葬禮俗當中（郭璋成，2015）。

　　喪葬儀式原本的禮義上，在處理死亡事件中，就是利用實際化的方式讓生者體悟失去，於是逝者的遺體就成為了讓生者表達情緒的關鍵所在，因此有助於喪親者舒解悲傷（郭璋成，2015）。可以了解到觸碰逝者遺體，是可以幫助喪親家屬體認失落事實，對於宣洩悲傷有助益。在喪葬儀式中維持死者生前的樣子，幫亡者淨身和化妝也同樣提供了撫慰

的功能，這和感官知覺有關，從美學的角度去看待，若適度的幫逝者妝扮容顏，能提供給喪親者正向的情感價值，反之則在記憶影像中停留不好的記憶(Moon, 2002)。這也說明了適度的妝扮遺體是有其必要性。

　　從遠古的人類便開始關注生與死，這也是人生最重要的兩個議題，人類自古以來仰賴種種儀式的活動來延續對生命的渴望以及對死亡的來生期待，現代人則漸轉以精神形式企圖克服死亡所帶來的恐懼，於生命信仰中因宗教開啟的文化信仰，更重要的是對自我的生命做探索，不斷地對生命進行精神面向的建構，以生死觀奠定基礎而轉化生命的形式（鄭志明，2012）。這也說明現代人類對於生與死的儀式開始注重全面性的全人觀點。

　　從尊體美容當中也看得出全球華人對遺體的關照，隨著臺灣引進日本湯灌十餘年後，也發現海外的華人地區，也慢慢的關注到禮體淨身這個區塊了。東北的于洪區殯儀館於 2015 年 4 月及同年 7 月馬來西亞的富貴集團，均引進了禮體淨身，其禮義上是為了讓逝者安詳且尊敬地在告別之際，享受一次全方位細心呵護，潔淨逝者的遺體，讓他們以聖潔的身體，尊榮莊嚴地面對另一嶄新的開始，這也是喪親家屬最後表達孝心的機會（百科網，2015；數字報紙網，2015；星洲網，2015）。從海外引進的思維上，可以說和國內大同小異，仍是建立在於一個對遺體妥當的照顧，以及孝道思親的傳達，藉此安撫喪親家屬的哀慟情緒。

　　另外從尊體美容的發展中理解到，透過對遺體適度的關懷和照顧，來安撫家屬的悲傷哀慟的概念，衍然已經在國內的喪葬文化中適切的穩定發展，不管是日本還是國內到海外的華人，對於遺體處理之禮遇方式均有其共通性，所傳達的都是對遺體所發展出的人性關懷面。而尊體美容的整個流程設計，可以說是華人國家獨有的，是依據喪禮文化所發展的特色儀式，這和西方國家的喪禮文化有很大的不同，然如何將有別於西方國家做適切的傳承，並加以發揚光大和創新改良符合現代人的需求，也顯得隔外的重要。喪親者的失落與悲傷是何其的複雜，而在整個尊體美容的儀式過程中，可以說是提供了喪親者很好的宣洩管道。

三、尊體美容師的專業性

喪親者的悲傷是多樣性的，在喪親者的情緒表達上無法有依循的標準，避免遺漏掉喪親者所透露出的任何訊息，處理上便考驗著尊體美容師的專業性，在儀式中扮演重要角色的美容師，是亡者和家屬間的重要橋樑，要成為一位合格的尊體美容師其實相當的不容易，除了基本的專業訓練外，也要有相當程度的耐心和同理心，一方面要安撫並顧及家屬的情緒感受，另一方面亦要盡心的服務亡者。避免整個儀式過程有遺漏或閃失之處，造成不可挽回的地步，其扮演著舉足輕重的角色。

倘若服務人員並未受過理論與技巧上充實的訓練，在操作和引導家屬時，則無法發揮最大的功能，再者若因引導不當而產生倫理議題，會讓喪親者受到傷害，因此服務人員在培訓上，業者需要注重相關的專業學識，而美容師本身也要多充實相關知識與技術，提升工作技能，如此才能協助喪親者探索悲傷，在療癒之路獲得更實質的協助，而陪伴喪親者的過程，尊體美容師也能因此獲得很豐富的成長。

7-4　尊體美容服務的意義

喪親是重大的事件，喪親者的情緒並非單純的只是因為喪親而悲傷，牽扯到的因素非常多，如會受到喪親者個性、環境文化與家庭關係、性別、年齡等多面向的影響，也因此對於悲傷情緒的表達方式也皆有所不同。在華人的社會當中經歷喪親的過程，喪親者不容易表達個人的情感，普遍也會用迴避的方式來因應，在華人的社會當中對於死是相當敏感的，若親朋好友家中有人辦喪事，也會盡量避免到喪家，以避免沾染晦氣而不吉利，因此容易造成喪親者情感上的壓抑，也容易呈現較悲觀的態度。

無論是忌談或是受限於文化傳統也罷，華人社會中也許期望透過忌談論死亡來完成社會關係的轉換，卻也教導人民用一種逃避和懼怕來因

應對死亡的態度，對於文化禁忌的遵循往往造成的是對哀傷的衝擊，讓喪親者無法用一種很坦然的態度去面對，因此導致哀傷歷程的困難。希望藉由尊體美容的服務過程，喪親者願意用嘗試的心態經由儀式活動轉化心境，撫慰悲傷，並透過幫遺體做淨身美容的整個過程，讓死亡變得有尊嚴，以下便是說明尊體美容所創造出的意義。

一、創造喪親者與逝者連結的機會

在世界各國的文化當中許多哀悼的歷程都很相像，幾乎所有的文化都相信人往生之後仍然會繼續用不同的形式存在著，只是差別在於喪親者對於悲傷情緒的表達方面。在臺灣的文化哀傷模式中，與逝者連結是個很重要的主題，這當中包括與逝者的溝通形式以及日常生活的支持等等，因此連結是療癒的過程也是內心轉化的過程，藉此來調整與逝者之間的關係也才能撫慰悲傷，是一個很重要的步驟（李開敏，2011）。連結代表著生者與逝者間的心理界線，藉有形的象徵物件來達成連結以彌補生者心靈、精神上的空缺，讓哀悼歷程中處在有正向且動力的回應。

對於生者與逝者而言是一種轉化精神亦是與關係的延續，藉由與死者的連結關係來渡過哀悼歷程，進而平復死亡所帶來的痛苦，此連結關係亦藉由尊體美容服務的儀式活動，所產生的與逝者再連結的療癒力量，在西方國家認為生者若能夠和逝者有持續性的連結，將會對生者有很大的療癒力量(Rosal, 2001)。於是在尊體美容服務的過程提供了彼此的對話機會，讓悲傷療癒與靈性成長交會，得以協助喪親者在傷慟中悲傷的轉化。

因此對喪親而言其連結意義能夠幫助緬懷逝者，不要去阻止生者對逝者的懷念，透過一次一次的檢視悲傷與回憶才能療癒生者，從中去重新經驗和賦予經驗意義使得能朝著未來的生活努力。逝者在喪親者心中轉以虛擬的方式存在，讓逝者繼續以靈的存在方式並持續的與生者互動連結，因此在心裡的認同中也有助於悲傷復原。

　　換言之，在喪親者與逝者的連結經驗中，似乎無法用科學的方式來佐證，大部分的經驗是來自於宗教信仰或者是自我感受的描述，談起這樣的經驗則讓大多的喪親者感到安慰與期待，從中去建構和組成與逝者間的關係連結。

二、尊體美容服務有助於情感催化與轉化

　　在臺灣的文化下認為面對悲傷應該是要壓抑的，因而我們在處理悲傷時通常把悲傷的任務交給了時間，靜靜的等待時間能夠沖淡傷痛的感覺，然而這樣的迷思反而阻礙了我們去面對悲傷失落，只是一昧的消極逃避，在情感上尚未準備親人的離去便急於逃避面對失落的悲傷，於是在情感上仍然無法有完整的結束，遺憾與後悔很容易因而產生。

　　死亡所造成的情緒傷痛和因應策略亦受到文化影響，男女在詮釋悲傷也有不同的抒發方式，女性能自在的不加掩飾的抒發情緒，而男性在傳統的束縛下，被教育就是要與眼淚隔絕，否則象徵軟弱的眼淚便無法成為一個保護家庭的強者，如此不僅無法做正常的情緒抒解，也間接的剝奪自我求助的能力。壓力甚大的現代人很難從傷痛中自發性去發掘意義，因此如何去引導、藉由什麼去引導，成為了開啟悲傷療癒的大門鑰匙，而尊體美容服務儀式則提供了這樣的管道。

三、儀式經驗強化失落真實與傳達敬孝之禮

　　喪葬儀式是一種社會儀式連結著生者與逝者，並用社會化的儀式公開行為來宣告關係的終止，除此之外生者也得以透過喪葬儀式來哀悼、傳達思念之情，喪葬儀式的禮義更多是對喪親者的悲傷支持和緬懷逝者的一種管道，對喪親者也有悲傷療癒的重要功能。在西方國家中會尋求正當管道協助情感抒發，然而在華人社會當中則多數會依循傳統、遵行禮俗，較少去談及內心感受，因此喪葬儀式除了可以增加失落實質的感受外，也能讓容易壓抑的華人有正當的理由去表達自己的悲傷，而儀式也會受到大環境、社會的變遷去做調整，並非一成不變，但無論如何的

調整和改變，最重要的是協助喪親者經驗並且理解，要能自主性發自內心感受而帶來意義建構，才是儀式最終的目的，儀式能協助喪親者去接納死亡的事實，支持喪親者的悲傷有被看見和理解的機會（鐘美芳，2002）。

從上述說明，可了解儀式對於喪親者在面對喪親之痛時有重要的影響，透過儀式的參與，能夠增加對死亡的體認也能回歸傳統盡孝本質，反思理解喪親家屬之所以願意花費一筆為數不小的金額來為逝者淨身，乃是期望能在最後一刻能讓逝者有尊嚴和潔淨的離去，亦能在全程的目睹下進行此莊嚴的儀式，因此我們不能讓喪親者只是在一旁當一位觀禮者，而是必須讓喪親者成為整個儀式中實際的參與者（尉遲淦，2003）。換句話說，讓喪親者參與儀式的進行，不僅藉由參與傳達敬愛之情緬懷逝者，也能從中了解整個禮體淨身儀式如何進行，另一層面也能從尊體美容服務的歷程中，來表達對逝者的思念和追尋對自己有意義的事進而化解心裡的擔憂與不安，見證和參與逝者尊榮的走完最後人生道路，對於回歸正常生活也有實質的幫助。

學習小故事 1

　　小美是一位單親家庭，從小就和媽媽相依為命，一日媽媽因為外出買菜，在返家途中不幸的出了車禍身亡，小美盡心盡力的圓滿媽媽的後事，當殯葬業者跟她介紹了尊體美容之後她猶豫了，她仍然心理有許多的不安，她想讓媽媽走的漂亮、走的有尊嚴，也想陪伴在媽媽身邊，可是她卻不知道要不要做這樣的服務，而這樣的服務是有意義的嗎？於是小美告訴殯葬業者，希望能聽專業的尊體美容師建議，這時殯葬業者求助於你，你該如何介紹尊體美容服務呢？

學習小故事 2

　　阿凱是家中的長子，平時也跟父親感情非常的好，因為父親的去世讓他很傷心，可是他是家中的長子，卻不能表現的太過於難過，他只能努力的去圓滿父親的身後事，希望能好好送父親最後一程，在告別式的前一天阿凱來到父親的身邊參與了尊體美容服務，在見到父親的遺體之後，這時阿凱再也按耐不住悲傷的情緒痛哭了起來，這時的你會如何進行下一步呢？

一、是非題

1. 尊體美容服務是日本「湯灌」，結合了國內傳統喪葬儀式中的「沐浴」文化和創新演變而來的。

2. 對於死亡一部分的原因是來自於文化的禁忌，以至於喪親者無法用一種很坦然的態度去面對死亡。

3. 傳統沐浴文化中，因對遺體有高度的關心，故考慮死後的處理方法就變的很重要。

4. 為亡者沐浴淨身的過程中，並無男女之別，只要是有心都可藉由親自為逝者擦拭身體的過程中來傳達心意。

5. 古時人們開始對沐浴有了深層的理解，因此對於沐浴僅把它單純地看做潔淨身體的需要。

6. 對喪親者而言，為避免過度悲傷，需勸阻生者對逝者的懷念。

7. 在喪葬儀式中，藉由探視遺體或為逝者整理遺容，將有助於生者接受失落的真實感和宣洩悲傷。

8. 古時的禮俗當中，是由家中長輩家屬為死者扣扣子、穿鞋、梳頭髮。

9. 從美學的角度去看待，若適度的幫逝者妝扮容顏，能提供給喪親者正向的情感價值，反之則在記憶影像中停留不好的記憶。

10. 古人相信為死者沐浴，注入生殖的力量，可以讓生命之水通過死者的身體，如此一來便可以讓死者再生。

二、問題討論

1. 請問尊體美容的重要性為何？

解答 ···

一、是非題

1.(○) 2.(○) 3.(○) 4.(✗) 5.(✗) 6.(✗) 7.(○) 8.(✗) 9.(○) 10.(○)

二、問題討論

1. 請問尊體美容的重要性為何？

　　在處理死亡事件中，就是利用實際化的方式讓生者體悟失去，於是逝者的遺體就成為了讓生者表達情緒的關鍵所在，因此在尊體美容中有助於喪親者舒解悲傷，可以了解到觸碰逝者遺體，是可以幫助喪親家屬體認失落事實，對於宣洩悲傷有助益。幫亡者淨身和化妝維持死者生前的樣子，也同樣提供了撫慰的功能。過去農業社會的喪禮中是由家屬來為亡者沐浴淨身，一方可藉由親自為逝者擦拭身體的過程中，盡孝心和體認死亡的事實，另一方則做最後的告別。

中國百科網（無日期）・*遺體淨身*・取自 http://baike.baidu.com/view/8854968.htm

中華民國殯葬禮儀協會(2014)・*臺灣殯葬史*・臺北市：殯葬禮儀協會。

井上理津子(2015)・*葬送の仕事師たち*・東京：新潮社。

公益社（無日期）・取自 http://www.takamatsu-koekisha.co.jp/flow/yukan.html

方蕙玲(2001)・喪葬儀式功能初探・*東吳哲學學報，6*，183-203。

朱心怡(2011)・從父後七日看臺灣的喪葬習俗・*止善，10*，15-34。

呂繼祥(1999)・*沐浴趣話*・濟南：山東教育出版社。

李秀娥(2003)・*臺灣傳統生命禮儀*・臺中市：晨星出版社。

典禮會館（無日期）*湯灌の儀*・取自 http://www.tenreikaikan.com/yukan/

林素英(1997)・*古代生命禮儀中的生死觀－以《禮記》為主的現代詮釋*・臺北市：文津出版社。

林素英(1997)・*古代祭禮中之政教觀*・臺北市：文津出版社。

林龍吟(2011)・*從電影《父後七日》探析台灣喪禮文化之生死價值蘊涵與社會滿禮俗*・第十二屆全國語言學論文研討會。

姜義華注釋，黃俊郎校閱(2004)・*新譯禮記讀本*・臺北市：三民書局股份有限公司。

殷偉、任玫(2003)・*中國沐浴文化*・昆明市：雲南人民出版社。

馬來西亞星洲網（無日期）・*東南亞首創　遺體修復和禮體淨身告別*・取自 http://www.chinapress.com.my/?p=395325

尉遲淦(2003)・*禮儀師與生命尊重*・臺北市：五南出版社。

郭璋成(2015)・「*沐浴儀式」變遷之研究－以高屏地區為例」*（未出版碩士論文）・嘉義市：南華大學生死學研究所。

萬安生命科技股份有限公司(2012)・*過去現在未來台灣殯葬產業的沿革與展望*・臺北市：威仕曼文化。

熊田紺也(2006)・*死体とご遺体-夫婦湯灌師と 4000 体の出会い*・東京：平凡社。

維基百科（無日期）・*洗足禮*・取自 https://zh.wikipedia.org/wiki/%E6%B4%97%E8%85%B3%E7%A6%AE

鄭志明(2012)・*當代殯葬學綜論*・臺北市：文津出版社。

薛惠娟(2014)・「*遺體 SPA*」*對喪親家屬的意義及其影響之研究*（未出版碩士論文）・嘉義市：南華大學生死學系。

中村文哉(2005)・*沖縄社会の二つの葬祭儀礼沖縄のハンセン病問題と「特殊葬法」*（未出版碩士論文）・山口市：山口県立大学社会福祉学部。

永山彩花(2015)・*納棺、湯灌における死別ケアの探索的研究- 湯灌士への質的調査から*（未出版碩士論文）・西宮市：關西學院大學院人間福祉研究科。

中國數字報紙（無日期）・取自 http://epaper.syd.com.cn/sywb/html/2015-04/01/content_1063653.htm

鐘美芳(2002)・台灣道教喪葬文化儀式與悲傷治療之探討・*台灣心理諮商季刊*，*1*(2)，10-21。

De Bonneville (2003)・*原始聲色：沐浴的歷史*（郭昌京譯）・天津市：百花文藝。

Worden, J. W (2011)・*悲傷輔導與悲傷治療*（李開敏、林方皓、張玉仕、葛書倫譯）・臺北市：心理。（原著出版於 2009）

Moon, C. (2002). *Studio Art Therapy*. Jessica Kingsley Publisher London and Philadelphia.

Worden, J. W. (2009). *Grief Counseling and Grief Therapy*. NY: Springer.

 **MEMO**

CHAPTER

08

編著者　王博賢

宗教輔導的服務

學習目標

1. 了解宗教關懷在生命關懷事業中扮演的重要角色。
2. 認識宗教輔導服務的意義。
3. 了解如何輔助神職人員進行宗教輔導，或是以一個
   助人者的角色協助案家。
4. 了解臺灣目前宗教團體的宗教輔導服務現況。

前　言

　　過去殯葬產業素質參差不齊，禮儀師大多出身學徒或半路出家，社會形象不佳，進而被民眾漠視，對他們敬而遠之，惡性循環下導致禮儀師社會地位低下，不受大眾認同。在這樣的處境中要談禮儀師的傳承、專業形象與服務品質就有如緣木求魚，更遑論提供優質的社會服務。

　　生命關懷事業或可稱為是最需要有服務精神的服務業，甚至我們可以大膽的說是一個助人的工作。往前可以做到讓逝者在離開前的安心，往後遠到喪葬禮儀後對家人朋友的安慰，都是生命關懷事業的面向。然而，在這中間的時段，大部分的案家是在倉促中辦理他們很少、甚至從沒處理過的喪葬事宜，悲傷、痛苦、徬徨等等負面的情緒與之交織。禮儀師就需要提供案家臨終諮詢、統籌治喪期間葬儀、禮儀、以及告別式前後的整體規劃設計布置，我們可說，禮儀師在臺灣的宗教文化情境中，是案家第一個面對到的宗教專家。

　　不同宗教帶來不一樣的生命觀，也會引導出不一樣的告別儀式，帶領不同信仰的案家走出悲傷的路徑，因此禮儀師須具備專業的殯葬禮俗知識及文化素養，才能提供專業服務及諮詢。若案家有其信仰與服務他們的神職人員，我們更應提供他們最好的協助，一起幫助案家跨越悲傷。

　　在閱讀本章後，我們可以了解宗教在人的生命中扮演的角色，反思一個禮儀師應該提供怎麼樣的宗教輔導服務，以及我們該怎麼做一個好的助人者。讓禮儀師的職業角色自我定位不再是一個「商人」、「業務」，更應該有助人者的面向，提供優質的社會服務。

8-1 為何要有「宗教」輔導？

　　「輔導」與「宗教」到底有什麼相關呢？「輔導」(Guidance)是藉著引導來協助受輔者。但這當中「引導」應該是中立的，不是單方面的將自己的想法、價值觀和人生經驗直接或間接的強塞給受助者，或代替受助者解決問題，而是要協助受助者了解自己目前的處境及問題，協助其找出適當的解決方法，領導不同的個人、家庭及團體達至身、心、靈健康(Wellness)的狀態。

　　縱使宗教的定義是歷史中難解的問題，但我們或多或少都能同意宗教在實踐上是一種價值系統，以熱情和堅定地信念而堅持信仰的原則或理論體系，展現出一個個體的終極關懷。因此，這個矛盾的組合就成為了助人工作中有趣的一個分支，宗教輔導以某一種個人乃至共同信仰者的終極關懷下的價值觀、生命觀，帶給當事人解決問題，邁向整全生活與生命的助人歷程。

　　在本節中，我們來認識宗教是什麼，生命觀又是什麼，而臺灣社會中不同的宗教如何影響著臺灣人的生命觀。生命關懷事業從業者為什麼也要了解人民在不同宗教中的生命觀呢？

一、宗教是什麼？

宗教是什麼或許是一個千古難題，從古自今「宗教」(Religion)一詞就有著各種各樣的定義，試圖在很多極端的解釋和無意義的表述中找到平衡。人類學家與西方神學家提供了我們一些窺探宗教的角度：人類學家泰勒(Edward Burnett Tylor, 1832~1917)認為宗教是對靈性存在的信仰；人類學家弗雷澤(James George Frazer, 1854~1941)則指出，人對能夠指導和控制自然與人生進程的超人力量的迎合、討好和信奉。

奧托(Rudolf Otto, 1869~1937)這位兼具神學家與比較宗教學家的學者，提出了「努祕」(Numinous)一詞，那是把神聖中的「道德」和「理性」除去後留下的純粹。因此，宗教是對那種超自然的神聖體驗，表現出人對神聖既敬畏而嚮往的感情交織；

現代神學與詮釋之父士來馬赫(Friedrich Daniel Ernst Schleiermacher, 1768~1834)認為宗教的本質為「敬虔」，這就是宗教「感覺」，帶有一種覺醒的「自我意識」，是人對神的絕對依賴感；而被譽為 20 世紀最有影響力的神學家之一的基督教存在主義神學家保羅‧田立克(Paul Johannes Tillich, 1886~1965)著名的論述之一就是：宗教是一種「終極關懷」(Ultimate Concern)。

從這些定義中我們可以隱隱約約的描繪出一個關於「宗教」的圖像，它好像是人類心靈與真實界(the Real)之間一種複雜的辯證關係，不停想要論述個人如何聯繫於大世界中的某些超越的存在。因此，在每個

世代中不斷有學者提出一些想法，來否定原本的定義，這樣討論的過程為人類生命意義的想像開拓了一個新的向度。的確，人類在生物分類學(Biotaxonomy)上稱為「智人(Homo Sapiens)」，意為「有智慧的人」，也是唯一有宗教性的動物，透過這種人類行為的複雜形式，藉此使個人（或團體）能在理智和情緒上有所準備，以應付人類生存中那可怕而無法以智慧掌控的事。例如：世界由哪裡來？人死後往哪裡去？苦難又由何而來？

二、生命觀：我們怎麼看生死？

什麼是生命的起源？這個問題同樣是個大哉問！人們看到腐屍、糞便中生了蛆蟲，直觀的以為生物是直接由無生命物質產生出來，被稱為「自生論」，當然這樣的想法已經被拋棄。後續用更大的視角來看「生命」的起源，發現它是一個自我延續與傳承的問題，人生人，狗生狗，霉菌生霉菌，而生源說(Biogenesis)也就是這樣的觀察下的某種想像：所

有「生命」存在都是從生命的泉源傳承下來(Omne Vivum ex Vivo)。因此生命的傳承不單純只是「遺傳」的不斷複製而已，也是「成為」生命的複雜過程和滋養生育的互動。例如土壤本身是一個物質，並沒有生命，仍然需要種子才能開花結果，但它卻也是孕育生命的必須。

但是，這樣的學說也沒有解答出最早的生命是如何誕生的問題。當然後續有著地球生命論(Oparin)、宇宙胚胎種源論(Panspermia)及化學進化論(Chemical Evolution)想要嘗試了解生命如何「開始」。不過，追求生命如何開始的問題是一個漫漫長路，隨著生物科技的突飛猛進，尤其因現代醫療對人生、老、病、死之干預與操縱，造成各種困惑人心的問

題，現代的科技無法為正在面對生命困境當下的「智人」提供問題的答案，生命觀與倫理的論述更成為當代極重要的論題。

包括近年來臺灣十二年國民基本教育課程中，「生命教育」就是核心素養重要的議題之一，其中重要概念提及：「生命教育為探索生命的根本課題，包括人生目的與意義的探尋、美好價值的思辨與追求、自我的認識與提升、靈性的覺察與人格的統整」。希望

在教育中帶領學生對生命終極意義進行探索，對各種不同的價值進行思辨，並轉化為實踐的動力（孫效智，2014）。但追根究底，生命倫理牽涉的最核心課題，仍是千古以來倫理學以及哲學的根本議題，即人是誰？人有何生命特質、價值與意義？人的終極關懷為何？

這裡的「終極關懷」被進一步的解釋：「終極關懷乃是整合生死、人生哲學與宗教的重要課題，讓學生能夠分辨快樂、幸福、道德與至善之間的關係，掌握人生的意義，建立生命的終極信念。」因此，讓人能夠有培養終極關懷素養之機會，首先就必須要先開放心胸，更廣泛地去接納所有可以學習與思考人生的「死」與「生」的議題（孫效智，2014）。然而臺灣人很忌諱談死亡，言談中甚至也盡量避開發音跟「死」相關的字，如醫院、旅館中沒有「四」樓。人之所以懼怕死亡，是不是因為我們對死亡無知？我們規避死亡的話題，是不是因為我們不了解死亡？孔老夫子「未知生，焉知死」《論語·先進》，或許更可以改寫成「未知死，焉知生」。

德國存在主義哲學家海德格(Martin Heidegger)曾說：「人是向死的存在(Being Towards Death)」，這是無法去改變與控制的，「死亡」既無法逃避，只能以正向、積極的態度去了解。生與死牽涉到「人」最核心的課題，是千古以來倫理學以及哲學的根本議題，它除了是一種對有限生命的哀慟，也成為了帶領我們思考終極關懷的嚮導。

三、各宗教帶來的生命觀

臺灣儘管幾十年來的「世俗化(Secularization)」發展，當今仍有高達約 80%的民眾有宗教信仰（蔡彥仁，2010），「宗教」也就在這條路上扮演了重要的角色。不同宗教依著他們的教義，給予信徒對生死有著不同的答案。本處就臺灣常見之宗教，羅列他們的生死觀。

（一）基督宗教的生死觀

基督宗教（Christianity，這邊含括基督新教、天主教與東方正教）認為人和宇宙萬物都是神所創造的，人是神按照自己的形象所造，只有人可以和神交通。基督宗教經典《聖經》中就論到死亡不單是指肉身的死亡，而是更深層論及人因罪的緣故離開了神，形成靈性的死亡。換句話說，死亡是犯罪的代價，然而基督的死亡和復活，把人從死亡中解救出來，把人帶到賜人生命的天父懷中。因此，對基督徒而言，死亡並不是結束，因為上帝會為他們預備地方，好等待復活的時刻來臨（陳南州，2007；艾立勤，2007）。

（二）佛、道教的生死觀

佛教建立在「緣起說」上面，因眾生生命流轉而衍生出「十二因緣」、「六道輪迴」。佛教稱死亡為往生，表示原來生命型態的幻滅，生與死（誕生與死亡）不過是時間軸上的兩個對我們意義較大的點。重點就不放在生死的變遷當中，而是放在生死

之所以存在的根由，並藉由此一根由的破除，人們只要能夠看破無明的本質，以解消對於生死輪迴自性的執著，安住於生死輪迴的空性之中的超越方式，証入永恆的解脫（釋明光，2007）。

　　道教思想中認為道是宇宙本體，有三魂七魄，生前魂魄集於一生和諧並存時，則人身體健康；相反的，魂魄離散無法聚合時，久之人必喪命，各自離散。道教仙法強調養生成仙，透過遵經守戒與神形修煉來累積功德，以超越有形的肉體限制為目標，來完成羽化成仙的最終境界。道教也主張人能魂遊於死後世界，亦相信道術能招神、趕鬼。凡此種種，都使道教給死亡蒙上一層神祕的色彩（尉遲淦，1998）。

（三）臺灣民間宗教的生死觀

　　臺灣漢人的民間宗教（或稱為民間信仰）是個相當龐雜的信仰體系，受到中國儒、釋、道三教的影響，又與此三教有相當程度的不同。臺灣民間宗教的神明及教義許多取自於制度化宗教，信仰與儀式亦混合在民間制度與風俗習慣之中，成為一種沒有明確且具體的教義與經典，也沒有一套完整且嚴謹的崇拜儀式，更沒有傳揚教義的專職神職人員的普化宗教(Diffused Religion)。

　　在民間習俗中也是融合了三教的思想，儒教中認為人活在世上，除了有機體的生命外，更有「價值生命」必須完成，君君，臣臣，父父，子子倫理中的責任，人因著道德責任的完成便實現了生命的價值和意義（李瑞

全，1998）。又如佛教認為死亡不足懼，死可以是輪迴的開始，也可以是解脫的來臨。佛教這種輪迴觀影響著台灣民間宗教的思想。而道教與佛教在治喪、送喪的觀念習俗上，有相似之處，道教則講求「薦亡」，早日練成「真形」，因此道教特別強調「薦亡」儀式，希望藉著誦經超度亡者，免於沉淪地獄之中。而道教至今仍是構成民俗的最大部分，尤其在臺灣民間更是如此（王鎮輝，2000；尉遲淦，1998）。儒、釋、道三教對於臺灣民間宗教的影響，使臺灣人的生命觀融合了各種兼容並蓄而豐富的價值。

綜觀剛剛所提不同的宗教，皆帶出了不一樣的生命觀：儒家追求活得有尊嚴和不枉此生；道家探索如何活得逍遙灑脫；佛教尋求徹底解脫、放下愚妄執著，活得自由自在；基督教以神為本，不需要人付上任何代價，只要相信耶穌，因信稱義即得著新的生命。而不同的宗教對死亡有不同的生死觀，也導引不同宗教宗教徒的思考模式與他們的終極關懷，這些哲理在人類精神文明發展上都有著深遠的貢獻。

在本節中，我們認識到宗教的定義縱使難解，但不同的宗教為人類建構出的終極關懷，帶領了宗教徒以不同的方式認識生命並認識死亡，更引導出那極其豐富而莊嚴的喪葬禮俗。做為一個生命關懷事業的從業人員，富有多元的宗教涵養，能以案家的世界觀提供專業的服務與建議應為重要的內在基因。

8-2　陪伴悲傷的路程：宗教輔導的意義

人的一生中一定會遭遇挫折打擊，失落、悲傷、憂鬱、沮喪，更遑論是生離死別，這些不幸的遭遇都會引起正常情緒反應。「節哀順變」、「忘掉悲傷的過去，趕快走出來」這樣的安慰其實一點也不符合人性，甚至有些殘忍。我們能做的只有「悲傷關懷與悲傷陪伴」，陪伴當事人走過悲傷的心理轉變，或完成宗教喪禮的進行，並藉著儀式療癒悲傷。

一、遇見悲傷的反應

我們每一個人，在一生中都會遭受許多無法避免的失落，失去家人、失去朋友、失去健康，甚至失去未來的美夢等，都會帶給你或週遭的人傷感哀慟。Freeman (2001)指出，當一個人經驗到危機或是重大的失落事件時，這個人就會開始質問自己以及自己的世界觀，例如：許多人就會質問「*為什麼是我？為什麼這件事會發生在我身上？*」事實上這樣的質問就是來自靈性層面的質問，亦即靈性的層面開始尋找痛苦或是受苦的意義，而經由這種找尋意義的過程，人們可以和外在世界的經驗整合，找到生命的價值。而協助哀慟者渡過悲傷期，增進重新開始正常生活的能力，是悲傷輔導的重要任務。

悲傷是個複雜的心理轉變過程，Worden (1991)就指出悲傷是由情感(Feeling)、生理感覺(Physical Sensations)、認知(Cognitions)以及行為(Behavior)等四個面向所綜合出的複雜反應：情感、生理、認知、個體的行為。

在情感上我們或許會悲哀、憤怒、愧疚與自責、焦慮、孤獨感、疲倦、無助感、驚嚇、思念、解脫、輕鬆、麻木等感覺。在生理上，我們或許會覺得胃部空虛、胸部緊迫、喉嚨發緊、對聲音敏感、一種人格解組的感覺（覺得周遭人物都不真實，包括自己）、呼吸急促、有窒息感、肌肉軟弱無力、缺乏精力、口乾。在認知上，我們可能會不相信、充滿困惑、沉迷於對逝者的思念、感到逝者仍然存在、幻覺。在個體的行為上，可能會失眠、食慾障礙、心不在焉、社會退縮行為、夢見亡者、避免任何會憶及逝者的事物、嘆息、坐立不安、過動、哭泣、舊地重遊及隨身攜帶遺物、珍藏遺物等。這都是一些讓人難受的感受與過程。

學習小故事

　　一個週末，一群唱合唱的大男孩為了隔天的演出到學校練習，一樣笑鬧，也一樣認真。隔天一早演出時，一個男孩發現身旁的伙伴沒有出現，或許他甚至沒有特別注意到他的缺席。總之，演出順利結束。

　　中午，所有的男孩們被學長聚集起來，團長輕輕的說道：他走了。男孩們一下還不敢相信，但，他真的走了，就在那天清早。那群男孩不知道怎麼表達悲傷，彷彿是壓在胸口的巨石，一直無法挪開。直到今日，每在初春的雨天，彷彿還有一層迷霧，在帶著遺憾的男孩心上。

　　那年，最後他們選擇繼續唱歌。在告別禮拜時，唱出《古愛爾蘭祈禱文》(Old Irish Blessing)：

直到我們再相會之前，
願神用祂的掌心護祐你。
願主祝福保護你，
並賜你平安。

二、庫伯勒－羅絲的悲傷五階段

　　當然我們不能忘記美國精神科醫師庫伯勒－羅絲所建立的模型 (Kübler-Ross Model)，他將悲傷區分成五個階段：

1. **否認／隔離**(Denial & Isolation)

通常接受到悲傷、災難性事件的資訊時，當事者會先否認事情的發生，把自己隔離起來。這其實是一種防衛機制，當事者寧願選擇性地把這些事實藏起來，也不要面對殘酷的事實。

2. **憤怒**(Anger)

當當事者無法再欺騙自己，從「否認」走出來時，痛苦所造成的衝擊太大，所以會將內心的挫折投射到他人身上，有時也會投射到自己。接著當事者可能會開始怨天尤人，怪天怪地怪別人，甚至對自己生氣。

3. **討價還價**(Bargaining)

當「憤怒」過後，當事者的想法可能有些改變，努力讓結果不那麼壞，有時也會跟上天祈求（討價還價），讓壞結果不要那麼快到來。

4. **沮喪**(Depression)

在這個階段當事者體會到失去的事實，了解到「討價還價」也沒有用了，所以痛苦再次地來襲，而且這次是扎扎實實地打在心上，沒有理由可以逃避了。這時的當事者變得脆弱、消極，所以要非常小心，很多人可能因為走不出，而選擇結束生命。

5. **接受**(Acceptance)

這個階段的當事者變得冷靜、走出「沮喪」，體悟人生無常，並不需要一直把自己困在悲傷。有時一個念頭的轉換、一個想法的改變都是「接受」的關鍵。當事者重建生活，準備開啟一段新的人生旅程。

令人遺憾的是，悲傷的旅程不一定每個當事者都能走完，悲傷的五個階段是因人而異的，有些人可能只經歷了其中幾個階段，也有「鐘擺現象」，即心理狀態如同「鐘擺」般兩邊擺盪，例如：希望疾病痊癒又希望減輕痛苦、希望延長生命又希望善終等，常在矛盾、變動之中。悲傷的歷程不一定是線狀的發展，而是有機的、動態的。

作為禮儀師，我們最直接的面對案家，或許我們不是專業的輔導人員，但我們依然不知不覺的在進行悲傷輔導的工作，幫助當事人檢視目前的狀態，協助當事者接受失落的事實，經驗悲傷的痛苦，能尋找因應的方法，適應逝者不存在的新環境，更快走出悲傷，重新建立新關係、發展新生活(Worden, 2004)。

三、宗教輔導－從生到死的過度

我們或許可以將人的一生以「生、老、病、死」這四個字詮釋這段過程，在這更迭的過程中我們可以學習到什麼呢？新生命的喜悅？年老的無助？生病的折磨？還是面對死亡的恐懼？在古希臘神話中冥界擺渡者卡戎(Charon, Χάρων)是冥王黑帝斯(Hades, Ἅδης)的船夫，負責划船將剛離人世的亡魂渡過冥河斯堤克斯(Styx, Στυξ)。擺渡成為一種很詩意的形容，表達了人從今生的此岸到達來生或是死亡的彼岸的過程。

死亡焦慮(Death Anxiety)是由死亡想法引起的焦慮。當一個個體想到死亡的過程，或者停止「存在」時「恐懼、憂慮或焦慮的感覺」。的確，死亡如同走向一個沒有路標的未知國度，最難以面對的就是擺渡到

彼岸後是什麼？有什麼？會怎樣？(DeSpelder & Strickland, 2015)這種對死亡的恐懼依然可以用「6W」來探討：Why，害怕死亡的原因；When，死亡何時到來？Where，我將在哪裡死亡？死後又到哪去？How，死亡時的各種情境如何？真有擺渡人嗎？真有上帝、佛祖領路嗎？What，死亡時我的身、心、靈會發生什麼變化？Who，臨終及死亡時，誰會在我身邊？他們在做些什麼？而我又是誰呢？就因為無人能預知並掌握此「6W」，才會產生「死亡恐懼與焦慮」(Farley, 2013)。

對臨終者而言這六個 W 讓人無法掌控卻又不得不面對，前方提到美國精神科醫師庫伯勒－羅絲提出的悲傷從否認／隔離、憤怒、討價還價、沮喪到接受，也是一個面對死亡的臨終者要走過的。臨終者也會面對罪惡感或孤獨感，以及這些心理反應的各種可能的背後因素。

一個人的生活中有一種強烈的宗教意識可能與對死亡的焦慮感降低有關，這支持了宗教輔導對於個體或親人而言有其重要的幫助意義。臨終者越有深度的信仰，他就會有越足夠的安全感，越虔誠，對死亡的焦慮就越少(Wen, 2010)。一旦把死亡與宗教所承諾的另一個開端聯繫起來，個體視「死亡」如同「老友」，在它面前輕鬆自在，自然地打破了「死亡恐懼」的迷思。

而臨終前、後的家屬悲傷輔導更是宗教輔導重要的另一面向。在臺灣恐懼死亡的文化下，將要面臨喪親喪友之人，在死亡禁忌的陰影下從來不願意面對死亡，更甚是逃避死亡，便更難以接受親友走過臨終的死亡事實。此時喪親者可能比臨終者更害怕死亡，產生出更多恐懼臨終與恐懼死亡的焦慮，甚至造成存在危機的自我失落感。正如本節前方提到的悲傷旅程，家屬陷於悲傷，無法表達對臨終者至誠的最終關懷，也難以使自己從死亡的悲傷情緒中解放出來。

　　許多研究都讓我們看見，宗教對喪親者的悲傷撫慰是配合宗教禮儀來進行，甚至幫助家屬把想說的話表達出來，若難以用言語傳達，家屬彼此用擁抱及使用肢體語言，也能使案家釋放一部分傷痛。協助喪親者能適度地將悲傷宣洩出來，幫助案家走出傷痛，安定其心靈，漸漸使其接受臨終者之死。進而藉助信仰儀式來逐步地醫治其憂傷的心靈，走出哀慟的悲傷期。

　　悲傷的處境難以避免，悲傷是一個人對失去所經歷的情感反應，都在當中以哀悼對失去後彷彿掏空的生活不斷校正，希望能重新歸位，而這個過程會受到每個人的社會、文化和宗教的影響。不管是哪一類的宗教形態，哪一個宗教，以宗教信仰的神聖體驗，協助人們提高自我的掌握，其對死亡的悲傷撫慰功能是一致的，希望幫助個體面對死亡所產生的不確定性與恐怖感。或許宗教作為航行圖，而神職人員與禮儀師就是那擺渡人，幫助生者從哀傷的此岸擺渡到寬容的彼岸。

8-3　誰來進行宗教輔導？

　　從上一節中，我們知道宗教是影響一個人生命觀重要的價值體系，因此，帶著案家的價值體系，禮儀師或是神職人員扮演的是催化劑的角色，透過接納、同理、適當的反應，幫助當事人自己去思考，以達到最佳的生活適應。

　　有時在這樣的過程中，我們會發現當事人的問題已超過我們自己的能力和經驗，甚至在關心、引導後，仍無法協助解決問題時，我們更應主動提示當事人尋求專業助人者的幫忙。

一、神職人員的角色

神職人員(Clergy)是指在宗教機構中，雖然名稱各異但都擔任宗教性職務的人員，他們的角色和職能在不同的宗教傳統中有所不同，但多數的宗教中無論專職或是兼職都有神職人員。他們具有特殊的宗教權威或功能，能負責主持特定的宗教儀式並教授信徒宗教的教義和實踐。

神職人員是一種專業、專以幫人們提升個人的精神層面，找尋生命意義，也協助個人、家庭、團隊及社會，解決物質或精神層次的困難。並幫助宗教徒維護個人自身與團體的和諧關係，為宗教徒求得人格充分發展，維持基本尊嚴的滿足，而神職人員在宗教中的事奉更是自利利他之過程。

雖然所有的神職人員不必然是專業的諮商人員，但當社會或個人遭逢艱難困境時，神職人員卻是民眾最容易親近的人，也是民眾心頭苦水的傾聽對象。與一般諮商人員不同在於神職人員除了扮演著傾聽者與助人者角色外，更透過信仰的扶持、虔心的深入與教義的啟發扮演了信念的引導者角色。神職人員這部分的功能在現代社會日益重要，甚至大過於傳統的弘法、傳教功能。因此，神職人員除了是教義與儀式的專家外，更應該是具有宗教素養的宗教諮商師。

神職人員服飾帶來的安定感

　　因為宗派的特色，基督教的浸信會的牧師並無大眾印象中全黑的襯衫搭上白色的領卡與西裝的牧師服。但一位香港出身的浸信會教授（牧師），卻會在進出醫院探視信徒時穿上有白色領卡的牧師服。他笑說，這樣醫師、護理師一眼就會知道他是神職人員，會有很多的方便。

　　在人類文明早期，各種職業已經開始在穿著上表明他們的身分，而在宗教人物的穿著上尤為顯著。直到現在，許多宗教的神職人員依然穿著特定的服裝以表明自己的身分，例如佛教僧侶、東方的道教與神道教(しんとう Shintō)，以及多數的基督宗教神職人員。甚如美軍的隨軍牧師在佈道時也會在迷彩服外套上聖衣(Vestments)。各宗教的制服樣式多樣，甚至一些制服的布料至今依循傳統，穿著時可能不方便，也可能不舒服。

　　在社會互動情境中人與人間常透過符號進行溝通，這樣的宗教服飾讓人產生與宗教意義的直接連結，更容易讓一般民眾產生信任感與安定感，更容易進行宗教輔導。

二、禮儀師的角色

　　殯葬從業人員現在被稱為禮儀師(Funeral Director)。一般而言，從事禮儀師這項職業大多是家業傳承下來的，整個行業的經營也是以家庭傳承為主，以殯葬教育訓練機構的訓練次之（黃芝勤、徐福全，2007；鄒輝堂，2003）。其中，以男性、已婚、41 至 50 歲的閩南人居多，教育程度大都具有高中（職）的學歷，宗教信仰以佛教、一般民間信仰、道教為主（黃芝勤、徐福全，2007）。

　　「禮儀師」在臺灣來講是一個新的名詞，「規劃設計整個喪禮如何進行與負責完成的人員」。禮儀師也是傳達過去土公仔意義，反映現代人對殯葬從業人員的印象，但現在的禮儀師意義及作法必須有不同於土

公仔意義和做法（尉遲淦，2011）。最表面的，現在成為禮儀師必須要拿到國家證照，最主要的工作是幫助親屬將往生者的後事圓滿處理，讓親屬感到心安且沒有任何的遺憾。

而本章中側重的是以殯葬價值層次「緣、殮、殯、葬、續」五面向（王士峯、阮俊中，2007）中，最開始的「緣」，包括安寧照護、臨終關懷、悲傷輔導、生前契約等等活動，以及最後的「續」，喪葬結束後的後續關懷為主，期待禮儀師可以扮演助人者的角色，提供宗教輔導的服務，或是成為神職人員的協助者。

三、禮儀師作為助人工作者

廣義的助人工作者(Helpers)，泛指一切以維護、照顧或提升他人身心健康或生活福祉為目的的從業人員。當然，到了今日，更可以區分成正式與非正式的助人者，助人者被制度化與專業化，諸如心理諮商師、精神科醫師、社會工作者、神職人員就被稱為專業助人者(Professional Helpers)。然而，我們無法忽視的是禮儀師在其崗位上在將來工作中，除了協商整個喪事的辦理外，最重要的是輔導家屬的情緒，因為家中有往生者，在情緒上一定會一時無法適應，這時禮儀師就必須發揮輔導家屬心靈的精神，給予其精神上的安慰與支持，在整個喪禮的過程中，給

予其慰藉的力量也是一定程度的助人工作，或許我們可以界定他們是
「非正式助人者」。

　　那助人是什麼？為什麼人們尋求協助或為什麼被轉介來受協助呢？
助人工作者所面對的是身處問題情境、錯過機會或是未發揮潛能的案
主。而助人歷程的主要目的在於協助案主更有效的管理生活中的問題和
更完整的發展從未用過的資源及錯過的機會，並協助案主在每天的生活
中幫助自己，在正式的助人歷程結束後，繼續更有效的管理他們的生
活。

　　禮儀師是亡者親朋好友第一時間接觸的人員，並接受指導與協助，
禮儀師即具備悲傷輔導服務的助人功能（黃慧玲，2006），這種助人關係
(Helping Relationship)建立在共同解決其中一人的困擾，以期使有困擾的
個體能增進能力，克服當前面對離別的困擾，協助關係的重新建立、增
進家庭成員對問題的了解與因應（黃慧玲，2006）。助人是一種特殊的人
際過程，縱然當中因為提供服務而有商業利益的考量，但禮儀師作為一
個助人者應盡力客觀，並且以有目的、有方向的方法幫助他人。

四、認真作一個助人工作者

作為一個面對危機的當事人，助人者運用各種的助人技巧，讓當事人負起責任去面對自己和問題，希望當事人能「進入」自我了解之中，並尋求解決途徑以處理個人的困難，將他們「帶出」到外在的世界，讓他們能有較好處理問題的能力。

馬里蘭大學(The University of Maryland)教授克拉拉‧希爾(Clara E. Hill)將這樣的歷程以「探索、洞察及行動」分期，希望助人者應用助人技巧的架構來引導個案經歷這個過程，從問題探索，到對問題有較多的了解，然後能在生活中做改變(Hill & O'Brien, 2014)。

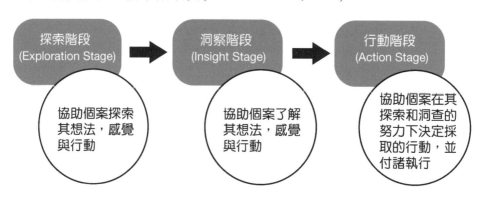

探索階段
(Exploration Stage)

洞察階段
(Insight Stage)

行動階段
(Action Stage)

協助個案探索其想法，感覺與行動

協助個案了解其想法，感覺與行動

協助個案在其探索和洞查的努力下決定採取的行動，並付諸執行

圖 8-1　助人技巧：「探索、洞察及行動」三階段

因此，助人是一種特殊的人際過程，是能夠影響一個人去進行改變的歷程。首先，助人者必須與案家建立關係，打破僵局、打開話匣子、建立信任、增進安全感；也需要用積極性傾聽、反映情緒、反映內容、摘要、引導、設身處地、回饋與分享的方式來更加認識案家；更要能掌握問題解決的方法與技巧(Problem-solving)，找出並澄清當事人的困難

（確定問題），決定解決問題的先後順序。協助案家有採取行動的勇氣，訂定解決問題的策略，甚至是作決定的策略；最後能與案家一起支持、鼓勵、肯定案家的決定。這樣的歷程需要一些有效的人際溝通技巧和發展策略來達成。

　　助人者是傾聽者、關懷者、鼓勵者、諮詢者等等的角色，助人工作更是一門學問，未來讀者若有心更進一步成為更具知能與技能的助人者，建議讀者修習相關課程，增進能力。然而，Lensing (2001)認為如能透過有經驗或受過訓練的禮儀師來提供服務，將讓家屬得以接受逝者已矣，來日可追之事實，以撫慰其哀傷心靈。因此，作為一個禮儀師者，即應具備一定程度的溝通與輔導技巧：

（一）建立關係的策略

　　建立關係是雙向的，助人者要協助對方感到自在，我們要了解當事人現在的感受是什麼，也幫助當事人了解我們的角色，協助對方願意開口去談。在當中增進對方的心理安全感，方能讓當事人表達其在擔心什麼。然而，這都必須建立在對方的信任感，我們必須時刻注意自身帶給當事人的感覺是什麼。

（二）專心投入(Attending)

　　在與對方接觸的整個過程中，我們必須是專心投入的，生理的專注上，我們必須面向來談者、挺起胸膛、保持良好的眼神接觸、身體適度傾向對方和保持輕鬆自然開放的姿勢和表情。當然，心理上也必須是專注的，積極的傾聽(Listening)除了聽其所言

（口語訊息，Verbal Message），更要觀其舉止行色（非口語訊息，Nonverbal Message），察其心情和情緒，洞悉心理期望和需要，並適當

簡短反應，並且適時的整理自己所聽到的，與對方確認，確保自己是真的了解。

（三）同理心(Empathy)感覺他人的感受

一句西諺"Put yourself in someone's shoes."字面上直譯就是「把你自己穿在別人的鞋子裡」，穿上別人的鞋子才能真正體會他人的感受，是

否合腳、舒適，穿鞋的人自己最清楚了。因此這句話背後隱含著的是「設身處地替別人想」或「考慮對方的立場」。

時刻注意我認為這個人現在的心情怎樣？我根據這個人身上的什麼線索來做此推測？同時注意自己避免判斷性或評價性的回應，例如「必須」、「應當」的說法來告訴他人應該怎麼去感受才是「對」的。也可以使用一些口語如：我知道、我了解、我懂、是的，並用：眼神接觸、保持身體的接近、身體略往前傾、點頭、臉部表情等非語言的訊息，表達你對對方的理解。如果有機會，輔導者適當的將自己類似的感受、想法、經驗和行為自我表露(Self-disclosure)說出來與當事人分享，以增加當事人對自己經驗及行為後果的了解，並能從其中得到積極啟示。

學習小故事

　　來談者（臉上有傷感眼神及落寞情緒）說：*我太胖了！這是我很少有約會的原因！*

- 助人者1回應：*看起來您真的很胖！*
- 助人者2回應：*胖與約會沒什麼關係吧？*
- 助人者3回應：*聽起來似乎您很在意您的身材？*
- 助人者4回應：聽起來似乎您很在意您的身材！而且您蠻希望能交到異性朋友？
- 助人者5回應：*您一定很難受，聽起來似乎您很在意您的身材！而且您蠻希望能交到異性朋友！但是因為您身材的因素讓您遭遇到一些挫折？*

　　表達同理心之方程式：感受＋事實＋事實＋感受。

- 感受：*您一定覺得很難過！*
- 事實：*當病人說您動作慢、拖拖拉拉的。*
- 事實：*早已超過下班時間。*
- 事實：*而且孩子還補習班等您接他。*
- 感受：*讓您覺得很不好受。*

（四）接納與尊重

　　作為一個助人者，接納是無條件地承認當事人本身的價值，不因當事人所說、所做、所想和所表現的行為與助人者的價值觀不同而拒絕、指責、批評當事人。並能在尊重的出發點下，以平等心對待當事人，這樣的尊重是接納的基礎，而接納則為了解當事人的起點。

　　「價值強加」(Value Imposition)是我們不知不覺做的事情，回想過去我們的家庭經驗還是社交場景，人們都喜歡以自己的價值觀來看待問題，父母、老師、朋友、同學、同事見到你做的事不符合他們的價值觀了，便要對你做出所謂的規勸。確實，每個人都有自己的價值觀，所以不應強勉別人，特別是在有商業利益的狀況下，更不應該利用案家的心理弱勢。

　　各宗教神職人員在社會中的地位向來受人尊敬，其帶來的安定感亦是令人信服，雖然神職人員不一定是專業的諮商輔導人員，卻常常扮演這樣的角色，帶領信眾走過生命的低谷。同樣的，今日禮儀師的專業已漸漸提升，為社會大眾所重視，在臺灣華人宗教的處境下，禮儀師常常是喪親者第一個接觸到的「助人者」，期待禮儀師可以扮演好助人者的角色，提供宗教輔導的服務，或是成為有信仰的案家，他們的神職人員在喪葬禮儀的專業協助者。

8-4　臺灣目前宗教團體的宗教輔導

　　從前述各節的內容我們可以看到，宗教輔導是助人者運用人類的宗教精神、靈性的修持，去幫助個人及團體解決問題的一種方法與技術。協助受助者釐清困難和問題，尋找解決途徑，改善生活環境，改變行為態度與動機，並促進生活能力與潛能的發揮。

協助人們與社會以及團體彼此的關係和諧解決生活問題是一種專業工作，因此，提供這樣專業服務的人不僅必須熟悉宗教的教義，更要熟悉宗教師關懷工作的理論，並有熟練臨床助人工作的技術。在國內外基督宗教的關懷師制度行之有年，而臺灣也在有志之士的努力下建立了屬於本土宗教的關懷師制度，建立有臺灣宗教本土特色的宗教輔導。

一、基督宗教醫院中的關懷師

天主教或基督教醫院中很早就有神職人員負責的關懷照顧體系，並在臺灣有關懷師(Chaplains)的訓練課程，培養神職人員與信徒（神父、修女、牧師）。在醫院中的神職人員稱為 Chaplains，他的意思其實是「隨行神職人員」：在軍中也就是我們在戰爭電影中可以看見身穿軍服，手拿聖經，對瀕死的軍人進行臨終祈禱的牧師、祭司、神父。其實，Chaplains 這種神職人員可在不同情境中出現，分布在不同的機構當中，如在臺灣基督教學校中的稱為校牧，在西方軍中的稱為軍牧，而在醫院中的就被稱為院牧。例如早年臺灣基督教宣教史中，許多的宣教師除了是醫師外也是牧師，就肩負兩種責任。在醫生身分上負責治病，在院牧的身分上關懷前來看病的患者，並引進教會的資源協助貧苦的民眾。當然隨著時代發展，醫師與牧師漸漸分工，牧師的工作就逐漸專注在關懷與協助患者上。

除了院牧外，基督宗教的醫院中還有關懷師的宗教服務，這樣的人員他們必須接受「牧會關顧臨床教育」(Clinical Pastoral Education, C.P.E.)，培養他們的宗教關懷與助人能力。臺灣的 C.P.E.訓練始於 1970 年代，由馬偕院牧部林寶祥牧師、卓邦宏牧師和彰基院牧部石賢智牧師草創，1981 年則與天主教的華明心理輔導中心邱德華神父(Fr. Edward Quinn)、李佳果神父(Fr. John Moran)共同成立「中華民國台灣牧會關顧

臨床教育協會」，2001 年更名為「台灣教牧關顧協會」，現有七個訓練中心，以及二十幾位專業督導，定期開班負責訓練、審核、口試等事宜（台灣教牧關顧協會，2004）。

關懷師在基督教醫院中是醫療團隊的一員，除了例行地到不同的病房訪視病人之外，關懷師更是創傷團隊中的必要成員，需要派人一週七天、一天二十四小時輪班。不同醫院的關懷師有各宗派的平信徒、修士、修女，當然也有擔任神職的牧師、神父，他們的共同信念就是相信有某種更高力量的存在。他們服務的對象包括各種信仰的人，幫助病人與本身的信仰連結，並且在他們有需要的時候，讓他們從中獲得所需要的精神支柱，以面對即將來臨的挑戰。

二、臺灣文化下的佛教宗教師

然而，如同前方提到，東西方信仰在看待死亡議題的角度不同，基督宗教等亞伯拉罕諸宗教主要是接受死亡，以回到唯一真神的懷抱而生死兩相安為主軸；東方社會因為受到儒、道、佛的綜合影響下，關心的是來生的期待，因此屬於臺灣人宗教文化的靈性照護應有別於傳統印象中的西方宗教。在臺大醫院安寧緩和醫療團隊的研議與發展下，1995年臺大醫院緩和醫療病房開始進行「佛法在臨終關懷的應用及本土化靈性照顧模式」探討，規劃出具有本土特色的靈性照護（陳慶餘，2012；釋宗惇、陳慶餘、釋惠敏，2007；陳慶餘、釋德嘉、釋宗惇、釋惠敏，2006）。

2000 年臺大緩和醫療病房當時獲得一如淨舍臨終關懷協會的資助，培養從事靈性照顧的「臨床佛教宗教師 (Clinical Buddhist Chaplain)」的工作。亦成立了臺灣臨床佛學研究協會，開創臨床宗教師的服務網絡。直到 2011 年在法鼓山佛教學院召開的國際佛學研究協會 (International Association of Buddhist Studies, IABS)世界大會上，提出臨床佛學在安寧緩和醫療的研究報告，確立以臨床佛教宗教師為基礎的靈

性照顧模式（陳慶餘，2015）。隨著以佛教思想為主的本土化靈性照護制度的形成，不僅成為臺灣特色，更影響如日本等等的亞洲鄰國。

　　臨床佛學結合了醫療生命觀與佛教生死觀，致力推動安寧緩和醫療及生命教育，借重佛教思想的智慧，協助佛教信仰者臨終時面對死亡課題，找到面對身心痛苦的最佳解決策略。

　　不管是佛教、基督教、天主教、道教或是民間信仰，宗教團體都深入社區鄰里，成為臺灣社會心理的安定機制。而醫院作為基督宗教佈教的重要場域，長期在當中推動宗教輔導與靈性關懷的工作。雖然佛教起步較晚，但在有志之士的推動下，佛教宗教師秉持宗教信念與熱誠助人的宗教情懷，開啟了屬於本土宗教的臨床關懷工作。如同前述所提到，生命關懷事業從業者常常作為第一線面對喪親者的助人者，期許未來能在某些層面與關懷師成為一同協助喪親者走過傷痛的團隊。

課後
練習 ....

一、是非題

1. 宗教輔導是用助人者自身的經驗跟想法幫案主解決問題。

2. 宗教幫助人在理智和情緒上有所準備，以應付人類生存中那可怕而無法以智慧掌控的事。

3. 宗教帶來的生死觀是帶領個體思考終極關懷的嚮導。

4. 庫伯勒－羅絲的悲傷五個階段(Kübler-Ross model)是一條直線進行的過程。

5. 臨終者與家屬、朋友同樣會經歷面對死亡的焦慮。

6. 禮儀師或是神職人員在宗教輔導中扮演的是催化劑的角色，幫助當事人自己去思考生命的問題。

7. 禮儀師不是一個助人者，而單純是殯葬服務提供者。

8. 我在提供殯葬意見時應以自己最方便的原則進行交涉。

9. 案家在治喪期間心理狀態困難，我們應該處處為對方做決定。

10.臺灣的關懷師制度只存在於基督宗教的醫院當中。

二、問題討論

1. 你覺得生命關懷事業為什麼要提供宗教輔導的服務？

2. 當一個案家跟你表達他的哀傷，他無法做出決定時你會怎麼做？

解答 ．．．

一、是非題

1.(✕)　2.(○)　3.(○)　4.(✕)　5.(○)　6.(○)　7.(✕)　8.(✕)　9.(✕)　10.(✕)

二、問題討論

1. 你覺得生命關懷事業為什麼要提供宗教輔導的服務？

　　宗教是人類文明與文化的結晶，整理了先人對於生命、苦難等等無法掌握之事的想像。需要生命關懷事業提供服務的案家此時哀痛的身心是最需要輔導與撫慰。若能藉由其所屬宗教信仰的協助，是能提供案家最需要的各種身心靈的關懷，引導案家將悲傷情緒適度的表達出來，對日後的生活調適以及喪葬禮儀的進行有所幫助。

2. 當一個案家跟你表達他的哀傷，他無法做出決定時你會怎麼做？

　　禮儀師雖並非狹義的專業助人者，但在執業過程中必定會有助人行為，因此，也必須了解如何助人。助人者應以當事人為中心，不批評對方的哀傷情緒，要求案家改變心態，也不妄自給予建議，不是決定、教訓案家的感受與價值。在過程中對案家採取傾聽、肯定、同理、激勵等等不同助人技巧，與案家建立關係，進而協助案家了解自己的感受、想法，接納自己的哀痛，協助對方漸漸走過傷痛，最後自然而然形成自己力量，而有所行動面對問題。

王士峯、阮俊中(2007)・*殯葬管理學*・新北市：空大。

王振寰、瞿海源(2002)・*社會學與台灣社會*（增訂三刷）・臺北市：巨流圖書公司。

王鎮輝(2000)・*人生的最後一堂課*・臺北市：亞細亞出版有限公司

艾立勤(2007)・天主教基本生命倫理觀・*心鏡宗教季刊*，13，27-32。

李瑞全(1998)・儒家之臨終安寧療護之取向・*應用倫理研究通訊*，8，58-60。

林清泉(2004)・*喪葬禮俗的傳統與演變：以宜蘭地區漢人為例*（未發表的碩士論文）・宜蘭市：佛光大學生命學研究所。

姜寶河(2001)・*當代台灣殯葬儀式擬態變遷研究*（未發表的碩士論文）・臺北市：世新大學社會發展研究所。

孫效智(2014)・*生命教育融入十二年國民基本教育課程之研究─期末報告*（編號：102-8-1）・臺北市：國立臺灣大學生命教育研發育成中心。

尉遲淦(1998)・道家觀點看臨終關懷的問題・*應用倫理研究通訊*，8，55-57。

張建智(2001)・*四個撿骨師生命經驗之研究*（未發表的碩士論文）・嘉義市：南華大學生死學研究所。

莊宏誼(2007)・道教的生命觀・*心鏡宗教季刊*，13，20-23。

陳明莉(2002)・*鹿港喪葬禮俗研究*（未發表的碩士論文）・嘉義：南華大學生死學研究所。

陳南州(2007)・一個基督徒的生命觀・*心鏡宗教季刊*，13，24-26。

陳皎眉、林世崇(2001)・台北市殯葬改革面面・*社區發展季刊*，96，78-85。

陳慶餘(2004)・癌末病人本土化靈性照顧模式・*台灣醫學*，8，664-71。

陳慶餘(2012)・Clinical Buddhist Chaplain Based on Spiritual Care in Taiwan・*安寧療護*，17 (3)，300-309。

陳慶餘(2015)・本土化靈性照顧的特色・*安寧照顧會訊*，88，20-21。

陳慶餘、邱泰源、釋宗惇(2002)‧台灣臨床佛教宗教師本土化之靈性照顧‧*安寧療護雜誌*，*7*(7)，20-32。

陳慶餘、釋德嘉、釋宗惇、釋惠敏(2006)‧*佛法在癌末病患家屬生與死教育之應用，科技整合之生命教育學術研討會論文集*(389-399)‧臺北市：台灣生命教育學會。

陳繼成、陳宇翔(2006)‧*殯葬禮儀*‧臺北市：五南出版。

黃文博(2000)‧*台灣人的生死學*‧臺北市：常民文化。

黃芝勤、徐福全(2007)‧台灣殯葬禮儀人員工作價值觀與執業角色自我定位關係之研究—以中部地區為例‧*生死學研究*，*20*(5)，120-257。

黃曉峰(2019)‧*璀璨 20 安寧永續：台灣安寧緩和醫學學會廿週年紀念專刊*‧臺北市：台灣安寧緩和醫學學會。

鄒輝堂(2007)‧*從儀式與生計看殯葬改革對傳統殯葬從業人員的影響——以南投地區為例*（未發表的碩士論文）‧嘉義市：南華大學生死學研究所。

趙可式(2020)‧安寧緩和療護中的心理護理‧*志為護理－慈濟護理雜誌*，*19*(1)，30-33。

潘美惠(1998)‧基督教與天主教之臨終關懷‧*應用倫理研究通訊*，*8*，47-50。

蔡彥仁(2010)‧*台灣一般民眾的死後觀分析—根據 2009 年「台灣地區宗教經驗比較研究」預試抽樣調查資料*‧東京大學研究所人文社會系研究科，台日國際研討會論文集—東亞生死學(104-115)‧臺北、東京：政治大學、東京大學。

瞿海源(1997)‧*台灣宗教變遷的社會政治分析*‧臺北市：桂冠。

瞿海源(2006)‧*宗教、術數與社會變遷*‧臺北市：桂冠。

釋宗惇、陳慶餘、釋惠敏(2007)‧臨床佛教宗教師在安寧緩和醫療中的角色‧*生死學研究*，*5*，65-97。

釋明光(2007)‧佛教輪迴轉世的生命觀‧*心鏡宗教季刊*，*13*，17-19。

林美珠、田秀蘭合譯(2017)‧*助人技巧：探索、洞察與行動的催化*（第四版）(Clara, E. H. 原著之 Helping Skills: Facilitating Exploration, Insight, and Action)‧臺北市：學富文化。

Friedrich Schleiermacher (1967)．*士來馬赫：宗教與敬虔*(Friedrich Schleiermacher, ein Lebens- und Charakterbild)（謝扶雅譯）．香港：東南亞神學教育基金會、基督教文藝出版社。

James, W. (2001)．*宗教經驗之總總*(The Varieties of Religious Experience)（蔡怡佳、劉宏信譯）．臺北市：立緒。

Kastenbaum, R. (1996)．*死亡心理學*(The Psychology of Death)（劉震鐘、鄧博仁譯）．臺北市：五南。

Lair, G. S. (2007)．*臨終諮商的藝術*(Counseling the Terminally Ill：Sharing the Journey)（蔡昌雄譯）．臺北市：心靈工坊。

Longaker, C. (2003)．*假如我死時你不在我身邊*(Facing Death & Finding Hope - A Guide to the Emotional and Spiritual Care of the Dying)（陳琴富譯）．臺北市：張老師。

Stolz, F. (2001)．*宗教學導論*(Grundzuge der Religionwissenschaft)（根瑟‧馬庫斯）．臺北市：國立編譯館。

Worden, J. W. (2004)．*悲傷輔導與悲傷治療：心理衛生實務工作者手冊*（李開敏、林方晧、張玉仕、葛書倫譯）．臺北市：心理。（原著出版於 2001）

DeSpelder, L. A., & Strickland, A. L. (2015). *The Last Dance Encountering Death and Dying*. New York, NY: McGraw-Hill Education.

Farley G. (2010). Death anxiety. National Health Service UK. found in: Peters L, Cant R, Payne S, O'Connor M, McDermott F, Hood K, Morphet J, Shimoinaba K. "How death anxiety impacts nurses' caring for patients at the end of life: a review of literature" (PDF). *Open Nurs J. 7*, 14-21. doi:10.2174/1874434601307010014. Archived from the original (PDF) on 2013-10-14.

Freeman, D. R. (2001). *The Relationships between Spiritual Development and Ethnicity in Heidegger*, Martin：Being and Time. translated by John Macquarrie & Edward Robinson . Blackwell1 , USA , 1962.

Hill, C. E. (2014). *Helping skills: Facilitating exploration, insight, and action* (4th ed.). Washington, DC: American Psychological Association.

Kübler-Ross, E (1973). On Death and Dying, Routledge, Violent Men. *Social Thought, 20*(1/2), 95-107.

Lensing, V. (2001). Grief support: The role of funeral service. *Journal of Loss and Trauma, 6*(1), 45-63.

Wen, Y. (2010). Religiosity and death anxiety. *The Journal of Human Resource and Adult Learning, 6*(2), 31-37.

Yang, C. K. (1961). *Religion in Chinese Society* (pp. 294-300). Taipei: Southern Materials Center, INC.

 **MEMO**

CHAPTER

09

編著者 陳燕儀、王別玄

寵物殯葬服務

9-1　寵物照護初探：寵物膳食與寵物美容

9-2　寵物安寧：寵物安樂死評估與寵物溝通

9-3　寵物殯葬：寵物殯儀與安葬

9-4　寵物臨終關懷與悲傷輔導

9-5　國內外寵物殯葬發展趨勢

學習
目標

1. 認識寵物基礎照護。

2. 了解末期寵物的安寧服務與抉擇。

3. 學習寵物臨終服務與安葬儀式流程。

4. 學習如何對離世寵物的家人進行悲傷輔導與關懷。

5. 了解國內外寵物殯葬產業發展現況與趨勢。

前言

　　隨著少子化及現代人際關係的疏離與心靈層面的需求，飼養寵物的比例在國內外均有長足的成長，而寵物在人類家庭中扮演的角色，也從過去工作任務導向（貓抓老鼠、狗看門…等），逐漸成為家庭成員的一份子，許多人將寵物視為毛小孩、心靈伴侶，以家人的角色教養、對待、陪伴。

　　然而，動物的生命週期，往往短於人類，以最大宗的寵物犬貓為例，平均壽命約為 15~17 歲，因此與寵物的生離死別，成為多數寵物家庭必然面對的生命課題。

　　佛說「眾生平等」，生命的本質都相同，一個人的壽命若是八十年，那麼生命週期相較於人類較短的犬貓等寵物，可做為生命教育的導師，帶領我們認識與探索生命的意義，並進而學習尊重與珍愛生命的價值。

　　本章的目的在於透過了解寵物從生到死的各種面向，包括寵物膳食、寵物美容、寵物安寧、寵物溝通、寵物殯儀、寵物安葬、寵物臨終關懷、悲傷輔導探討生命關懷事業在其中扮演的角色。最後，再由國內外寵物殯葬發展趨勢，了解臺灣寵物殯葬產業未來的走向。

9-1　寵物照護初探：寵物膳食與寵物美容

一、寵物膳食

　　俗話說「民以食為天」，對動物而言，飲食也是維持生命最重要的一環。過去人類豢養犬貓，都是給予剩菜剩飯，直到十九世紀末，美國開始有商人利用麵粉開發出狗餅乾銷售後，陸續發展出餵食方便、價格便宜的商業寵物糧食，但初期都只是為了填飽肚子為目的而設計。

　　隨著寵物營養學與獸醫學的演進，業者漸漸將健康的訴求帶入寵物食品中，發展出各式綜合營養寵物食品。近年來，除了常見的乾糧、罐頭以外，也愈來愈多重視寵物健康的家人，為毛小孩選擇溼式鮮食、冷凍生食等含水量較高、且較少人工添加物的天然食品，甚至親手下廚為毛小孩烹製量身訂作的餐食。

　　不論是何種乾糧、罐頭、餐包等主食，都應符合毛小孩的基本營養需求。維持生命所需的營養素包含：「蛋白質、碳水化合物、脂質、維生素、礦物質、水」統稱六大營養素，目前市售的犬貓食品，大多以參考美國飼料管理學會(AAFCO)訂定的營養標準為依據，該協會累積評價犬貓營養學的相關研究結果，提供各項營養素的建議值。因此，在為寵物挑選食品時，建議選購符合 AAFCO 標準的食品，以滿足犬貓均衡的飲食需求。

　　不同成長階段的寵物，所需的營養配方也不同，例如幼年期的犬貓，需要較高比例蛋白質及熱量，幫助成長所需；而發育成熟的成年期犬貓，則適合選擇一般配方均衡營養的主食；邁入高齡期的寵物，因為代謝變慢、活動力下降，或因結紮手術體內荷爾蒙分泌變化，所需攝取的熱量較低，餵食的份量也宜減少；而患有疾病的寵物，更需要依照獸醫師的建議給予專用配方的餐食。因此在飼養寵物的過程，必須衡量其生命週期與全方位健康狀態，為其挑選適當的主食，並給予充分的飲水，以維持健康的身心。

二、寵物美容

　　美容就是整理動物的身體，群居的野生動物會為同伴互相理毛，而動物剛出生時，動物媽媽也會用舌頭舔去寶寶的胎膜、每天也會舔舐寶寶，這不只是清潔外體，也是建立彼此關係的重要行為。而現代寵物，許多品種是經過人類喜好培育而生，基因已和野生動物不全然相同，其被毛不完全是自然的產物，牠們也不會為自己抓掉廢毛，因此，身為家人的飼主，應該定期為寵物的清潔美容負起責任。

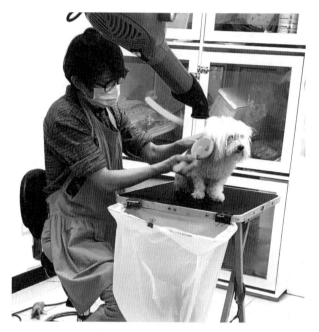

圖 9-1　定期寵物美容是維持寵物健康必須的步驟

　　犬貓的皮膚相對人類是非常脆弱的，平時若無定期清潔和修整保養，皮脂的分泌物及外來的髒汙，將會對皮膚造成損害，甚至引發皮膚疾病或是其他併發症。因此，透過為寵物沐浴美容，可幫助寵物潔淨身體、除去汙垢、物理性清除外寄生蟲、消除臭味、視覺美化，更重要的是能為寵物維持皮膚毛髮的健康狀態。定期為寵物沐浴美容，也能觀察到寵物生理狀態的變化，例如是否有皮膚病變？異常掉毛？紅疹傷口？腫瘤團塊…等，即早發現才可即早就醫治療。

　　基本的寵物沐浴可由飼主在家自理，或交由寵物美容師提供較專業進階的服務。進行寵物美容前，寵物美容師應先詢問寵物的年齡、健康狀況、喜好與習性，並檢查寵物的外觀是否有傷口、皮膚病、寄生蟲等情況，具有攻擊性的寵物須先做好防護措施，例如為寵物戴上嘴套、美容師穿著防咬手套等，若有嚴重攻擊傾向或具有傳染疾病，為了其他寵物及自身的安全著想，寵物美容師應適時婉拒提供服務。

（一）基本美容

基本美容流程如下：剃腳底毛、剃腹毛、剃肛門外圍毛、修剪指甲、耳朵清潔、沐浴、吹乾梳整、剪毛美容，說明如下。

1. 剃腳底毛

使用電推剪將寵物腳底增生的毛髮剃短，可防止過長的腳毛造成腳底打滑、進而受傷，也能減少腳爪藏汙納垢、滋生病菌、寄生害蟲。

2. 剃腹毛

使用電推剪將寵物腹部的毛髮剃除，可幫助寵物透過腹部皮膚與地面接觸，調節溫度，並且避免寵物小便時沾到腹部毛髮、造成不潔。

3. 剃肛門外圍毛

使用電推剪將寵物肛門周圍的毛髮剃除，可避免寵物排便時沾黏到毛髮，但因肛門皮膚細緻敏感，剃毛時切勿接觸到肛門，以免皮膚受傷。

4. 修剪指甲

如同人類在嬰兒時期就要進行指甲的修剪，犬貓在兩周齡開始，也需要定期修剪指甲，避免喝奶時抓痛犬貓媽媽。寵物指甲若不修剪，過長時會影響行走，甚至穿刺傷害到肉蹼。修剪指甲盡量避免剪到血管，剪到血管的疼痛會造成日後犬貓對剪指甲的抗拒與心理陰影，甚至出現咬人等攻擊反應。若不慎剪流血，應立即使用止血劑按壓出血部位直至血流完全停止。

5. 耳朵清潔

定期清潔耳朵可減少耳部發臭、並避免耳炎的發生。部分長毛犬種耳道內長有耳毛，須先拔出以減少藏汙納垢，拔耳毛前須先撒入適量寵物專用耳粉，增加耳毛能見度、並減少拔毛產生的疼痛感，再使用止血鉗快速拔除耳毛。清除耳內毛之後，再使用寵物專用潔耳液，倒入耳道中，並以手指按住耳根按摩數秒後，放開手讓寵物將已溶解耳垢的潔耳

液甩出，再以棉花或使用止血鉗纏繞棉花，將外耳可視部分的耳垢及多餘的潔耳液清潔乾淨即可。

由於犬貓的耳道與人類耳道不同，呈現 L 字型，因此不建議使用棉花棒直接伸入清潔，一方面容易將耳垢推入清潔不到的水平向耳道，另一方面若棉花棒品質不佳，可能有棉花頭掉入耳道的風險。

6. 沐浴

由於犬貓的皮膚酸鹼質與人類不同且更為敏感細緻，須使用寵物專用洗劑為寵物洗澡，市面上已有上千種寵物沐浴商品，可依寵物毛色、毛質特性、皮膚狀況選擇最適合的洗毛精，例如長毛、短毛、白毛、深色毛、皮膚病藥浴、敏感性皮膚、除蟲專用等等。

寵物洗澡分為二至三道過程，先將水溫調整 37~42℃之適溫，由後往前用溫水打溼寵物全身並沖除灰塵，並以食指、姆指擠壓肛門腺，施壓擠出肛門腺液，再將稀釋過的洗毛精塗抹寵物全身，以指腹按摩的方式搓揉泡沫並為寵物去汙，再用溫水沖洗乾淨。接著可用相同或不同功能特性的洗毛精，重覆第二次清洗。第一次清洗主要是清潔寵物身上汙垢，第二次清洗則可依寵物膚質、毛髮特性著重保養。最後再依寵物的狀況，決定是否需再使用潤絲精，加強毛髮的柔軟度與保溼性，例如捲毛的貴賓犬使用潤絲精可減少毛髮打結的情況。

為寵物洗澡須留意洗毛精及潤溼精是否完全沖除乾淨，不可有殘留洗劑，以免造成皮膚毛髮的負擔，且有被寵物舔食的風險。確認沖洗完成後，使用手掌擰乾水分，再以吸水毛巾吸乾寵物身上的水分至最少殘留。洗澡的過程，須避免水分與泡沫流入寵物眼、鼻、口、耳等部位。

7. 吹乾梳整

使用毛巾擦乾後，選擇適合毛質性狀的散毛工具，如柄梳或針梳，搭配調整到適當溫度與風速的吹風機，依照由後往前、由下而上，頭部最後的順序將寵物被毛完全乾燥，再使用梳具進行整毛梳理，將打結的毛髮完全梳開。

8. 剪毛美容

　　最後，依照寵物的特色，進行毛髮修剪或造型，不但可以讓寵物看起來更亮麗可愛，也能讓寵物更有生活品質。例如修剪長毛犬貓的眼周毛髮，避免視線遮蔽、看不清楚；吻部嘴圓的修剪，可減少進食飲水時造成毛髮髒汙發臭；腳毛修剪可避免行走打滑、減少關節負擔等。

（二）高齡寵物的沐浴美容

　　由於對寵物的照顧日益周全，寵物的壽命愈來愈長，臺灣目前犬貓類寵物的平均壽命已超過十歲，和人類一樣，寵物已有高齡化趨勢。

　　年過七歲以上的犬貓即步入高齡，建議每年至少進行一次健康檢查，伴隨著器官老化，愈來愈多的慢性病、免疫力下降、甚至外顯的皮膚疾病，常常是老犬老貓難以避免的問題。對於健康狀況不佳的高齡寵物，許多家人會因此減少洗澡美容的頻率，以避免感冒著涼等風險，但是維持基本的清潔也是保持健康的重要環節，因此應該在獸醫的評估下，調整適當的洗澡頻率，並在最低風險的條件下為高齡寵物進行安全的洗沐。例如，盡可能縮短洗沐修剪的時間、注意美容空間的室溫、隨時觀察寵物在洗沐過程中的舌頭顏色、呼吸狀態、眼神等，以牠們可放鬆的姿勢進行美容。針對無法浸水洗澡的病弱寵物，可每天用電解水噴擦，也可用溫毛巾擦拭身體。

9-2　寵物安寧：寵物安樂死評估與寵物溝通

一、寵物安樂死評估

　　隨著寵物醫學的精進、飼主觀念與責任的養成，三十年前寵物犬貓的壽命平均只有十年左右，成長到現在可以活到 15~18 歲。然而，寵物的高齡化也和人類一樣，器官老化、慢性病、癌症、失智症等問題接踵而來，在病痛纏身又想兼顧生活品質的兩難課題下，高齡或末期寵物的照護，家人最終可能面臨安寧照護或安樂死的生死抉擇。

究竟該怎麼幫毛孩做選擇才是最好的？什麼情況下需要考量安樂善終呢？一位美國專職到府安樂的獸醫師 Dr. Katie Hilst 根據她多年的臨床經驗，設計出一個 JOURNEYS 寵物生活品質評估表(Quality of Life Scale for Pets)，希望用客觀的分析，去評估寵物與主人的身心狀況，協助主人釐清自己的思緒，再與獸醫師一起為末期寵物做選擇。

JOURNEYS 是「旅程」的意思。寵物的一輩子是一趟十幾年的旅程，身為家人最大的希望，就是心愛的寵物離開時是沒有痛苦的，所以整體的生活品質評估就格外重要。

以下是「JOURNEYS 寵物生活品質評估表」的各項解釋，建議要與獸醫師一起討論評估，才能發揮最大的意義。

✿ J-Jumping or Mobility 活動能力

寵物的行動能力，需要家人協助才能起身嗎？還能自己走路嗎？

✿ O-Ouch or Pain 疼痛指數

寵物疼痛程度，有虛弱或嚎叫的狀況嗎？止痛藥有效果嗎？

✿ U-Uncertainty and Understanding 您對於毛孩身體狀況的了解

主人對於寵物病情的了解，是否預後不好？是否隨時可能惡化死亡？

✿ R-Respiration or Breathing 呼吸

寵物的呼吸狀況，是否時常喘、咳嗽、張嘴呼吸？

✿ N-Neatness or Hygiene 衛生條件

寵物是否能保持清潔，有破掉的腫瘤或褥瘡嗎？是否時常處在自己的排泄物裡？

✿ E-Eating and Drinking 進食進水狀況

寵物的食慾，是否無法有效灌食？時常嘔吐而無法攝取養分？

☼ Y-You 關於飼主－您

飼主的身心狀況，是否在經濟、時間、情感、體力上已經因為照顧寵物而無法負擔？

☼ S-Social Ability 社交能力

寵物與家人的互動，是否覺得寵物的認知能力完全喪失？寵物是否時常漫無目的哀嚎或恐慌？

以上八項評估指標，分別可給予一分至十分計算，一分代表最差的情況，十分代表最好的狀態。例如：疼痛指數，毛孩看起來十分痛苦，即使給予止痛藥也沒有效果，則給予 1 分；毛孩完全沒有疼痛跡象，給予 10 分；介於兩者之間則依程度輕重給予分數。整張評量表滿分為 80 分，代表毛孩處於身心健康、生活品質良好的狀態，最低分 8 分則代表寵物多方面都處於痛苦的狀態。總體分數偏低、或是單項主人重視的項目特別低分，都會是偏向安樂善終的考量，但不論評分結果如何，都建議與獸醫師充分討論，並衡量家人的心理狀態，再選擇最適合的時機為毛孩進行最後的安寧照護或安樂善終。

二、寵物溝通

寵物不會說話，過去家人只能透過其肢體語言、平日相處的默契等表現來了解對方，無法直接用語言和寵物們溝通對話。知名的好萊塢電影「怪醫杜立德」描述了一位獸醫，從小有著與動物對話的天賦，可以和身邊的動物們溝通無礙，不但能為動物們解決許多難題，也為自己的生活增添許多樂趣。而現實生活中，也有少數宣稱擁有與動物溝通靈力的寵物溝通師，但這類人為數甚少，且難以證實所言真偽，大部分飼主仍然無法直接得知毛小孩的心裡話。

然而，近十年來，臺灣部分寵物教學機構從國外聘請外師教授寵物溝通課程，甚至也有寵物溝通相關協會組成，透過系統性的教學，開發人與寵物交談的潛能，培養出更多的寵物溝通師，因此也有愈來愈多想

進一步了解寵物的飼主家人，尋求寵物溝通師的協助，直接了解寵物的想法。

在臺灣，大部分寵物溝通服務是以時計費，有的可接受直接面對面溝通，也有透過照片、通訊的方式進行溝通，而溝通的內容可謂天南地北，只要主人想知道的問題，皆能在溝通師與指定的寵物連線感應後都可以詢問。因此也有不少寵物家人在面臨寵物行為問題、疑難雜症、甚至在寵物被宣告絕症時，會用寵物溝通的方式來詢問寵物本身的意願。根據寵物溝通師的經驗，大部分寵物對生命的結束並不若人類一樣害怕、恐懼或眷戀，然而，最多寵物擔心的是心愛的家人無法好好照顧自己，因此捨不得、無法放心的離開。

姑且不論寵物溝通的可信度如何，若以心理輔導的角度，在為寵物與家人著想的出發點，若藉由寵物溝通的模式，可撫慰家人徬徨不安的心靈，在醫療科學也難以給予正面幫助之際，也不失為可尋求的管道之一。

9-3　寵物殯葬：寵物殯儀與安葬

一、寵物死亡怎麼辦？

臺灣傳統民俗有一種說法：「死貓吊樹頭，死狗放水流」，傳說是因為貓的習性是白天睡覺，晚上出沒，過去的人認為貓比較陰，而且有九條命，如果死後將貓屍埋入土裡，會變成貓妖，必須吊在樹上七七四十九天，日曬風乾後魂飛魄散，才不會危害人類；至於死狗放水流的由來，是人們認為狗雖然比較忠心，但因上輩子惡果未還清，這輩子才會淪入畜生道為狗，死後若埋入土中，下輩子還會轉生為狗，如果將狗屍投入水中，才能幫助牠轉世為人。

　　過去傳統的作法，雖然有其時代背景及原因，但以現代的角度來看，既不科學也不衛生，更不符合現行環境法規。現行寵物遺體的處置，大多是透過公家機關、動物醫院、民間寵物殯葬業者或自行掩埋等方式進行。

　　然而，目前依據臺灣現行法規，寵物在法律地位上屬於「物」，寵物遺體的法律定位也是廢棄物，依照《一般廢棄物回收清除處理辦法》規定，須以焚化的方式將動物屍焚化。而過去寵物殯葬產業並無相關法律的規範，造成服務內容參差不齊、消費糾紛也時有所聞。所幸，民國106 年，臺中市首開全國之先，制定公布《臺中市寵物屍體處理及寵物生命紀念業管理自治條例》，以環境衛生、確保市民健康、尊重生命、保障飼主權益為主旨，期望有效管理相關業者，現在也成為其他縣市擬定相關法令的參考依據。

二、寵物遺體處理管道

（一）公家機關

　　目前各縣市動保處大多可接受民眾委託處理寵物遺體，處理的方式除宜蘭縣設置有公立火化爐設備，提供自費個別火化或集體火化以外，其他縣市均在接案後，委託民間業者進行集體火化後掩埋。而針對街貓、街犬等流浪動物的遺體，則可通知各地環保局清潔隊清運處理。

（二）動物醫院、寵物商家

　　許多寵物是因病過世，或在臨終前送醫急救，因此動物醫院常常是寵物生命的最終站。寵物遺體可交由動物醫院聯繫配合的寵物殯葬業者，進行後續的火化與安葬，一般可分為集體火化與個別火化。部分寵物商店或寵物美容業者也有合作的寵物殯葬業者，若寵物家人有時常往來且較為信任的店家，也可委由寵物店家通知殯葬業者處理寵物後事。

（三）寵物殯葬業者

依照《臺中市寵物屍體處理及寵物生命紀念業管理自治條例》，民間的寵物殯葬業者可分為「寵物屍體處理設施經營業」與「寵物生命關懷服務業」兩種類型。前者是指從事寵物屍體火化、寵物植存紀念園區、追思紀念及儲存寵物骨灰服務之業者；後者則是指從事承攬處理寵物臨終關懷及寵物生命紀念服務之業者。

不論是經營哪一類型的民間寵物殯葬業者，近年來多善用網路廣告、寵物展覽、關鍵字搜尋、地標定位等通路行銷增加曝光度。因此，也有愈來愈多飼主在寵物離世時，直接聯絡相關業者，為寵物提供後續接體、火化、安葬等事宜。更有業者參考人的生前契約模式，以較優惠的價格把寵物塔位或個別火化等相關服務以合約方式預售給飼主，當寵物死亡時，家人可直接使用預購方案，較從容地為寵物處理後事。

（四）自行掩埋

傳統喪葬有「入土為安」的習俗，即把死者的遺體或遺骨掩埋在泥土裡，避免外力如野獸等損害死者的遺體。人類對於動物的遺體處置也有相同的觀念，因此仍有部分飼主會選擇在寵物死後，自行尋找適當的場所將之就地掩埋。但要注意的是，動物遺體在現行法令上仍屬廢棄物，若隨意在公有或他人土地上掩埋，恐有違反《廢棄物清理法》之虞，若是在自家私有土地安葬，也須留意是否符合動物傳染病防治條件，凡帶有法定傳染病之動物屍體，應通報主管機關，並依動物防疫人員指示進行燒燬、掩埋、消毒及其他必要處置規定程序。

按《臺中市寵物屍體處理及寵物生命紀念業管理自治條例》規定，民眾家中寵物屍體的處理方式，在火化前應先密封並以冷藏（凍）方式保存，再以火化方式處理，違反上述流程可處新臺幣 3,000 元以上15,000 元以下罰緩，並得按次處罰。

三、寵物殯葬儀式流程

隨著寵物在人類社會所扮演角色的演變，飼主對犬貓等伴侶動物的重視如同家人般對待，因此在告別寵物之時，也會期望像送別家人一樣慎重地安排寵物臨終最後一哩路。然而，人的喪葬禮儀是融合了數千年的文化、宗教、禮教等歷史因素演變而成，若完全套用於寵物喪禮既不合宜、也不為普羅大眾所接受。因此，現行臺灣寵物殯葬業者多半參考人的殯葬流程，加以精簡並改良為較符合寵物地位角色的殯葬流程。

大致上可歸納出九大服務：(1)臨終諮詢；(2)通報接體；(3)暫置冰存；(4)擇日；(5)告別式；(6)火化；(7)撿骨納罐；(8)安葬；(9)後續關懷，分別說明於下。

（一）臨終諮詢

在飼主即將面對寵物離世之際，可事先向寵物臨終服務業者或寵物禮儀師諮詢寵物後事相關事宜。寵物禮儀師應告知家人寵物離世前後的注意事項：(1)離世前的徵兆有哪些？寵物是否出現不吃不喝、大小便失禁等；(2)遺體該如何暫置？在禮儀師前來接體前，可先使用底部防水的容器裝入遺體後，暫存於室內陰涼之處，可開冷氣保持低溫，或在寵物遺體下方隔著毛巾或睡墊鋪設保冷材降溫；(3)家人有哪種宗教信仰？若中式佛道教信仰，可播放佛經助念，西式信仰可為寵物祈禱，若無宗教信仰，可用平常與毛孩的對話方式，再做最後話別。

禮儀師可詢問了解寵物的狀況、家屬的需求與預算，說明可提供的服務內容與流程有哪些，並充分告知詳細費用，再為其規畫最適當的寵物臨終服務。

（二）通報接體

寵物過世時，家屬可透過動物醫院、寵物店或自行聯絡業者，目前寵物臨終服務業大部分提供二十四小時客服電話，即使寵物於夜間時段過世，仍可在第一時間聯絡業者，再依雙方約定安排接體時間。

　　現行寵物臨終服務大多有其區域性質，家人可找鄰近地區的業者提供服務，業者會攜帶專用的寵物棺木或納體袋至家人指定地點，如動物醫院、住家、意外發生等地接送寵物遺體，並請家人填寫接體服務單，內容將註明家人姓名、電話、地址、寵物名稱、品種、性別、服務內容等資訊。

圖 9-2　西式寵物紙棺

（三）暫置冰存

　　若無法在接體當天安排寵物火化，為防止遺體腐化變質，業者須告知家人，會先將寵物遺體放置在冰存設備中暫置。冰存前除了先確認遺體或覆蓋物是否潮溼，避免結冰後導致遺體變形，也應該再次確認棺木或納體袋上的資訊是否完備，包括主人姓名、電話、寵物名、品種、毛色特徵、性別、宗教信仰、火化日期與時段等，以防資訊缺漏造成後續糾紛。

（四）擇日

　　華人的殯葬儀式會因亡者的生辰八字及農民曆來擇日告別，但寵物並無此禮俗禁忌，從衛生方面考量，建議在離世一周內進行火化，因此通常可選擇家人方便參與的時段即可。

（五）告別式

寵物的告別式可依家人的宗教信仰來進行，大致上分為中式宗教（佛教、道教）、西式宗教（基督教、天主教）、無特定宗教信仰三大類。

(a)

(b)

圖 9-3　中式寵物塔位及佛堂

圖 9-4　寵物往生時，可依家人宗教信仰進行臨終儀式（圖為家人為毛孩蓋上往生被，並放置西方三聖佛像，播放佛經為寵物助念過程）

在儀式前，禮儀師可提醒家人準備寵物生前喜愛的食物、衣服、玩具、照片等代表性紀念物品，目前臺灣寵物家人的宗教信仰，九成以上仍是以中式為主，也可準備可供祭拜燒化的寵物金紙、蓮花、紙紮品等，以期寵物死後在另一個世界也可以無憂無慮的過日子。

　　在告別式前，禮儀師應依照寵物的體型大小，事先將遺體從冰庫移出解凍，並移置所屬宗教擺設的儀式廳，再為家人解說接下來的服務流程。

　　這時，禮儀師可準備清水和乾淨的毛巾，帶領家人一起為寵物擦拭淨身，在淨身的過程，讓家人可以感受到親自為寵物做的最後一次梳整與互動，對日後的心理調適也有助益。

　　接著，依照家人的信仰，禮儀師帶領家人以「道謝、道歉、道愛、道別」四道原則，進行告別儀式。以下是以較常見的中式宗教引言作為範例：

(a)

(b)

圖 9-5　寵物紙紮商品

　　親愛的寶貝○○，今天是中華民國○○○年○○月○○日、農曆○○月○○日，我們要送你最後一程，祝福你一路好走，記得跟隨佛菩薩的引導，不要有任何牽掛，這一生有你的陪伴，是我們最幸福的時刻，你此生的功德已圓滿，不用擔心家人，我們會互相扶持、照顧好自己。在佛菩薩的加持與護祐下，你要前往西方極樂世界繼續修行。桌上是你最愛吃的零食、罐頭、餅乾，還有蓮花紙錢，記得來領收。現

在請家人雙手合掌，一起向西方三聖祈求，恭請阿彌陀佛、觀世音菩薩、大勢至菩薩，前來接引寶貝○○，保祐牠離苦得樂。向西方三聖三拜，一拜、再拜、三拜。

接著帶領家人念誦《般若波羅蜜多心經》，念完經文後，帶家人將功德回向給寵物。然後，禮儀師準備法師加持過的金剛砂，帶家人灑在寵物的頭、喉頭、心窩三個部位，象徵清淨身、語、意三業。

最後，如果家人有準備祝福卡片、花束、紙鶴等紀念物，可請家人依序獻上，並告知家人要進行火化流程，保留一點時間，讓家人與寵物做最後道別。

西式信仰或無宗教信仰的告別儀式，流程大致與中式信仰相同，主要差異在宗教禱詞和儀軌上的不同，可依家人信仰或偏好量身制訂。

（六）火化

火化作業一般分為集體火化與個別火化。集體火化是將多隻動物遺體在同時段一起火化，因此無法由家人指定日期時間，也因遺體混合燒化，無法單獨撿骨、安葬。最後會統一由業者將同一梯骨灰進行一次性安葬或灑葬。個別火化則是一個時段只保留給一隻寵物進行遺體的燒化，時間可由家人與業者協商，並在火化前舉行告別式、火化後個別撿骨、納罐、安葬。

不論是集體火化或是個別火化，火化都是將寵物的遺體放入火化爐經高溫（約 1,000~1,200℃）充分燃燒後，遺留下骨骸及骨灰。由於燃燒過程可能因燃燒物、氧氣、溫度等方面的控制因素，造成燃燒不完全而產生煙及臭味，因此必須設置符合環保規範的濾淨設施。根據臺中市動保處《臺中市寵物屍體處理及寵物生命紀念產業管理自治條例》規定，寵物火化設施操作人員須具備鍋爐操作丙級技術士資格及職業安全衛生管理訓練合格證明。

(a)

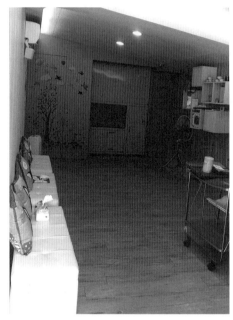
(b)

圖 9-6　寵物火化設備

　　火化的時間，依寵物體型大小而異，小至幾十克重的倉鼠、大到四、五十公斤的黃金獵犬等，所費時間約在 15 至 60 分鐘不等。若家人參與火化的過程，在將寵物抱入火爐之時，依照民間信仰，會請家人喊寵物名「○○，*火來了趕快跑！*」，讓寵物順利前往下個階段，不再眷戀肉身。加上等待骨灰冷卻的時間，通常火化過程約需半小時至兩小時，此期間可請家人稍作休息，調整心情，同時也可思考寵物骨灰後續的安置方式。

（七）撿骨納罐

　　火化結束待骨灰冷卻後，禮儀師將骨骸從爐具中取出，並依身體各部位──頭部、身軀、四肢等分骨排列。寵物火化後的骨骸完整度，除了與燃燒操作的技巧有關，主要也視寵物的生理狀況而異，包含體形大小、年齡、疾病、骨質密度等。分骨完成後，禮儀師會帶領家人用夾子

或筷子象徵性的夾取各部分一塊骨骸，放入骨灰罐中，並告訴寵物：「〇〇，*現在要入住新家了喔！*」，後續則由禮儀師將其餘骨骸裝入罐中。

　　在封罐前，要先與家人確認寵物後續的安置方式，若是要進行樹葬、灑葬、海葬等環保葬，或是選用的骨灰罐較小，須將骨骸研磨成粉，再裝入罐中。確認是要永久保存於罐中，才進行密封骨灰罐的步驟。

圖 9-7　寵物撿骨分骨

(a)以星球為主題的陶藝寵物骨灰罐

(b) 以書本為外型設計的新式寵物骨灰罐及存放空間－天堂書

圖 9-8　寵物骨灰罐

(c)寵物骨灰瓷罐　　　　　　　　(d)特殊造型寵物骨灰罐

圖 9-8　寵物骨灰罐（續）

（八）安葬

　　撿骨納罐後，家人要決定寵物安葬的歸處，大致上可分為自然葬與塔位安座兩大類型。

☼ 自然葬

　　自然葬指的是以簡約、環保、回歸自然、無特定牌位為原則的葬法，包含樹葬、花葬、灑葬、植栽葬、海葬等。將寵物骨骸磨成骨灰後，依照家人的意願選擇上述的安葬方式，將骨灰埋入或灑入土中，並在其上種植花、樹或景觀盆栽，讓寵物的生命有生生不息的意義。而臺灣四面環海，對於喜愛海水的動物，如觀賞魚、烏龜等寵物，也有家人選擇將骨灰灑入大海、回歸大自然。

(a)寵物灑葬區

圖 9-9　寵物自然葬

(b)寵物樹葬、花葬及灑葬區　　　　　　(c)寵物樹葬區

圖 9-9　寵物自然葬（續）

　　目前除了民間寵物安樂園提供樹葬園區外，臺灣也有多個縣市設有公立寵物殯葬設施，最早為臺北市於文山區的富德靈骨樓設置名為「祕密花園」的寵物灑葬區、其後陸續有桃園市蘆竹生命紀念園區、彰化縣埔心鄉生命紀念園區、宜蘭縣員山福園寵物陵園等。近期，高雄市也於 110 年 2 月在燕巢深水設置毛小孩樹灑葬專區「寵愛憶生」，占地約 2,499 平方公尺，是一座符合自然環保概念的寵物殯葬專區，由民政局與農業局合作興建，園區內設置骨灰樹葬植存區及骨灰灑葬區，另有涼亭、園區意象及追思步道等公共設備。

☼ 塔位安座

　　現行提供寵物遺體存放的寵物安樂園，大多設置有室內寵物塔位供民眾租用，分為永久使用買斷型和年租型，價格也因租期長短或塔位高低位置而異。然而，由於寵物塔位畢竟不同於人類子孫對祖先長輩的祭祀習俗，不少寵物塔位在承租一段時間後，就無續約或失去聯絡，因此近年寵物安樂園的塔位大多改為期約制租賃，較少提供永久塔位的銷售。此外，由於現代人多將寵物視為家人，對於寵物骨灰的居家存放也較無禁忌，或是捨不得長年陪伴的心愛寵物離開身邊，不少家人在寵物火化納罐後，將骨灰罐帶回家中安置存放。

圖 9-10　寵物塔位

圖 9-11　寵物牌位

☼ 紀念商品

　　有些離世寵物的家人為了紀念或回顧心愛的寵物，會將部分骨灰製作成周邊商品，例如骨灰飾品、骨灰琉璃、植物方塊、足部拓印等，或訂作寵物畫像、3D 立體雕刻寵物像等，放在居家空間或隨身攜帶，象徵對毛小孩的愛永恆常存。

圖 9-12　寵物紀念周邊商品－骨灰項鍊、飾品、骨灰瓷罐等

（九）後續關懷

面對寵物的離別，即使完成寵物的安葬，失去心愛寵物而產生的內心空缺、失落感，仍然會在家人心中持續好長一段時間。

著名的臨終研究先驅伊莉莎白・庫伯勒－羅絲(Elisabeth Kübler-Ross)醫師在她 1969 年出版的「論死亡與臨終」(On Death and Dying)一書中提出的悲傷五階段(Five Stages of Grief)，包括：

1. **否認**：「*不會吧，不可能啊！*」「*不是一直以來都好好的嗎？*」
2. **憤怒**：「*為什麼是我？這不公平！*」「*我能怪誰啊？*」
3. **討價還價**：「*如果牠能醒來，我什麼都願意做。*」
4. **沮喪**：「*我不想活了，活著還有什麼意義。*」
5. **接受**：「*好吧！既然我已經沒法改變這件事了，我就好好準備後事吧！*」

面對寵物離世打擊的家人，雖然不一定五個階段的情緒都發生，或者各階段維持的時間長短、先後順序不一，但對於失去至親至愛的伴侶寵物，其失落感不言可喻。

而寵物禮儀師除了可以建議失去寵物的家人，透過朋友或其他家人的陪伴與分享感受來放鬆心情，也可透過參加其他社交活動轉移注意力。若家人有宗教信仰，可透過法會的參與、禮拜聚會的祈福，經由儀式的治療，讓家人早日完成悲傷過程，也提供精神慰藉，重新接受新的生活。

9-4 寵物臨終關懷與悲傷輔導

葬禮是一種社會儀式，透過處理遺體的過程，正式宣告一件死亡的事實。喪禮串結了所有哀悼者為同一事件而悲傷，同時也協助家人與往生者進行分離，透過這樣的儀式也讓家人有機會獲得他人的關懷和慰

問，並且得以傳達對死者的思念哀悼之情，以盡最後一份心力為死者進入另一個世界進行安排和祝福。

一、哀悼的四任務

心理學家威廉・沃登(William Worden)根據多年的哀傷輔導經驗，提出一套悲傷的任務論，認為人們需要透過以下四大任務才能走出悲傷。

✿ 任務一：接受失落的事實

不只是在理智上了解寵物已死，也慢慢在情緒上接受心愛的寶貝回不來的事實。往往在事情發生的初期，我們會否認、不願意接受至愛離開的這件事，但在每一次現實的感受，回家沒有寵物的迎接、準備的餐點沒有人吃，在在讓家人一點一滴的承認寵物已逝的事實。

✿ 任務二：經驗悲傷的痛苦

在接受寵物離世的現實後，強烈的悲傷失落感隨之而來，不論是痛哭、內疚自責或發洩憤怒，都是處理悲傷的療法之一。寵物告別儀式的進行，往往也可以帶出飼主藏於心中的痛楚，有助於宣洩其內心憂傷。

✿ 任務三：重新適應逝者已經不在的新環境

許多寵物在家人的日常作息中占有極大的份量，一早起床要準備寵物的餐點、回家有寵物的迎接、出門也會帶著寵物四處旅行。當失去寵物，生活的一切好像都要改變了，很多事好像都不需要做了，生活頓時失去重心。然而，終究要面對、適應失去寵物後的生活型態，會花上多久時間因人而異，但這是家人必須去學習與承擔的歷程。

✿ 任務四：將情緒的活力重新投注在生命中

重新適應新生活，並不是遺忘曾經珍愛的寵物，但我們要將愛與被愛的能力延續下去，例如再領養一隻新的寵物，重新建立類似的關係，或將注意力轉移到其他生活重心上，不再沉溺於失去所愛的這件事上面。

雖然不知道要歷經多久時間與失落，但經過以上四項任務的洗禮，可逐漸讓離世寵物的家人，重新步上軌道，展開正面積極的新生活。

二、宗教儀式治療

死亡對於大部分的宗教文化觀來說並不代表真正的結束，死後世界的延伸反而給人無限想像空間並且有著深厚情感的寄託，也因為相信如果死者在死後能夠有好的牽引和生活之處，對生者來說是莫大的安慰。由此可見，喪葬禮俗儀式使得死亡這個事實變得更具真實性並且使得哀悼的過程正當化，並為生者帶來適應未來新生活的希望及想像。

面對寵物離世的悲傷，除了送別寵物的告別儀式，目前寵物生命紀念業者多半會以舉辦宗教法會的形式，達到亡者與家人生死兩相安，一方面安頓亡者的靈魂、一方面讓家人早日渡過失落期。因為臺灣民眾的宗教以佛、道教、民間信仰為大宗，常見的宗教法會包括：做七法會、藥懺法會、追思法會。

（一）做七法會

做七是指死後每隔七天舉行法事一次，最多為期七期，至七七四十九天結束，道教與佛教、民間信仰都有做七的習俗，以佛教而言，藉由往生作七法事的超度功德，就能夠消除亡者及其冤親債主的業障，增長福德智慧，也可能因此而往生人天善處、或是往生佛國淨土。

常見的寵物做七法會，是虔誠延請有修持的出家法師誦經拜懺超度，在法會當中，帶領家人一起唱誦《佛說阿彌陀經》，搭配往生咒、三皈依，並回向功德給寵物。

（二）藥懺法會

許多寵物生前長期臥病，甚至因病過世，家人希望在寵物死後能再為寵物多做些什麼。而藥懺法事，正是為了解除逝者的病痛、不帶至來世為目的而舉辦的法會。常見的藥懺法會是請師父帶領家人念誦《藥師琉璃光如來本願功能經》回向功德給寵物，幫助病逝的寵物可離苦得樂。

（三）追思法會

　　民間寵物安樂園，為提供離世寵物家人追思心愛的寶貝，通常會在春季、秋季、中元節、清明節等大節日，舉辦大型寵物祈福法會或超度法會，內容是請師父來帶領家人誦唸《佛說阿彌陀經》、《普門品》等經文回向給寶貝，家人可為離世寵物立單獨牌位，準備祭品、餐食等。透過儀式的進行，可以撫慰家人的失落、安頓生者與死者之前的關愛，進而讓家人盡早完成悲傷任務，早日迎接新的生活。

(a) 以咖啡館風格設計的寵物樂園接待大廳

(b)翡翠森林寵物公園

(c)新式寵物樂園（布置較傳統型態更為活潑溫馨）

圖 9-13　寵物安樂園

由於目前寵物殯葬業者較少提供西式宗教的追思聚會與關懷輔導，西式信仰或無宗教信仰的家人，可透過本身的宗教團體組織的聚會，告解或分享經驗給教會弟兄姊妹，或參與網路相關社群，例如臉書的特定寵物品種社團、高齡寵物相關社團，以線上分享或實際參與聚會的形式，認識更多有類似經驗的新朋友，透過故事的陳述抒發情緒，淡化累積在心中的痛楚。

圖 9-14　西式宗教寵物追思空間祈禱室

9-5　國內外寵物殯葬發展趨勢

寵物殯葬作為寵物服務的最後一環，反映出飼主與寵物關係發展的一個衡量指標，當寵物不再只是寵物，而是家庭的一員，是生命伴侶的時候，對於寵物的照顧、寵物的權益，乃至於寵物的身後事，因為人寵關係的改變，市場需求產生，相應的服務也就隨之開展。

本節將以臺灣、日本為主軸，介紹目前寵物殯葬的現況，兼談寵物殯葬相關的發展與周邊服務。

一、臺灣

（一）寵物殯葬產業現況簡介

目前臺灣對於寵物殯葬的行業，中央政府並無訂定專屬法規，也沒有指定的主管機關，在寵物遺體的處理規範中，目前仍屬於「一般廢棄物」的歸類。從這個角度來看，可以說寵物殯葬屬於廢棄物處理的一環，但是現今飼主與寵物關係的改變，在處理寵物身後事，絕大多數的飼主不忍將寵物視為廢棄物處理，除了火化安葬之外，還有情感與宗教、禮儀的需求，是故，寵物殯葬目前是飼主所重視，市場需求已形成，已是既成事實行業的存在，不過，目前中央政府針對寵物殯葬尚無具體的規範與定義。

目前在臺灣北中南地區，總計約有四十間寵物墓園，寵物墓園具備的功能設施，除了有寵物火化爐之外，也建置有佛堂、禱告室、室內的塔位區以及室外的樹葬區，提供不同宗教需求與安葬需求的飼主，相較於人的殯葬業者的分工模式（例如接體、規劃是一間業者，火化是公家殯儀館、安葬是靈骨塔業者），寵物殯葬業者具有一條龍服務的特性，從接體、火化、安葬、法事進行等項目，都可以由同一業者完成。

近年來，除了寵物墓園業者之外，人的禮儀公司也開始跨足寵物禮儀的服務項目，因為寵物的身後事是擬人化的方式辦理，對人的禮儀公司而言，寵物禮儀是簡單化的往生親人服務流程，操辦起來容易上手，另外，也可對原先已服務的家庭作延伸的服務，可謂一舉兩得，這其中，禮儀公司（人）規模較大的，有建設自己的寵物靈骨塔，接體火化部分委託給寵物墓園業者代辦。也有些禮儀公司（人），則是接體、禮儀部分自己做，火化、安葬（或塔位安座）委託給寵物墓園代辦。

近年來，飼養寵物的家庭，根據農委會統計，從過去十年到現在，每年約以新增十萬的數量增加，現今已突破三百萬隻有寵物登記的飼養家庭，帶動寵物產業蓬勃發展，寵物的周邊服務也開始精緻化與客製化，包含寵物身後事，也朝著精緻化、客製化的方向發展，各家業者也

在這個原則下，發展不同的寵物身後事服務項目，例如：寵物骨灰紀念飾品、寵物肖像畫、寵物禮體淨身等等。寵物的過世，不再只是一個簡單的處理流程，而是一段有意義的生命教育之旅。

（二）寵物周邊服務介紹

✿ 留下愛寵最可愛的紀念：寵物肖像畫

在華人文化傳統觀念，骨灰屬於陰性的事物，應當安葬，或是安座於陰宅，與人所居住的陽宅有所區分，是故，骨灰紀念飾品並非每一個家人都能接受，相較於骨灰紀念品，讓寵物留下一幅肖像畫，也是一種藝術的紀念方式，比起照相，藝術畫有更多的情感和創意，紀念寵物在世間曾經存在的印記。

(a)愛犬 Funny 的照片　　　　(b) 愛犬 Funny 的肖像畫

圖 9-15　寵物肖像畫

✿ 讓愛寵漂漂亮亮的遠行：寵物禮體淨身

一般寵物墓園提供的寵物淨身服務，是以擦澡為主，用乾淨的布沾水做擦拭，並非真正的洗澡美容，是故，禮儀公司研發寵物禮體淨身的服務流程，創造讓飼主和寵物好好道別的機會，也讓飼主可以全程參與寵物往生洗澡美容的過程。

　　禮體淨身的服務流程分成五個程序，首先是「淨身」，由專業的寵物美容師為寵物洗掃與吹乾，接著是「舒緩」，由寵物禮儀師提供數款精油，帶領家屬幫寵物進行精油擦拭按摩，再來是「梳整」，由寵物美容師進行面部毛髮、腳指甲、腳底毛的修整，復次是「四道」，由寵物禮儀師帶領家人跟寵物道謝、道歉、道愛、道別，並祝福寵物在往向天堂的旅程，一路順遂平安，最後是「圓滿」，由寵物禮儀師再一次帶領家人，再為寵物進行最後一次精油擦拭按摩。

(a)淨身

(b)舒緩

(c)梳整

(d)圓滿

圖 9-16　寵物禮體淨身

✿ 讓寵物在另一個世界也要富足平安：寵物紙紮品

紙紮品的歷史由來已久，紙紮品也象徵著生者對於往生世界的想像，想像著生命離去之後，會前往一個跟現世類似的世界，在另一個世界，亡者也需要房子、車子、衣服跟錢，我們可以透過火化的方式，將紙紮品轉換到另一個世界，供亡者使用，寵物紙紮品也是立基於同樣的觀念而發展出來的產品。飼主希望寵物到另一個世界，當有同樣需求的時候，也能過的富足。

(a)

(b)

圖 9-17　寵物紙房子（翡翠森林股份公司授權使用）

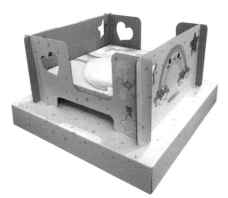

圖 9-18　寵物床
（翡翠森林股份公司授權使用）

圖 9-19　寵物紙衣服
（翡翠森林股份公司授權使用）

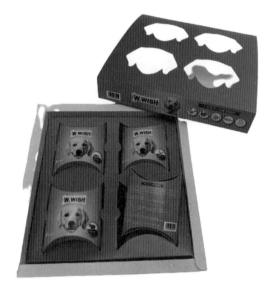

圖 9-20　寵物食品（翡翠森林股份公司授權使用）

二、日本

（一）寵物殯葬產業簡述

　　日本是寵物為家庭成員，供奉寵物遺骨的歷史由來已久，且受到佛教思想影響甚深，禮儀與超度的儀軌以佛教儀式為主流，但目前日本中央政府並無針對寵物殯葬設有專法管理，且寵物遺體也被歸類於一般廢棄物。

　　根據行政院農委會赴日考察報告說明，日本寵物殯葬業者約有2,100 家以上，其市場規模達 1,200 億日圓以上。所提供的服務項目，有寵物火化、靈骨塔、墓地使用服務、法會與周邊紀念品服務。

　　在寵物火化部分，可區分為定點設置火化爐的園區業者，以及提供到府火化的行動服務業者。定點火化的園區業者，多為原先是經營廢棄物處理的業者兼營寵物火化的項目。至於寵物火化收費，依照團體火化、個別火化的方式，以及寵物體重而有不同的計費標準與級距，個別

火化，又有區分「不觀禮」、「觀禮」，以及「觀禮加喪禮服務配套」三
種模式，喪禮服務配套的部分，也可選擇會場的布置等級與周邊配套等
級，類似人的殯葬儀式的服務配套，提供家屬多元的服務選項。

在日本，隨著寵物殯葬產業的發展與成熟化，業者也陸續組成產業
工會，例如 2005 年「全國寵物葬儀業協會」、「全國動物靈園協會」，近
幾年，提供到府火化的移動式寵物火化車行動服務業者也快速增加，寵
物火化行動服務業者也於 2008 年成立「日本寵物到府火葬協會」。業者
透過組成工會，能提供民眾諮詢窗口與同業合作平臺，希望以業者自發
性的管理建立服務的品質與口碑，讓業者的經營可以良性循環，擇優汰
劣，越來越好。

（二）昆蟲也可以做火化誦經服務

在日本，不僅寵物有專屬的服務配套，昆蟲往生，例如：甲蟲、蝴
蝶、蜻蜓，也可以選擇委託業者火化服務，以日本世田谷寵物殯儀館為
例，有提供昆蟲團體火化的服務項目，飼主可自行帶昆蟲到寵物殯儀
館，由館方安排於當天或次日火化，除了火化之外，館方會郵寄給飼主
火化證明書，證明昆蟲已於何時在何地火化完成。除此之外，還有提供
每月定期的法會祭祀。足見日本對於寵物的後事服務，也延伸到昆蟲的
項目。

（三）寵物水化

寵物身後事的處理，除了一般民眾熟知的火化之外，近年來，也開
始出現寵物水化的處理模式，如 2017 年成立，位於香港的 Pettonature
公司，提供寵物水化的服務項目，水化使用的是水鹼溶液，模仿人體在
土壤中的分解，只是將時間加速。水化過程，業者將寵物遺體放置在不
銹鋼搖籃中，透過控制水的溫度及鹼度，加速遺體分解。寵物水化完
成，就像寵物火化一般，留下的是骨塊碎片，一隻寵物水化的時間需約
24 小時。

　　寵物身後事的服務，在世界各國普遍來說，已是一項既成事實的行業，期望後續產官學的持續合作，一步步建置規範與培訓機制，讓行業專業，品質精進，提供飼主、寵物更圓滿的服務。

跟毛小孩道別——「讓牠的故事圓滿落幕」

　　小貞是一位醫師，大學時期因為隻身在外地求學，從中途之家領養了一隻被繁殖場遺棄的種母——渣渣，渣渣是被繁殖場虐待、四肢殘廢的迷你貴賓犬，在小貞的細心照顧下，渣渣從一隻醜小鴨變成人見人愛的可愛狗狗，即使四肢都折斷了，還是會努力靠自己的力量前進行走。甚至在小貞的培訓教導下，成為了治療犬狗醫生，時常陪著小貞到各地老人院、育幼院等機構，逗老人小孩開心、撫慰他們寂寞的心。

　　小貞在工作之餘，也喜愛四處旅行，為了能和心愛的毛小孩隨時相處，也不厭其煩的多次辦理寵物出國檢疫，帶著渣渣到世界各國旅行。就這樣快樂的與渣渣渡過了十年光陰，然後，高齡的渣渣被醫生診斷出患有心臟病，在某一天的夜晚，渣渣安祥的病逝了。

　　傷心的小貞，因為沒有特定宗教信仰，決定在渣渣的告別式，邀請因為養狗而認識的好朋友們，一起來送渣渣最後一程。小貞選擇位於臺北近郊一處環境優美的寵物安樂園，為渣渣提供個別火化，並在火化前，請擔任寵物臨終服務師的好友協助主持告別式。告別式當中，禮儀師帶著小貞為渣渣進行最後淨身梳理，還為渣渣留下腳掌拓印的紀念相框，並細數渣渣與小貞的相識過程，也讓與會的親友們一起獻上祝福的紙鶴及話語，最後在眾人的祝福下，順利完成火化撿骨，小貞也帶著渣渣入住的骨灰罐天堂書，一起回到溫暖的家安置。

　　雖然在朋友的安慰下，小貞慢慢重回日常生活軌道，但每當午夜夢迴，想起心愛的渣渣，仍然會忍不住潸然淚下。後來，朋友介紹小貞去流浪動物之家，再領養了另一隻被遺棄的貴賓犬，生活重心有了新的移轉，才逐漸減少心中失落的感受。

課後
練習

一、是非題

1. 當寵物生命走到末期，家人決定是否進行安樂死時，須請獸醫師陪同提供客觀的評估。

2. 為寵物剪指甲時，一定要剪到流血的長度，才不會影響行走。

3. 為寵物挑選食品時，最好選購符合 AAFCO 標準的食品。

4. 為了讓寵物死後入土為安，民眾可以自行在公園將寵物遺體就地掩埋。

5. 集體火化與個別火化的差別，是前者一次將多隻寵物同時燒化，後者則是一次只火化一隻寵物。

6. 寵物水化所需的時間跟寵物火化一樣。

7. 在日本，昆蟲往生可以委託寵物火化業者服務。

二、選擇題

1. 下列何者屬於自然葬：(1)樹葬　(2)海葬　(3)灑葬　(4)以上皆是。

2. 以下何者不屬於 Kübler-Ross 提出的悲傷五階段？(1)否認　(2)求助　(3)憤怒　(4)沮喪。

3. 以下何者不是臺灣寵物殯葬常見的追思儀式？(1)做七法會　(2)藥懺法會　(3)告別式　(4)送葬樂隊。

4. 基本美容流不包括以下哪種程序？(1)修剪指甲　(2)染色　(3)耳朵清潔　(4)沐浴。

三、問題討論

1. 以上述小故事為例，可以建議痛失愛犬的小貞，如何完成威廉·沃登提出的哀悼四任務呢？

解答 ....

一、是非題

1.(○)　　2.(✗)　　3.(○)　　4.(✗)　　5.(○)　　6.(✗)　　7.(○)

二、選擇題

1.(4)　　2.(2)　　3.(4)　　4.(2)

三、問題討論

1. 以上述小故事為例，可以建議痛失愛犬的小貞，如何完成威廉·沃登提出的哀悼四任務呢？

　　首先，小貞要先接受渣渣已離世的事實，就算想起愛犬會傷心難過，但因失落產生的悲苦是正常的，小貞不用強忍悲傷，可適時的宣洩情緒，或跟知心好友聊聊渣渣的過往。雖然渣渣已不能再陪伴小貞，小貞必須自己面對生活各種細節，偶爾也可以邀約三五好友出遊，或享受一個人的旅行。後來小貞再領養另一隻狗狗，也可以把之前對渣渣的關愛，投注在新的狗狗身上，讓新狗狗感受到小貞的愛，也讓小貞放下失去渣渣的執念。

日本動物健康促進協會(2020)・*愛犬的全方位食材事典（蔡昌憲譯）*・臺北市：晨星出版。

安家行動寵醫(2020)・*寵物安樂死標準？寵物到府安樂流程與生活品質評估*・取自 https://drfurkids.com/news_detail.php?nID=Nsca94f003406822083989d3dc15747a37

范班超(2017)・*動物生命紀念產業（寵物殯葬）概論*・新北市：宏典文化。

張洋崇、李玉嬋、王別玄、葉佐倫、黃偉琳(2021)・*寵物臨終服務與生死關懷*・臺北市：華都文化。

湯夢汎技士、葉昇炎技正(2009)・*赴日本考察「寵物業及寵物殯葬服務業法規及相關管理制度」*・行政院農委會。

福山英也、中野博、金子幸一(2007)・*寵物美容師進修百科（林曉萍譯）*・新北市：數位人資訊。

MEMO

C H A P T E R

10

編著者 王智宏

喪禮服務從業
人員的介紹

學習
目標

1. 了解與生命關懷事業有關的職涯領域。
2. 認識禮儀師的工作內容、生命關懷以及養成教育。
3. 認識遺體修復美容師的工作內容、生命關懷以及養成
   教育。
4. 認識喪禮司儀的工作內容、生命關懷以及養成教育。
5. 認識寵物禮儀師的工作內容、生命關懷以及養成教育。

前　言

　　所謂的生命關懷，即可初步界說為對於進入生命世界已經發生的與可能發生的事情或情形，包括感受、情緒、遭遇、生命現象、生命問題、乃至生命出路，產生出要去參與、認知、感受、幫助、或改善的驅策的動力或傾向。生命關懷就是關懷與尊重生命，Noddings (2008)統整生命關懷的類別包括關懷自己、親密的人、周遭熟識的人、不相識的人、動植物及自然環境、人文世界等。在生命關懷師的訓練中著重在關懷人的部分，尤其是生死關懷及失落的部分。綜合上述其實生命關懷領域討論的範疇廣泛，簡而言之包含對於人生的生、老、病、死給予關懷與尊重。但本文聚焦於生死關懷領域，即 Death Care Industry。

10-1　生命終點站的幸福送行者——禮儀師

一、禮儀師的名稱

　　中華文化歷史悠久博大精深，不僅是文明古國更被稱為禮儀之邦，甚至在《禮記中庸篇》提到「禮儀三百，威儀三千」之美稱。關於古代禮儀的種類繁多，至少可包含冠婚喪祭鄉射朝聘或是吉凶軍賓嘉等禮儀。在當時其對於人生各階段的應對禮節，諸如：成年禮、結婚禮、喪禮、祭禮…皆訂有明確的規範。而儒家甚為看重者當屬喪葬禮儀，在儒家經典中皆有充分說明。依三禮的記載，在當時負責治喪事宜的人員分為職喪、夏祝、商祝、祝等，由他們分工合作，協力完成瑣碎繁雜的喪葬事宜。到了現在，依據國民禮儀範例，對於禮儀包含了一般禮節、成年禮、婚禮、喪禮、祭禮。

　　由上述可知，所謂禮儀其實包含的面向幾乎從出生到死亡都有，並非侷限殯葬禮儀。但根據《殯葬管理條例》和《禮儀師管理辦法》，已明確將負責辦理喪家的殯葬禮儀之規劃及諮詢、殮殯葬會場之規劃及設計、指導喪葬文書之設計及撰寫、指導或擔任出殯奠儀會場司儀、臨終

關懷及悲傷輔導、其他經中央主管機關核定之業務項目。又筆者曾在大型殯葬服務業擔任禮儀師且取得內政部禮儀師證書，在與家屬治喪協調過程中，一般民眾早已將辦理喪葬事宜的專業人員稱為禮儀師。因此這邊的禮儀師並不會與其他的禮儀活動人員混淆。

　　綜合上述禮儀師主要是負責在生前規劃、臨終諮詢、初終禮儀、喪禮服務、後續關懷等事宜，因此將其定位為生命終點站的幸福送行者－禮儀師。

二、禮儀師的工作內容

　　陳繼成在其專門研究禮儀師的論文中提到，臺灣禮儀師實際的工作內容包括：二十四小時服務、免費諮詢、接到電話並確認、迅速到達臨終地點、聯絡救護車或接屍車、辭願／謝願、遮神、示喪／貼紅、助念／腳尾經、開立死亡證明書、沐浴、穿衣、擇日、選購棺木、接棺、乞水、入殮、辭生、放手尾錢、瞻仰遺容、豎靈、帶看墓地／塔位、代辦各項手續、爭取各項補助、治喪會議、訃聞撰印、做七法事安排、出殯前的工作準備、奠禮告別式、埋／火葬、返主、撿骨、進塔、後續關懷。再根據《殯葬管理條例》第 46 條，具有禮儀師資格者，得執行下列業務：1.殯葬禮儀之規劃及諮詢；2.殮殯葬會場之規劃及設計；3.指導喪葬文書之設計及撰寫；4.指導或擔任出殯奠儀會場司儀；5.臨終關懷及悲傷輔導；6.其他經中央主管機關核定之業務項目。

三、禮儀師的生命關懷

　　殯葬的根本宗旨是建立在對生命的整體關懷上，真實面對個體生死存有的價值抉擇，克服人類本能性求生欲望與死亡恐懼，珍惜肉體的養神保形，以累續的醫學知識與修持方法，來擴充對生命本質的領悟與實踐，更能接受死亡來臨時的挑戰與衝擊。喪葬從業人員執行關懷是一項重要工作。這項工作的主要目的就是要協助喪親者完成五項悲傷支持的任務工作，也就是遺體的處理、接受死亡的事實、經歷悲傷之痛、協助

適應死者不存在的環境、協助喪親者情緒穩定以新角色繼續過生活。這些工作在喪禮服務技能檢定工作項目是包括臨終、初終、殯儀服務、後續服務。將臨終關懷及悲傷輔導寫入禮儀師執行專業的法規中，意謂其養成教育至少不能忽視與衛生保健相關的應用科技知識，例如醫療照護和輔導諮商等。

中華禮儀師協會將禮儀師角色定位：早期，在死亡禁忌的籠罩下，殯葬服務被認為是「鬼」事，提供服務的人被稱為「土公仔」。現在，在現代專業化的影響下，殯葬服務被認為是「人」事，提供殯葬服務的人被稱為「禮儀師」。根據這種新的認知，殯葬服務不僅要依照傳統禮俗、宗教儀式來處理個人的死亡問題，更要依照個人的需求創新地研發出能夠解決個人死亡問題的新做法。藉由這種新作為地提出，禮儀師不但成為現代殯葬改革的主要推手，更為亡者與家屬帶來新的死亡尊嚴價值。

四、禮儀師的養成教育

目前臺灣主要培養禮儀師的學術單位，按照成立時間的先後順序分別有：嘉義縣的南華大學生死學系所、苗栗縣的仁德醫護管理專科學校生命關懷事業科、屏東縣的大仁科技大學生命關懷事業學程、新北市的馬偕醫護管理專科學校生命關懷事業科。

上述各校都各自有其專長優勢和特色資源，也都是教育部核准的殯葬本科系，課程內容都包含內政部公告的殯葬學分，且輔導學生考勞動部喪禮服務乙、丙級技術士證照，更與殯葬服務業有企業實習或產學合作等。像是大仁科技大學生命關懷事業學程是南臺灣培育殯葬人才的推手；而仁德醫護管理專科學校生命關懷事業科是國內技職教育最早成立的殯葬科系，對於深耕殯葬產業著有績效。另外馬偕醫護管理專科學校生命關懷事業科則是擁有醫院縫補和醫學院大體教師課程，並有執業醫師授課。最後當然一定要提國內殯葬科系歷史最悠久的南華大學生死系所，校友除了已在業界擔任主管，還有在學術界擔任教授，更於民國

109 學年度奉教育部核准成立生死學博士班。顯見生死學和生命關懷事業不僅是攸關民眾的生死大計,更需要學術機構來深耕研發的重要領域。

圖 10-1　辦理出殯(林俊瑋先生授權使用)

圖 10-2　禮儀師協助環保葬(林俊瑋先生授權使用)

禮儀師的傳奇小說－唐‧白行簡《李娃傳》

唐玄宗天寶年間，常州刺史滎陽公的兒子鄭生隻身來到了京城長安，準備參加科舉考試。在長安這個大都市，他迷戀上了平康坊的娼妓李娃，流連往返夜夜笙歌於娼妓館。可是，金錢用罄之時也就是情緣了斷之際，原本家中為他準備足夠兩年應考的盤纏很快被揮霍殆盡，鄭生被趕出了娼妓館，李娃也消失無蹤。

身無分文的年輕人流落街頭，所幸而被葬儀社的夥計搭救，後來便成為一位在喪事上唱輓歌的歌手，並且很快傳遍京城。而就在他與另一家葬儀社人員比賽唱輓歌的當天，被來到京城的父親滎陽公發現，結果他被憤怒失望的父親暴打一頓昏死在路上。後來，他死裡逃生撿回來一命淪為乞丐，在一個大雪紛飛的冬日，他偶然走到了李娃的門口。看到這個似曾相似年輕人面目全非的悲慘狀態，李娃才發現是之前深愛她的鄭生。她的心被深深地刺痛和打動了。於是她將多年積蓄當作贖身費用繳給義母，就搬離妓館另外居住，並全心全意地照顧鄭生。她先用了一年時間調養好了鄭生的身體，接著又拿出積蓄買書鼓勵鄭生要參加科舉考試努力準備。經過數年的努力後，鄭生終於考取科舉考試狀元，又因為他後來努力事蹟被發現，所以鄭生被任命為四川成都的官員。

鄭生準備前去赴任之際，李娃告訴他說，自己的使命已經完成，現在該是離開的時候。鄭生苦苦懇求李娃留下，李娃遂答應送他入川到劍門，結果他們在劍門遇見了已經成為成都地方長官的父親。鄭生的父親原諒了改過自新的兒子，並且承認了兒子和李娃的婚事。李娃嫁過來之後，遵守婦道克勤克儉鄰里稱揚，往後又過了幾年，鄭生的父母都亡故了，她仍然依禮守孝很盡心。守孝期滿，鄭生歷任重要的職務。十年當中，做過好幾個郡的長官。李娃也被封為汧國夫人。

10-2 天使的愛心、魔鬼的技術──遺體修復美容師

一、關於遺體修復美容師的名稱

目前國內對於遺體處理的專業人員並無統一的法定名稱，有稱之為遺體美容師、遺體修復師、尊體 SPA 師…等不一而足。陳姿吟在其論文以遺體修復人員稱之。而根據中華民國遺體美容修復協會的宗旨為結合遺體美容、防腐、修復、縫合等專業技能並推廣專業技能教育訓練。另外每逢國內出現重大災難就會有一支發願善心的隊伍自願協助亡者即是76 行者，他們的正式名稱即為 76 行者遺體美容修復團隊。

除了上述的研究論文和殯葬實務工作，在國家考試方面，目前針對遺體修復美容並無專門單一的技術人員證照考試。但在勞動部技能檢定規範之 20100 喪禮服務職類，設有丙級與乙級的級別，其中在丙級設有3 大類工作項目，乙級則有 5 類大工作項目。其中與遺體有關的當屬初終與入殮服務的接運遺體和清潔遺體等 2 個技能種類。因本文並非專門單一探討遺體修復的論文，綜合上述遺美師是需具備慈悲愛心並不斷精進修補技術的專業人員，因此將其定位為天使的愛心魔鬼的技術──遺體修復美容師。

二、遺體修復美容師的工作

遺體處理中的遺體修復是屬於後場最重要的部分，透過屍傷分類可區分為遺體重整及遺體美容兩個領域。遺體重整包括縫補、填充、定位及固定四個部分；遺體美容則包括遺體淨身、頭髮修整、臉部彩妝、服裝搭配、配件選用、醫學知識及遺體資訊等七個部分。

圖 10-3　遺體修復

（李安琪小姐授權使用）

圖 10-4　遺體美容

（李安琪小姐授權使用）

三、遺體處理的生命關懷

　　為往生者處理遺體的目的在於保持遺體的清潔與整潔，使往生者乾乾淨淨的離開人世，同時保持遺體合宜的姿勢、容顏，以維持良好的遺體外觀。遺體代表死亡的象徵，盡可能的將遺體回復生前的外觀，親人藉由視覺上的觀感，來確立死亡的真實性，假如沒有瞻仰遺體的過程，家屬只能將意外現場，對遺體的形體留在記憶中，造成心中永遠的遺憾和傷痛，長期處於哀傷的心理，是造成心理疾病潛在的危險因子。因此遺體修復是針對這個遺憾的補救和解決方法。

　　遺體處理大致包括清洗、防腐、修補及美容等過程，最後則進行穿衣與入殮。其基本原則乃是「視死如生」，亦即對待死者如同生者，就像醫護人員照顧病患一樣善體人意，無微不至。楊敏昇則認為遺體處理的功能應該回歸以下五種功能：1.心理的功能；2.社會的功能；3.文化的功能；4.倫理的功能；5.醫學的功能。

四、遺體修復美容師的養成教育

因目前國內尚無專門的遺體修復美容科系，而其從業人員的養成教育多為原先的化妝品美容科系為主，再來是修讀生死學系中有興趣美容專長者，或是目前從事殯葬業僅跟隨資深學長姊習得美容技術的從業人員。

上述人員的養成教育時間與質量不一而足，更曾有執業人員浮報金額大撈喪家一筆等情事發生，因此建議可評估在原先大專校院化妝品美容科系或生命關懷事業科下設有遺體美容模組，並延請醫學院或醫院對大體生理結構有研究的醫師，或長年在殯儀館化妝室擔任大體化妝之技師擔任教師。

 遺體修復美容師的電影名著－《送行者：禮儀師的樂章》

《送行者：禮儀師的樂章》（日語：おくりびと）是 2008 年的日本劇情片，本片在主要參考青木新門的回憶錄《納棺夫日記》，故事內容描述擔任大提琴手的男主角，原已花費高額購買大提琴準備一展長才，無奈樂團解散。背負龐大貸款和生活經濟壓力的男主角意外地找到了納棺師的工作。原先偷偷背著妻子和朋友從事這個社會有偏見的工作，但男主角將日本職人精神融入殯葬禮儀工作，以嚴謹的工作態度和對死者的尊重而贏得他人敬重，並更深入地理解到人與人之間聯絡的重要性。電影在日本開映；除了成為年度電影票房冠軍，還拿下了日本電影金像獎最佳影片獎。此片的成功在 2009 年時到達頂點，獲得美國奧斯卡最佳外語片獎。

10-3 人生畢業典禮的指揮家——喪禮司儀

一、關於喪禮司儀的名稱

依據《周禮》的記載：司儀為官名屬「秋官」，負責掌理接待國家貴賓之職，顯然早期並未負責喪禮。後魏時，始設司儀官，北齊置司儀署，隋唐時沿用，但改隸屬於鴻臚寺，掌管凶肆儀式及喪葬事宜，所以喪禮司儀應該是源自隋唐時期。明代司儀掌陳設引奏之禮儀，清代時廢除。現代通稱負責典禮或會議程序進行的人為司儀，殯葬司儀則是專指主持喪（葬）禮程進行及朗誦或吟唱奠文的人。

目前國內對於主持喪禮的專業人員幾乎都以司儀來稱呼，但實際上人生慶典的儀式甚多，若以中國古代四大禮：冠、婚、喪、祭，或是現代社會的諸多典禮：成年禮、開學典禮、畢業典禮…等。其實都有負責主持儀式的人員，這些人員也多以司儀為稱呼，因此若將喪禮主持人員稱呼為司儀，將與上述這些典禮的主持人有重疊之虞。

另外在國家考試方面，目前針對喪禮司儀並無專門單一的技術人員證照考試。但在勞動部技能檢定規範之 20100 喪禮服務職類，設有丙級與乙級的級別，其中在丙級設有 3 大類工作項目，乙級則有 5 類大工作項目。其中與司儀有關的當屬乙級的殯儀服務工作項目中的熟悉與執行司儀技能和規劃與執行奠禮儀式等 2 個技能種類。綜合上述司儀是負責出殯告別式所有流程與儀式的掌控者，因此將其定位為人生畢業典禮的指揮家——喪禮司儀。

二、喪禮司儀的工作內容

奠禮分家奠與公奠，少者二、三十分鐘，中者一小時，多至二、三小時不等，其靈魂人物即司儀，故司儀必須熟稔奠禮進行之各項禮儀、各地禮俗，以及偶發事件處理。因此司儀人員講究口齒清晰，指揮若定，依國民禮儀範例進行主持，不因少數人之要求而使奠禮搞亂，例如

葬儀社人員由於某樂團尚未表演而要求司儀延緩奠禮開始，或因某樂團要趕場要求司儀提前結束，致奠禮了了草草。

　　現代的殯葬司儀在喪禮中扮演多重的角色，依筆者多年實務工作經驗以及與各地同業先進交換心得所得的結論，認為在喪禮中，殯葬司儀應同時兼顧以下角色：1.祭文撰述者；2.喪禮的主持者；3.儀節的指導者；4.氣氛的營造者；5.秩序的掌握者；6.溝通協調者；7.孝道的維護者；8.儀節的改良者。喪禮司儀除了具備上述角色外，還須適時地加入悲傷撫慰者、吉祥話弘揚者、現場突發狀況化解者等三種角色才算完備。

喪禮司儀的民間文學笑話類

　　一位非科班出身也不曾拜師學藝的土公仔被隔壁村莊的文盲潘姓人家邀請去擔任喪禮司儀。在儀式開始之前，司儀看了家屬名單，分別是：孝男潘新科、孝女潘娛咨、孝孫潘什咨、孝孫女潘否婷。因這位土公仔假扮的司儀並未通過證照也沒讀太多書，他看了剛才的名單發現許多字不會念。但又不好意思說，他於是急中生智，將不會的字「有邊讀邊」。

　　喪禮開始奏樂，司儀說：「孝男番斤斗」（潘新科）。眾人心想，隔壁村莊的習俗真特別。司儀又喊：「孝男番斤斗」。孝男只好硬著頭皮出來翻筋斗。而司儀心中詫異稱奇，這個村子的習俗真怪，喪禮居然要翻筋斗？於是，司儀與潘姓人家都不管了，就依照對方的習俗進行吧。

　　接著，司儀又喊：「孝女番吳次」（潘娛咨）。孝女只好心不甘情不願的翻了五次筋斗。此時，司儀更加篤定翻筋斗是這個村裡的喪禮習俗。於是司儀繼續又喊：「孝孫番十次」（潘什咨）。孝孫也只能乖乖出來翻了十次筋斗。孝孫女一看，怎麼越翻越多次，於是拔腿就跑。

　　這時司儀追著他喊：「孝孫女番不亭」（潘否婷）。

三、喪禮司儀的生命關懷

　　司儀是經由語言來維繫人與人間，以及人與鬼神之間的禮儀互動關係，是集體智慧不斷修改、加工與整合而成的禮儀系統，固然受到文字與文書的教導與啟發，但更重視的是民俗生活的文化傳承，直接訴諸於語言的精神教導，是社會生活的民俗交際力量，以語言與聲音作為媒介建立起融合的人際關係。

四、喪禮司儀的養成教育

　　因目前國內尚無專門的喪禮司儀科系，而其從業人員的養成教育多為從事殯葬業僅跟隨資深學長姊習得司儀主持的從業人員，其次是修讀生死學系中有興趣司儀專長者。這樣的好處是各地可配合當地的風俗與慣例形成獨特的風格，缺點是各自解讀無法形成喪禮司儀的規範，造成莫衷一是而難有定論。因此建議可評估在原先大專校院系生命關懷科系下設有喪禮司儀模組，並由喪禮司儀工會（協會等）研擬統一性的規範。

(a)　　　　　　　　　　　　　　　　(b)

圖 10-5　喪禮司儀（盧秀玲小姐授權使用）

10-4 毛小孩的生命管家——寵物禮儀師

一、關於寵物殯葬的名稱

在《殯葬管理條例》七章 105 條中，第一章是總則，第二章是殯葬設施之設置管理，第三章是殯葬設施之經營管理，第四章是殯葬服務業之管理與輔導，第五章是殯葬行為之管理，第六章是罰則，第七章是附則，裡面並無提及有關寵物死後的處理。

又查閱《動物保護法》七章 40 條，第一章是總則，第二章是動物之一般保護，第三章是動物之科學應用，第四章是寵物之管理，第四章之一是寵物繁殖買賣祭寄養及食品業者之管理，第五章是行政監督，第六章是罰則，第七章是附則。其中與寵物有關的是第 3 條第五款提到寵物、第六款提到寵物食品、第七款是飼主、第八款是寵物繁殖場、第九款是寵物食品業者。原先最可期待可找到有關寵物殯葬的的應該是第四章寵物之管理從第 19 條到第 21 條，但也只有第 19 條有提到：中央主管機關得指定公告應辦理登記之寵物。前項寵物之出生、取得、轉讓、遺失及死亡，飼主應向直轄市、縣（市）主管機關或其委託之民間機構、團體辦理登記；直轄市、縣（市）主管機關應給與登記寵物身分標識，並應植入晶片。前項寵物之登記程序、期限、絕育獎勵與其他應遵行事項及標識管理辦法，由中央主管機關定之。

又查詢《寵物登記管理辦法》17 條，其中第 8 條：寵物死亡日起一個月內，飼主應檢具寵物登記證明，向登記機構辦理註銷登記。也僅是規範寵物死後要註銷寵物登記證明。

再查詢《特定寵物業管理辦法》，則未提到寵物殯葬有關之規定。

上述皆為中央法規，對於寵物死後的處理皆未有詳細明確的規範，除了名稱無法統一，更重要的是將沿續民間對於動物死亡的傳統做法「死貓吊樹頭，死狗放水流」等或是任意丟棄垃圾車（桶）也無法可管的窘境。

最後我們查詢地方法規，《高雄市公立寵物骨灰拋灑植存專區使用管理及收費辦法》11 條，其中第 6 條：使用本設施，應依下列規定為之：

一、 實施拋灑植存之寵物骨灰，應經骨灰再處理研磨設備處理。

二、 寵物骨灰拋灑植存應依主管機關指示，分別於拋灑或植存區依劃定之地點、方向依序拋灑或埋入；寵物骨灰埋入時應裝入主管機關提供之容器，其容器材質應易於腐化且不含毒性成分，埋入深度應距地面逾三十公分，並應於上方覆蓋逾十公分土壤後，恢復土地原有樣貌。

三、 拋灑或植存現場不得舉行祭拜或焚燒紙錢等儀式，且不得設立紀念標誌、記號或有其他破壞原有景觀環境之行為。

另一地方法規是《臺中市寵物屍體處理及寵物生命紀念業管理自治條例》，計有四章 18 條，第一章總則，第二章輔導管理，第三章罰則，第四章附則。其中第 3 條，本自治條例用詞：一、寵物屍體。二、寵物屍體處理設施。三、寵物生命紀念業。四、寵物屍體處理設施經營業。五、寵物生命關懷服務業。六、火化設施。七、追思廳堂。八、寵物植存紀念園區。九、寵物遺灰貯存設施。十、樹葬。十一、灑葬。十二、土葬。十三、寵物遺灰再處理設備。還有第 4 條，寵物屍體應以火化方式處理，不得將寵物屍體懸掛樹上、埋葬土中、投於水中或隨意棄置於其他依法禁止堆放廢棄物之場所。寵物屍體經飼主廢棄者，依廢棄物清理法規定處理。雖是地方政府法規層級，但已是全臺各級政府目前最積極依據動物保護法第 1 條為尊重動物生命及保護動物，訂有寵物殯葬法規。實為值得各地方政府跟進參考。

綜合上述寵物殯葬是負責協助寵物在生命的最後階段得以在飼主愛的陪伴下好好離開，因此將其定位為毛小孩的生命管家——寵物禮儀師。

二、寵物殯葬的工作內容

在寵物臨終諮詢，面對寵物的身後事，若情況允許，寵物禮儀師可在事前跟家屬說明寵物殯儀的服務流程，以及提醒事項，提醒的重點基本應有三項：1.火化配套；2.宗教信仰；3.安葬方式。在寵物初終準備，寵物禮儀師接到通知後，應與家人確認基本資料，包括家人姓名、聯絡方式、宗教信仰、寵物姓名、性別及預計抵達接寵物的地址和時間，並準備訂購單、紙棺（或納體袋）、尿布墊、往生被（或十字被）等接體用品。在寵物道別儀式，有關後續寵物的道別儀式流程，依序為：1.冰存安置；2.道別禮儀；3.火化作業；4.撿骨作業；5.法事安排五個程序。

完成寵物道別儀式和火化等殯儀流程後，最後的階段是協助家人幫寵物決定身後的歸處。由於目前寵物安葬並無特定的法規規範，因此家人有較多元的選擇，例如將寵物的骨灰帶回家安置、安置於塔位或樹葬等，寵物禮儀師可依照家人的想法做分析與評估，讓寵物有最適合的生命歸處。

圖 10-6　寵物火化

（王別玄先生授權使用）

圖 10-7　寵物法會

三、寵物殯葬的生命關懷

寵物身後事的處理是一門愛與責任的課題，對飼主如是，對寵物禮儀師亦如是。寵物禮儀師為飼主辦理寵物殯儀事宜的過程中，需更加注意說明時的態度和細節，讓服務和關懷更有溫度，使飼主獲得安心與撫慰，並讓飼主在未來回想起這段歷程時，心理感受溫暖和安慰，而沒有任何的後悔與遺憾，這正是寵物禮儀師所能提供最優質的生死關懷服務。

寵物殯葬對生命教育除了極具正面性指標性的意義之外，比起討論人類的殯葬，寵物殯葬更能貼近每個人的生活經驗，值得進一步深入探討研究。王姿菁在其論文《寵物殯葬制度建構之研究》根據《禮儀民俗論述專輯》所述與對飼主所做問卷調查結果，將寵物殯葬的功能歸納出下列四項：1.盡哀；2.養生送死有節；3.心靈調適；4.人際關係的確認與整合。

四、寵物殯葬的養成教育

因前述已說明目前國內中央法規上無寵物殯葬，只有地方法規的高雄市和臺中市。其中又以《臺中市寵物屍體處理及寵物生命紀念業管理自治條例》較為完整。既然目前無適用全臺的法規，自然無學術單位的寵物殯葬的養成教育。目前有的是像是大專校院推廣部有辦理寵物殯葬師證照，或是例如社團法人中華寵愛健康發展促進會有相關課程等。因此建議可評估在原先大專校院系生命關懷科系或寵物美容科系下設有寵物殯葬模組等。

目前國內設有寵物美容科系的大專校院從北到南有：臺北海洋科技大學時尚造型設計管理系寵物美容設計組、中華醫事科大寵物照護與美容系、大仁科技大學寵物照護暨美容學士學位學程、美和科技大學美容系寵物美容設計組。

寵物殯葬的民間故事──死貓吊樹頭，死狗放水流

　　我們都知道老虎是叢林之王，不僅是肉食性動物中體型龐大且動作靈敏，更有尖銳的爪子和咬合力十足的下顎，難怪我們常說羊入虎口，甚至還有虎姑婆的故事也與老虎有關。尤其老虎向來是百獸之王，所到之處其他動物猶如驚弓之鳥一哄而散莫敢匹敵。但看似天下無敵的老虎其實並非無所不能，雖屬於大型貓科動物，但老虎其實不太會爬樹。以下介紹的是與殯葬寵物相關的民間故事：

　　一次老虎發現同屬貓科動物的貓竟然身手矯健可爬上跳下十分靈活，若是自己也學會爬樹，這樣根本就是天下無敵了。於是虎大哥向貓小弟說：我們來互相交換各自的絕學，這樣可以增加彼此的功夫，我教你「展現威風」，這樣以後其他動物就會對你敬而遠之不敢欺負你。而你只要教我如何爬樹即可。但虎大哥說完，他心想貓小弟個性狡猾，萬一我教牠功夫，但是牠失信該怎麼辦？因此虎大哥強調要有一個保證人，於是在旁班看熱鬧的狗，就被貓小弟拉進來要求擔任保證人。老虎看了看準備就緒，於是虎大哥就教貓小弟「展現威風」。

　　果然，貓小弟學完了「展現威風」，牠心想虎大哥為百獸之王唯一不會的就是爬樹，萬一他真的學會怕樹，那我豈不就是無處可躲，於是貓小弟趕緊一溜煙的爬到樹上。此時，虎大哥十分氣憤貓小弟言而無信，甚至貓小弟還在樹上自得意滿，並取笑虎大哥不會爬樹，對牠莫可奈何，還揚言自己就是死也要死在樹上，絕不會讓老虎毀壞屍首，叫老虎不必傻等了。虎大哥氣急敗壞於是回頭找向了保證人狗二弟。但狗二弟哪裡有辦法履行承諾讓貓小弟遵守承諾，他只能乖乖夾著尾巴烙跑去找疼愛他的主人。狗二弟不似從前活潑亂跳而是鬱鬱寡歡，主人心疼問牠原因。狗二弟就說：親愛的主人，我知道你最疼我，若是有一天我死掉了，請你將我屍體放到河水裡漂流走，這樣老虎也吃不到我了。由此，民間出現這樣的作法。

課後練習 ‧‧‧

一、是非題

1. 為提升禮儀師的工作品質，禮儀師得以週休二日固定上下班。

2. 臺灣最早成立培育禮儀師科系的學校是南華大學。

3. 臺灣的殯葬科系有醫院縫補和醫學院大體老師課程是馬偕專校。

4. 在電影《送行者：禮儀師的樂章》中，主角的職業等於臺灣的禮儀師。

5. 遺體修復美容師目前有專門的法規和統一的名稱。

6. 喪禮司儀目前有專門獨立的國家考試。

7. 喪禮司儀也必然可以主持婚禮與其他典禮。

8. 《殯葬管理條例》有規範寵物殯葬。

9. 目前臺灣的法規將寵物屍體懸掛於樹上或放河流是符合衛生。

10. 目前臺灣的法規有將寵物殯葬列入地方法規的是臺中市政府。

二、問題討論

1. 請問未取得禮儀師證書能否執行禮儀師工作？

2. 請問將死掉的寵物吊在樹上或放到河流裡面是合宜的嗎？

解答 ·

一、是非題

1.(✗)　2.(○)　3.(○)　4.(✗)　5.(✗)　6.(✗)　7.(✗)　8.(✗)　9.(✗)　10.(○)

二、問題討論

1. 請問未取得禮儀師證書能否執行禮儀師工作？

　(1) 依據《殯葬管理條例》第 46 條，具有禮儀師資格者，得執行下列業務：殯葬禮儀之規劃及諮詢、殮殯葬會場之規劃及設計、指導喪葬文書之設計及撰寫、指導或擔任出殯奠儀會場司儀、臨終關懷及悲傷輔導、其他經中央主管機關核定之業務項目。未取得禮儀師資格者，不得以禮儀師名義執行前項各款業務。

　(2) 從上述可知未取得禮儀師資格者，不得以禮儀師名義執行前項各款業務。但若是當事人以其他名義執行業務，從法規立場來說並未違法。就如目前臺灣的殯葬業有人未取得禮儀師證書，企圖以其他名義例如送行者或生命經理這樣模擬兩可遊走法律邊緣的名稱來蒙騙，企圖取得家屬及社會大眾的認同，實不可取。

　(3) 目前是專業化人手一張證照的年代，其取得條件包括：喪禮服務乙級證照、殯葬二十學分、殯葬 2 年年資，這樣的條件已屬於國家內政部檢覈的「師」級證書。

　(4) 甚至可從教育部核准南華大學設立生死學博士班，可見這個生死學和生命關懷事業，不僅是攸關民眾的生死大計，更需要學術機構來深耕研發的重要領域。

2. 請問將死掉的寵物吊在樹上或放到河流裡面是合宜的嗎？

(1) 上述雖屬於民俗傳說，但並無科學證據，也對於社會文化無甚助益。

(2) 按照題意的做法，不僅有礙觀瞻，更可能產生公共衛生的問題，尤其近年一些透過動物傳染人類的疾病，例如：伊波拉病毒也可能透過動物的屍體進行傳播。

(3) 既然毛小孩曾經陪伴我們也帶給我們歡樂時光，在牠們死後，即使不採用隆重莊嚴或是高價昂貴的喪葬儀式，也應該採取合法合宜的處理方式，以感謝牠們的陪伴，也祝福牠們快樂的到達另一世界。

(4) 當我們也願意以寵物殯葬的模式來處理毛小孩，不僅有助飼主的悲傷撫慰，圓滿社會的人際關係，最終也將提升社會文化層次。

參考文獻

內政部全國殯葬資訊網(2021)‧*合法業者查詢*‧取自 https://mort.moi.gov.tw/
　　frontsite/search/funeralCompanyAction.do?method=viewCompanyList&siteId
　　=MTAx&subMenuId=402

內政部全國殯葬資訊網(2021)‧*禮儀師人才庫查詢*‧取自 https://mort.moi.gov.tw/
　　frontsite/professor/search/searchProfessorAction.do?method=doFindProfessor
　　&siteId=MTA2&subMenuId=1608

王別玄(2021)‧寵物殯儀‧寵物安葬‧*寵物臨終服務與生死關懷*（71-126 頁）
　　‧臺北市：華都文化事業有限公司。

王姿菁(2008)‧*寵物殯葬制度建構之研究*（98-100 頁）‧嘉義市：南華大學生
　　死學研究所碩士論文。

邱金齡(2009)‧*寵物殯葬的生命教育詮釋-三位飼主的心路歷程*（78-79 頁）‧
　　臺北市：銘傳大學教育研究所碩士論文。

陳姿吟(2016)　‧最後的容顏-遺體修復技術‧*生命教育與生死管理論叢第 3 輯-*
　　邁向新世紀華人生死文化探討（254 頁）‧臺北市：台灣全方位管理有限
　　公司。

陳繼成(2003)‧*台灣現代殯葬禮儀師角色之研究*（25 頁及 68-111 頁）‧嘉義
　　市：南華大學生死學研究所碩士論文。

曾煥棠、胡文郁、陳芳玲(2008)‧*臨終與後續關懷*（9 頁）‧新北市：國立空
　　中大學。

鈕則誠(2007)‧*殯葬與生死*（102 頁）‧新北市：國立空中大學。

鈕則誠(2014)‧殯葬觀念與思想‧*臺灣殯葬史*（40 頁）‧臺北市：中華民國殯
　　葬禮儀協會。

楊炯山(2002)‧*喪葬禮儀*（437-438 頁）‧新竹市：竹林書局。

楊敏昇(2016)・*遺體處理學*（16-18 頁及 34 頁）・臺北市：台灣全方位管理有限公司。

劉嘉年、林高永、陳玟秀(2009)・*殯葬衛生學*（94 頁）・新北市：全磊企業社。

歐尚柏(2015)・*喪禮司儀角色定位及其養成教育之研究*（5 頁）・嘉義市：南華大學生死學研究所碩士論文。

蔡耀明(2014)・何謂生命關懷與如何關懷生命・*2014 宗教生命關懷學術研討會成果報告*（167 頁）・高雄市：正修科技大學通識教育中心。

鄭志明(2012)・*當代殯葬學綜論*（244 頁）・臺北市：文津出版社有限公司。

鄭志明、陳繼成(2008)・*殯葬文書與司儀*（168 頁及 177-178 頁）・新北市：國立空中大學。

謝冰瑩、邱燮友、李鍌、賴炎元、劉正浩、陳滿銘編譯(1993)・*新譯四書讀本*（1993 年修訂五版，53 頁）・臺北市：三民書局股份有限公司。

Nel Noddings 著(2008)・*教育道德人：品格教育的關懷取向*（朱美珍、李秀鳳、吳怡慧、洪鼎堯、莊易霖等譯）・臺北市：巨流。

11

編著者 王智宏

禮儀師證書的介紹

11-1 從法律看禮儀師的必要性

11-2 從證書取得率看供需狀況

11-3 申請禮儀師證書的條件

11-4 禮儀師的回訓機制

學習目標

1. 依法律觀點來了解禮儀師證書的必要性。

2. 由證書取得率了解供需狀況。

3. 了解申請禮儀師證書的條件。

4. 學習禮儀師的回訓機制。

前　言

　　禮儀師從二千多年前只有官方仕紳貴族才享有的尊榮對待，後來歷經各朝代演變，尤其到清代變成下九流的土公仔工作。但近二十多年來，隨著業界默默耕耘，以及政府設立《殯葬管理條例》與《禮儀師管理辦法》，將殯葬設施、殯葬服務業以及殯葬行為納入規範和管理，又將禮儀師提升為國家師級證書。在外面的部分則又有媒體推波助瀾，像是榮獲美國奧斯卡最佳外語片獎的日本電影《送行者：禮儀師的樂章》、榮獲臺灣金馬獎最佳改編劇本的《父後七日》、榮獲美國金球獎最佳戲劇類電視影集的《六呎風雲》…等，一時之間從禮儀師來探討生命意義與價值變成了顯學，也讓許多大專畢業生競相投入殯葬業。但這個行業的表象與實況究竟如何，雖在前一章有提及禮儀師，但仍有諸多面向無法一次描述。因此在本章單獨詳細說明禮儀師，也企圖提供從業人員和未來有意願從事殯葬服務者一個參考的方向。

11-1　從法律看禮儀師的必要性

一、法律規範具一定規模之殯葬業需置專任禮儀師

　　《殯葬管理條例》第 45 條，殯葬禮儀服務業具一定規模者，應置專任禮儀師，始得申請許可及營業。禮儀師應具備之資格、條件、證書之申請或換（補）發、執業管理及其他應遵行事項之辦法，由中央主管機關定之。第一項一定規模，由中央主管機關於前項辦法施行後定之。

中華民國技術士證

身分證
統一編號

出生日期　民國63年01月25日

技術士證
總編號　203-000687

職類(項)
名　稱　喪禮服務

王智宏

級別　乙級

生效日期　民國104年02月26日　製發日期

圖 11-1　喪禮服務乙級證照

　　同法第 86 條，殯葬禮儀服務業違反第 45 條第一項規定，具一定規模而未置專任禮儀師者，處新臺幣十萬元以上、五十萬元以下罰鍰，並應禁止其繼續營業；拒不遵從者，得按次加倍處罰，其情節重大者，得廢止其經營許可。

　　禮儀師違反第 45 條第二項所定辦法有關執行業務規範、再訓練之強制或禁止規定者，依其情節處新臺幣二萬元以上、十萬元以下罰鍰，並限期改善；屆期仍未改善者，得按次處罰，其情節重大者，得廢止原核發處分並註銷證書，三年內並不得再核發禮儀師證書。

二、法律規範未具備禮儀師資格者不得以其名稱執業

　　《殯葬管理條例》第 87 條，未具禮儀師資格，違反第 46 條第二項之規定以禮儀師名義執行業務者，處新臺幣六萬元以上、三十萬元以下罰鍰。連續違反者，並得按次處罰。

　　從殯葬法規可知，殯葬業具一定規模，應置專任禮儀師，若違反者，處十萬至五十萬元罰鍰，並禁止營業，或加倍處罰，最重可廢止營業許可。而若是員工個人，未取得內政部禮儀師，卻對外宣稱是禮儀師或在名片加註等，也將處六萬至三十萬元以下罰鍰。

　　表 11-1 為公司、商業或有限合夥登記從事殯葬禮儀服務業之業者，應置專任禮儀師之實施階段、日期及至少應置人數之一覽表。

圖 11-2　禮儀師證書

表 11-1　殯葬服務業具一定規模應置專任禮儀師一覽表

實施階段		第一階段	第二階段	第三階段	第四階段	第五階段
實施日期		中華民國一百零七年一月一日	中華民國一百零八年一月一日	中華民國一百零九年一月一日	中華民國一百十年一月一日	中華民國一百十一年一月一日
實收資本額、登記資本額（新臺幣）	一億元以上	至少七名；逾一億元部分，每達一億元，至少增加一名	至少七名；逾一億元部分，每達一億元，至少增加一名	至少七名；逾一億元部分，每達一億元，至少增加一名	至少七名；逾一億元部分，每達一億元，至少增加一名	至少七名；逾一億元部分，每達一億元，至少增加一名
	五千萬元以上、未達一億元	至少二名	至少三名	至少四名	至少五名	至少六名
	三千萬元以上、未達五千萬元	至少一名	至少二名	至少三名	至少三名	至少四名
	一千萬元以上、未達三千萬元	至少一名	至少二名	至少二名	至少二名	至少三名
	五百萬元以上、未達一千萬元	無	至少一名	至少一名	至少一名	至少二名
	二百萬元以上、未達五百萬元	無	無	至少一名	至少一名	至少一名
	一百萬元以上、未達二百萬元	無	無	無	至少一名	至少一名

資料來源：行政院公報第 23 卷第 84 期

11-2 從證書取得率看供需狀況

一、取得禮儀師證書人數嚴重不足

　　查詢內政部全國殯葬資訊入口網，截至 110 年 5 月 30 日，目前合法殯葬禮儀服務業有 4,561 家，再查詢同網站，目前已取得內政部禮儀師證書僅 1,134 張。兩者落差為尚須 3,426 張；或是不以 4,561 家為基數，以具一定規模的業者為 3,000 家，至少也差距 1,866 張。

　　由而上述的 1,134 張若是仔細看，勞動部喪禮服務丙級從民國 97 年辦理，乙級從 102 年辦理，換言之，禮儀師證照制度走了十多來年，也才核發 1,135 張，推論要核發到 3,000 張甚至 4,561 張，至少還要 20~25 年，其中還不考慮在實務工作中，尚有許多非法未登記的業者可能是合法登記業者的 2 倍，還有因為高齡化導致死亡率增加，連帶也造成每年新增的殯葬服務業者數量。

　　因此，請目前尚未取得禮儀師證書的業者或想培養第二專長者，應盡速報考乙、丙級證照並修讀殯葬修學分，以利未來取得禮儀師證書。

二、取得禮儀師證書多集中在中大型殯葬業

　　從上述不管是以合法登記的 4,561 家，對照已取得證書張數尚不足 3,426 張。以目前全國每一家禮儀公司的禮儀師證書取得率：目前取得禮儀師張數 1,135 張／目前合法業者 4,561 家＝24.88%，也就是說按照一般民眾的印象應該 1 家公司至少 1 張，先不論規模大小，但實際上目前僅 0.24 張。

表 11-2　合法殯葬服務業者與禮儀師證書張數對照表

項目	合法殯葬業者（具規模殯葬業者）
殯葬服務業者	4,561 家（3,000 家）
禮儀師核發張數	1,135 張（1,135 張）
核發張數差距／尚不足	3,426 張（1,866 張）

註：統計至 110 年 5 月。

資料來源：內政部全國殯葬資訊入口網、筆者整理。

　　但若是仔細看，其實會發現不只張數不夠，且已取得的張數還集中在大型業者。若以查詢內政部全國殯葬資訊入口網，截至 110 年 5 月 30 日，目前已取得禮儀師證書張數前十家的公司行號，合計 281 張。龍巖股份有限公司有 128 張、萬安生命科技股份有限公司 44 張、國寶服務股份有限公司 39 張、聖恩禮儀股份有限公司 20 張、台灣仁本服務股份有限公司 17 張、金寶軒事業股份有限公司 12 張、善得事業股份有限公司 7 張、德恩禮儀有限公司 5 張、寶山生命科技股份有限公司 5 張、松成號國際有限公司 4 張。也就是目前取得禮儀師 1,135 張－中大型業者 281 張＝一般規模的殯葬服務業者 854 張。又將目前合法業者 4,561 家－中大型業者 10 家＝一般規模的殯葬服務業者 4,551 家。一般規模的殯葬服務業者的禮儀師證書取得率＝一般規模的殯葬服務業的禮儀師證書 854 張／一般規模的殯葬服務業 4,551 家＝0.18 張。

11-3　申請禮儀師證書的條件

　　依據《禮儀師管理辦法》第 2 條，具備下列資格者（如圖 11-1），得向中央主管機關申請核發禮儀師證書：

1. 領有喪禮服務職類乙級以上技術士證。

2. 修畢國內公立或立案之私立專科以上學校殯葬相關專業課程二十學分以上（如表 11-3、11-4）。

3. 於中華民國 92 年 7 月 1 日以後經營或受僱於殯葬禮儀服務業實際從事殯葬禮儀服務工作二年以上。

前項第二款所定殯葬相關專業課程如附表，各科採認學分上限為二學分。

本辦法中華民國 106 年 5 月 23 日修正施行前，經中央主管機關依禮儀師管理辦法第 2 條第一項第二款殯葬相關專業課程認定作業程序認定或備查者，亦為第一項第二款殯葬相關專業課程，並得於修正施行後三年內繼續開設。其繼續開設者，應將認定科目與開課課程名稱、開課學年度及授課教師之清冊報送中央主管機關備查。

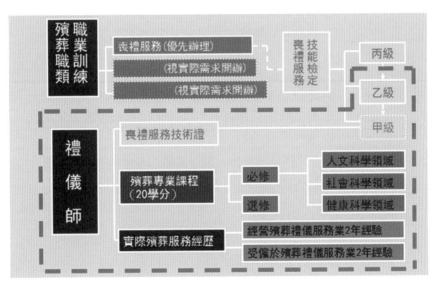

圖 11-3　殯葬專業證照制度

資料來源：內政部全國殯葬資訊入口網

表 11-3　殯葬二十學分之必修科目表

科學領域	科目名稱	基本核心內容	採認學分上限
人文學科	殯葬禮儀	探討臺灣殯葬禮儀之意義、起源、內涵與功能，並說明宗教信仰與民間習俗對臺灣殯葬禮儀之影響	2
	殯葬生死觀或殯葬倫理	1. 殯葬生死觀：探討殯葬禮儀形成背後之生死課題與價值觀點 2. 殯葬倫理：殯葬服務過程中殯葬服務人員運用專業知能時，應遵循之價值規範	2
	殯葬文書或殯葬司儀或殯葬會場規劃與設計	1. 殯葬文書：訃聞、碑文、銘文、祭文、輓聯等殯葬文書相關知能 2. 殯葬司儀：規劃奠禮流程並主持家奠禮及公奠禮應具備之專業知能 3. 殯葬會場規劃與設計：守靈場所、家奠與公奠會場之規劃與設計	2
健康科學	臨終關懷及悲傷輔導	1. 臨終關懷：認識亡者臨終前之情緒反應，探索緩和面臨死亡痛苦之非醫學方法 2. 悲傷輔導：了解喪家在殯葬活動中之心理活動，及對喪親者提供失落陪伴或悲傷撫慰之相關知能	2
社會科學	殯葬政策與法規	探討我國殯葬政策之變遷沿革，及殯葬法規條文意旨與內容	2

資料來源：內政部令台內民字第 1020133715 號禮儀師管理辦法第二條第一項第二款殯葬相關專業課程範圍

表 11-4　殯葬二十學分之選修科目

科目名稱	基本核心內容	採認學分上限
殯葬學	對於殯葬總體現象，如歷史、制度或文化等面向之探討	2
遺體處理與美容	殯葬禮儀服務中有關為遺體進行洗身、穿衣、化妝、修補、防腐或美容等方面之專業知識	2
殯葬衛生	從事殯葬禮儀服務過程中涉及公共衛生相關議題	2
殯葬服務與管理	殯葬禮儀服務或組織體經營相關管理知能	2
殯葬經濟學	經營殯葬服務業所需之經濟學、產業或市場分析相關知識	2
殯葬設施	殯葬設施規劃、維護及管理之理論與實務	2
殯葬規劃與設計	葬法設計或殯葬流程規劃等相關之理論與實務	2
殯葬應用法規與契約	殯葬服務商品、殯葬消費行為涉及民法、消費者保護法或其他相關法規之探討	2

資料來源：內政部令台內民字第 1020133715 號禮儀師管理辦法第二條第一項第二款殯葬相關專業課程範圍

11-4　禮儀師的回訓機制

一、有效期限六年內取得三十小時專業訓練證明

　　為維持禮儀師的專業能力並符合政府法規，且能及時掌握殯葬服務趨勢，若取得內政部禮儀師證書者，需在規定時間內完成回訓並換證。

　　依據《禮儀師管理辦法》第 8 條，禮儀師證書有效期限為六年，期滿前六個月內，禮儀師應檢具其於證書有效期間完成中央主管機關或其委託之機關（構）、學校、團體辦理之專業教育訓練三十個小時以上證明文件、第三條第一項第一款、第三款及第四款文件，向中央主管機關申請換發禮儀師證書。屆期未換證者，應檢具最近六年內完成三十個小

時以上專業教育訓練之證明文件，依第 3 條規定，重行申請核發禮儀師證書。

同法第 8-1 條，前條所定專業教育訓練包括下列四類課程：

1. 殯葬政策及法規。
2. 禮儀師職業倫理。
3. 殯葬相關公共衛生及傳染病防治。
4. 殯葬服務趨勢及發展。

禮儀師應完成前項各款課程時數至少五小時。

二、近期的三十小時專業訓練課程

上述專業教育訓練三十個小時，近期由內政部委託空中大學辦理，內容簡介如下（詳細內容可參考 https://sites.google.com/view/nourite109/）：

1. **訓練費用**：每門課新臺幣 600 元整（每一梯各場次有兩門課，可個別選擇報名）。
2. **招訓名額**：每門課 50~60 人，依教室可容納人數而定。
3. **開設課程類別**：殯葬政策及法規、禮儀師職業倫理、殯葬相關公共衛生及傳染病防治、殯葬服務趨勢及發展。

課後
練習

一、是非題

1. 目前法規並無規定殯葬業需取得禮儀師證書。

2. 具一定規模之業者若未置專任禮儀師,將被處 10~50 萬元罰緩。

3. 未取得禮儀師證書之個人對外宣稱是禮儀師,將被處 6~30 萬元罰緩。

4. 從 110 年 1 月 1 日資本額 1 百萬業者,至少應置一名禮儀師。

5. 目前取得禮儀師張數對照合法業者家數是完成足夠。

6. 目前取得禮儀師張數的公司是很平均的。

7. 檢覈內政部禮儀師證書主要是乙級、20 學分、2 年年資。

8. 取得禮儀師證書後完全不用再回訓,是永久有效。

9. 修讀殯葬 20 學分,可按照學員興趣選擇科目或到任何機構修讀。

10. 在專業訓練 30 小時,不需要包含殯葬相關公共衛生及傳染病防治。

二、問題討論

1. 請問內政部禮儀師證書是否為甲級或什麼定位?

2. 請問取得禮儀師證書後每六年內還要取得 30 小時的專業訓練,是否無意義?

解答 ∙∙

一、是非題

1.(✗)　2.(○)　3.(○)　4.(○)　5.(✗)　6.(✗)　7.(○)　8.(✗)　9.(✗)　10.(✗)

二、問題討論

1. 請問內政部禮儀師證書是否為甲級或什麼定位？

   (1) 依據《禮儀師管理辦法》第 2 條，具備下列資格者，得向中央主管機關申請：領有喪禮服務職類乙級以上技術士證、修畢國內公立或立案之私立專科以上學校殯葬相關專業課程二十學分以上、於中華民國九十二年七月一日以後經營或受僱於殯葬禮儀服務業實際從事殯葬禮儀服務工作二年以上。因其中的乙級只是三個條件其中之一，有些人宣稱禮儀師是甲級。事實上是有誤的，因法規並無提到喪禮服務甲級證照。

   (2) 又檢視上述三個條件的主管機關：喪禮服務乙級證照是勞動部、殯葬二十學分是內政部公告範圍，上課規範須符合教育部規定、殯葬 2 年年資則向勞保局申請年資證明。當事人同時完成三個條件後向內政部申請檢覈禮儀師證書，通過後，將由內政部核發禮儀師證書。由此可知禮儀師證書的主管機關為內政部，又需符合教育部和勞保局的規範，因此禮儀師證書是國家「師」級證書。

2. 請問取得禮儀師證書後每六年內還要取得 30 小時的專業訓練，是否無意義？

(1) 依據《禮儀師管理辦法》第 8 條，禮儀師證書有效期限為六年，期滿前六個月內，禮儀師應檢具其於證書有效期間完成中央主管機關或其委託之機關（構）、學校、團體辦理之專業教育訓練三十個小時以上證明文件。因此本案是於法有據。

(2) 為維持禮儀師的專業能力並符合政府法規，且能及時掌握殯葬服務趨勢，即使已經取得內政部禮儀師證書者，仍應該不斷學習，以能完成家屬交付之任務。

(3) 參考國內其他國家師級證照，例如：醫師、心理師、護理師等（請參閱醫事人員執業登記及繼續教育辦法）也都設有回訓機制，顯見禮儀師證書正是與這些高階證書同等重要。

內政部全國殯葬資訊網 (2021)‧合法業者查詢‧取自 https://mort.moi.gov.tw/frontsite/search/funeralCompanyAction.do?method=viewCompanyList&siteId=MTAx&subMenuId=402

內政部全國殯葬資訊網 (2021)‧禮儀師人才庫查詢‧取自 https://mort.moi.gov.tw/frontsite/professor/search/searchProfessorAction.do?method=doFindProfessor&siteId=MTA2&subMenuId=1608

12

編著者　林龍溢

生命關懷事業的未來

學習目標

1. 了解臺灣生命關懷事業中，全生命服務與全人服務的基礎知識與做法。
2. 認識臺灣生命關懷事業如何永續經營與發展，並提供學生未來發展社會實踐的場域。
3. 學習臺灣生命關懷事業未來創新的進路。

前 言

　　臺灣殯葬產業，從過去傳統的家族產業到現代化經營之生命禮儀事業，逐漸轉型為生命關懷事業。這樣的轉變是因應社會結構的變遷，以及民眾對於生死品質的需求，殯葬服務由過去供應有限的殯葬服務，到今日更進一步提供生到死的全生命服務；此外，在服務層次上也從過去單純的儀式服務，轉向提供更全面性之生理到精神的全人化的服務，關顧人的生理、心理、靈性、社會的不同面向，讓生命關懷的服務更為圓滿。再者，現今殯葬服務不再像過去那樣只是社會性的服務，而是一種與個人有關的服務，所以，在服務時就必須考慮到被服務者本身的需求。隨著社會變遷，殯葬業者必須藉由轉型、創新及改革來回應正在改變的社會需求。

12-1　從生到死的全生命的趨勢

一、全生命服務的意義

　　過去殯葬服務顧名思義處理臨終至葬的相關事宜，到了當代社會民眾對於臨終品質的重視，認為人的生命品質不應由他人主宰，而是在自己的主體意志下維持死亡的尊嚴過世。死亡的尊嚴是傅偉勳先生所提出的概念：是一個實存主體對於死亡這一事件，所採取之積極正面的態度，在面對死亡的臨終過程，可以有親友在身旁照顧、對於死亡可以由自己決定，同時可以心平氣和的面對死亡。個體固然不能決定死亡的時間、死亡的方式，但卻可以決定死亡的態度，以及死後事務的安排。由此，人得以死得其所、死得安心、死得有計畫，即所謂的「殯葬自主」[1]（尉遲淦，2003）。

---

[1]　尉遲淦於《禮儀師與生死尊嚴》一書中談到「殯葬自主」的意義，他認為：「我們必須做到完全不受限於外在因素而能自我創造自身存在型態的地步。這種具有創意性的內容自主是一種絕對的自主，也是我們在自主性追求過程當中真正要達到的自主。」

　　對臨終病患而言，面對即將來到的死亡，大部分都會陷入恐懼、驚慌失措、甚至痛苦中，如果殯葬業者沒有設法協助病患解決死後的問題，那麼他就會面臨死亡的困境，以致於無法獲得善終。所以，全生命服務的意思就是除了生前的服務外，還包含死後的服務，讓病患有機會獲得善終。人雖然無法在死後辦理自己喪禮，但若在生前就規劃好自己的後事，實際上也就主導了整個喪葬流程。人的主體意志延續，是由生前延續至死後，包含了緣、殮、殯、葬、續等重要階段的管理，稱為「生死管理」。生的過程已包含死的本質，生死本來就是一體兩面的事，因此每個人需對自己的「生命」做好管理。

二、全生命服務的做法

　　如前述全生命服務是將生死管理的權力由病患主導，並教導他／她關於生死管理的意義，由殯葬業提供生前到死後的服務。實際上，全生命服務出現在當代許多殯葬業的行號命名中，以「全生命某某公司」為名的業者，在全國合法殯葬業者中出現了 12 家（如圖 12-1），其中也不乏資本額超過百萬以上的中型殯葬企業。全生命服務的概念是將殯葬服務由生前延續至後續的關懷，打破過去面臨死亡之際，才被動找禮儀公司的習俗，現今則是進一步引導客戶在需求時，便主動由業者提供預備的服務。

　　殯葬公司開始注重殯葬服務緣、殮、殯、葬、續的價值鏈，強調業者不只是能提供死後的殯葬服務，而是更進一步將殯葬公司的服務內涵提升為全生命服務的概念，特別是關於緣（生前）與續（後續關懷）的服務：

（一）緣的服務

　　緣的定義在於如何與客戶建立潛在的緣會關係，殯葬公司在這方面應與社會大眾建立更廣泛的連結關係。在地的殯葬公司，有前幾章提到社會公益、生命關懷館的主張，如安養院老人的關懷（如圖 12-2）、建立社區關懷據點、舉行社區中元普渡法會（如圖 12-3）、地區扶貧救濟公益活動、地方藝文活動贊助等。此外，生命關懷專業也能與醫療、政

府機構合作，進行各種生命教育或社會實踐的議題，例如以「社會實踐計畫」，對象包含醫院員工、志工、社區老人…等人，內容以養生樂活、生命禮俗、生死教育、宗教知識、悲傷輔導等主題，開設健康保健專題演講（如圖 12-4）。透過這些活動，提升禮儀公司服務公益形象，以及增進民眾了解生命關懷、生命禮俗的意義與遺體處理等相關知識，更加強了醫院醫護人員臨終與初終關懷的專業職能（如圖 12-5）。

合法業者查詢　　　　　　　　　HOME ＞ 設施及業者查詢 ＞ 合法業者查詢

依照名稱∨　全生命　　　　　送出

禮儀服務業　設施經營業

公司立案名稱	電話	立案許可/備查字號	立案日	禮儀師
萬孝全生命禮儀社	06-3568998	09710530990	97.11.01	0
謙信全生命服務	08-7323920	屏府民殯字第10878939400號函	108.11.06	0
安心圓夢全生命服務有限公司	0982090703	高市殯處儀字第10770557300號	107/06/27	0
本全生命事業有限公司	03-5281113	1060124937	106.8.24	0
萬事達全生命規劃顧問有限公司	0913015880	殯字590號	97/02/27	3
十全生命服務事業有限公司	4937625	府民儀字第1010263988號	101.11.12	1
世全生命禮儀社	0912-375165	府民業字第1020155197號	102/09/02	0
羽全生命事業有限公司	0939725719	99殯字第0808號	099/03/02	1
一貫全生命禮儀社	02-26219986	北府民生字第0990960918號	99年10月27日	1
益全生命禮儀社	0927298880	北府民生字第0980989464號	99年01月04日	0

共12筆 ◎ ◎ [1].2 ◎ ◎

圖 12-1　全國殯葬業者名冊「全生命」關鍵字查詢

圖 12-2　安養院老人的關懷

圖 12-3　舉行社區中元普渡法會

圖 12-4　健康保健專題演講

圖 12-5　醫護人員臨終與初終關懷
　　　　 的專業職能課程

（二）續的服務

　　續是指殯葬業者提供喪親家屬在葬禮後的後續關懷與支持，傳統上依禮俗的形式提供服務，如百日、對年、合爐或年節祭祀、忌日等提醒。這方面仰賴業者的客戶關係管理系統，或承辦案件的檔案，一般由客服單位來進行制式化的詢問與郵寄信件提醒，客戶依據自身需求再決定是由禮儀公司提供祭祀商品，或喪家自己準備祭祀用品。

　　未來殯葬公司基於客戶需求改變，除了前幾章提及的後續關懷團體外，如經營塔位設施服務的殯葬業者，更擔負了後續關懷服務的重要角色。例如，三峽天品山莊（納骨堂塔設施業者）的場所精神是以人為本的哲學理念，塔位櫥窗運用微縮模型的形式（如圖 12-6），在整體設計上將亡者與親人的關係，以及人與神聖之間的連結皆納入考量。家屬在

平日或特定紀念日進行追思活動時與塔位服務人員進行互動，共同談論親人的事蹟而調適悲傷。可以說透過這樣的作法，讓天品山莊不單是一座墓園，更是一座典藏「愛的記憶」的故事館（黃睿慈，2021）。

三峽金牛角少東

為發揚家業，弟弟於法國藍帶廚藝學院致力進修烘焙，但在學成歸國不久後，即因為車禍事故離開了世界。
家人在哀慟中購買下天品山莊的「愛的櫥窗」櫃位，從廚房甜點到庭院花卉佈置，櫃位內幾乎每個物件都由親人自行型塑完成。
透過3個月的佈置，他們將關於弟弟愛的記憶保存在櫃子裡，悲傷逝去的同時，也讓姊姊感覺又重新擁有了弟弟，更圓滿了家族之間的情感。

圖 12-6　天品山莊櫥窗設計
（天品山莊授權使用）

未來，殯葬產業需要提供更全面性的服務，即全生命的服務，以滿足當代的社會趨勢。例如，業者應推廣地方深耕與永續經營及發展的觀念，鼓勵員工進入場域，了解鄰近社區。主事者更應帶領員工投入於社區中，並以生命關懷為信念，教育員工累積生活知識

圖 12-7　馬偕安寧中心參訪[2]

---

[2] 許多安寧病房都設有關懷室。當病人去世後，病床會推到關懷室讓親屬與亡者作最後的陪伴與道別。不過，在安寧療護與殯葬服務銜接上，這段時間可以說是空窗期，家人在等待禮儀公司時，會顯得無所適從。如何維護亡者的生死尊嚴，以及滿足家屬的靈性需求與悲傷調適，是參訪馬偕醫院安寧中心為關懷室設計規劃的重點。

及服務體驗，引導他們的現有專業與地方做連結，啟發員工解決問題的智慧；並且，主動拜訪醫院（如圖 12-7）、宗教團體（如圖 12-8）、社區發展協會、長照機構等，傾聽各機構的生命關懷需求，作為在地民眾的「好厝邊」，為民眾的生死品質提升做更多的努力以及服務。

圖 I2-8　關渡教會參訪[3]

12-2　從生理到精神的全人化的趨勢

一、全人化服務的意義

　　生命關懷的核心價值在於全人關懷的全人化服務，而其意義來自於安寧療護「五全照顧」模式，包括全人照顧模式（提供病患身、心、靈全面的照顧）、全程照顧模式（從一接觸開始到病患往生以後）、全家照顧模式（以病患和家屬為照顧中心）、全隊照顧模式（專業的醫療團隊，照顧病患和家屬的身、心、靈需求）、全區照顧模式（落實「去機構化」的照顧，完成大部分病人「落葉歸根」的心願）（程雅慧，2012）。其中，「全人照顧模式」就是提供病患有關生理層面、心理層面、靈性層面與社會層面的照顧，於生命關懷事業中，若禮儀人員於這些層面設法照顧病患與家屬，協助病患獲得善終，整場喪事也能因此獲得圓滿。

---

[3]　因應高齡化社會到來，透過參訪關渡教會的機會，認識如何形成社區關懷站，關懷在地長青朋友的身、心、靈；並且，紀錄他們的生命故事，了解土地與民眾的連結，以及信仰在生命中的重要性。

二、全人化服務的做法

（一）生理層面

　　就生理層面而言，當深入了解疾病的不可治癒性之後，全力處理疼痛控制的問題，妥善緩解疼痛的問題，病患才能擁有較佳的善終品質；除了疼痛控制的問題外，也應注意到病患臨終場所的品質是否有獲得保障；還有，應注意到病患生理需求的問題，例如身體舒適性的要求、飲食合適性的要求等等。

　　其次，生命關懷事業因應時代需求投入高齡族群的關懷，因此，業者須了解高齡者的生理變化，以提供較為適切的關懷服務。例如，業者在設計高齡者的活動時，從高齡者的身體機能、心理意識等項目評估活動內容。

　　再者，遺體修復技術更應是未來從業者的基礎教育。當業者面臨遭遇意外事故的遺體，要如何透過修補的技術讓他們回復生前的面容是非常重要的，有鑑於此縫補技術與解剖學是未來發展遺體修復課程時必須修習的課程（如圖 12-9）。

圖 12-9　縫補技術與解剖學課程

（二）心理層面

　　殯葬從業者在進行臨終關懷服務時，需要了解病患對於疾病會產生種種心理的變化，讓病患在業者的關懷服務中得到善終；所以有關病患面對死亡心理的了解也是需要注意的課題，如果病患處於恐懼死亡的狀

態，那麼業者就有責任協助他克服死亡的恐懼，讓他有機會獲得善終；心理層面還有一個問題，那就是心願的問題。為了讓病患可以善終，所以業者也要設法幫病患解決心願的問題，讓病患可以無憾地離去。

此外，關於悲傷輔導層面的問題：依據《殯葬管理條例》規範，禮儀師應執行悲傷輔導的服務項目。當然，也有不少聲音質疑禮儀師在處理初期死亡階段的悲傷撫慰作用，或在發生急性悲傷時所提供關懷與支持作用等層面，並不具備如心理師或社工師於悲傷輔導的專業能力。會有這樣的質疑點，主要是因為業者在喪禮後百日、對年、合爐等民俗祭祀活動外，很少有再接觸喪親家屬的機會，也因此認為業者不適合以輔導的名義從事殯葬服務。

但在現實中，禮儀師執行悲傷輔導的工作是透過陪伴、撫慰、關懷喪親者，達到悲傷療癒的目的。業者多會主動運用通訊軟體（如 LINE 群組）建立家族群組，全天候不分時段在家屬有需求時，主動提供悲傷輔導的服務。因禮儀師與喪親家屬彼此間長期建立的信任關係，且該項服務在定型化契約中載明且無額外收費，反倒是民眾較能接受的輔導模式。當然，禮儀師也應遵循職業倫理，應視個案情況適時轉介給相關機構，接受更專業的心理諮商協助。

（三）社會層面

為了讓病患有機會可以得到善終，殯葬業者應協助病患解決社會層面的問題，如果可以協助病患處理讓他們不會受困於這些瑣事，自然可以得到善終。其次，如果病患和家人的情感關係良好，那麼他在離開人間時就會在愛的包圍中溫馨離去。因此，殯葬業者有責任幫病患解決他與家人間情感關係的問題。

第三是如果病患與家人有經濟方面的困擾，卻沒有獲得解決，那麼他們就會受到經濟方面的困擾，以致於無法善終，為了讓病患有機會善終，殯葬業者需要協助他們解決經濟方面的問題。第四則是病患的喪葬問題，如果病患在死亡之前就可以安排好自己的後事，或認為死後家人會妥善地處理自己的後事，那麼他就可以安心地離去。

（四）靈性層次

　　站在病患的立場上，隨著死亡的接近，他們確實有靈性層面的需求。包括有關疾病意義的解釋問題、生命意義的理解問題以及死亡意義的理解問題，業者有責任幫忙病患解決這些靈性的問題；另外就是死後生命的歸宿問題，當病患知道自己死後生命的去處，對於這個去處也很有信心，那麼他的死亡自然可以算是善終。

　　到了喪禮階段，靈性層次在於喪親家屬要面臨的是選擇宗教信仰的問題。通常，家族內部對於宗教信仰多有不同的想法，如宗教人員的建議、家人所處的文化脈絡、亡者的宗教信仰、禮儀人員的解釋等，都會影響選擇處理亡者的的宗教儀式。喪禮後通常以儀式與器物來傳達靈性關懷，目的是為了讓民眾遭遇生死之變時，能夠透過儀式與器物鋪陳出情境脈絡，體會到雖然個人肉體是會消逝，但集體性的精神面的道德主體卻是不朽的。漢人傳統的宗族結構與蘊含其中的形上精神的永續傳承，透過喪葬儀式的操作的符號意義的體悟達到超克死亡功能，並喚醒身處當代社會的人們的道德意識。換句話說，喪葬儀式以體驗、想像到轉化的階段，是一種超越個體自身的生活經驗之感受（林龍溢，2019）。

　　過去，業者在服務時都仰賴制式化的包單（如圖 12-10），其是根據喪禮的過程中殯葬禮俗的要求而做成的書面或電子型錄。這樣的作法，其實只停留在形式面的結果，讓喪家覺得禮儀人員的服務就是依樣畫葫蘆，沒有真正的專業。為了表示禮儀人員的專業，除了要告訴喪家整個喪禮的過程要如何處理外，更要說明「為什麼要這樣處理的理由」，如此喪家才會清楚知道自己遵循的是什麼？為什麼一定要這樣遵循？此外，如果禮俗的做法改變，也必須根據實際使用的場域，提供新形態的喪葬儀式並賦予意義，以應付現今處理死亡所要面臨的種種課題。如果能以意義解釋取代過去形式面的服務，喪家就會明白殯葬服務並不是制

式或表面的服務，而是一種有自覺、有專業的服務。換句話說，禮儀人員不應只從利潤的角度來思考，而是需以全人化服務的方式來解決問題。

● 接運大體車　　　　　　　　　　● 林肯環保棺

● 白十字被　　● 環保納體袋　　　　　●棺內寢具　　　　●淨身SPA

服務項目	規格說明	數量
接運大體車	（20公里內）	1組
接體人員		1組
環保納體袋		1件
覆體被	白十字被	1件

服務項目	規格說明	數量
棺木（火化）	高級林肯環保棺	1組
棺內寢具	白色鋪棉十字被、頭腳枕	1組
棺內衛生紙		20包
入殮人員	白十字被	3名
棺車	鮮花棺車	1量
淨身SPA	尊榮禮體淨身/化妝/著衣	1式

圖 12-10　制式化殯葬服務型錄

（444 禮儀家授權使用）

12-3 從制式化到客製化的個人化趨勢

一、制式化服務的起源

　　唐以後各朝制禮，尤其是唐、宋、明、清朝制禮最為嚴密，國家直接干預殯葬也為從前各朝所不及。《大唐開元禮》是中國古代禮制之集大成，禮不僅規定了各級官員的行為準則，而且全面地干預人們的日常生活，尤其是殯葬禮儀（王夫子，1998）。由此得知殯葬禮儀的制式化，起源於國家統治者希望能夠達成全國一致性的殯葬活動，從而實現以禮治國的終極目標。換句話說，統治君主透過改變國家禮典編撰與執行的機制，不斷地將皇權伸入具有經典性的禮儀當中，藉此擴大對禮儀的掌握，相對也使皇權宰制了禮儀的行使與詮釋。不過皇帝本身雖然具有最終的裁量權，但是這個最終的權力並不是絕對的，因為儒家學者在禮制的運作中，始終還是保有發言權。畢竟禮制真正的源頭，是來自於儒家的經典「三禮」與儒生詮釋禮經之禮說，這部分不是君主能夠一手操縱的。況且制定禮典，或是解決禮制爭議，通常都是必須經過掌禮之儒臣、禮學家共同參酌經義，或是由君臣共同討論集議來解決爭議或制定新禮（張文昌，2012）。

　　綜合以上說法，殯葬禮儀制式化起源於國家統治的需求，並在歷代儒家學者參與下，逐漸制定一套制式化的殯葬規範來指導廣大民眾。然而在過去土地廣大的中國社會，政府想要將禮制推廣到地方，也需要地方菁英來解釋與指導民眾實際的殯葬活動。就社會菁英來看，過去社會由政府主導官修禮儀的修纂，地方儀式的指導由「禮生」擔任。這些「禮生」貌似「不純正」的儒教，正是作為菁英的「士大夫文化」與庶民的「地方文化」之間的仲介，亦是代表了中央政治文化的「王朝禮制」與地方文化的「鄉村習俗」之間的文化仲介（孔維德，2019）。若沒有禮俗，社會與家庭皆難以穩定發展。所以，為了使社會與家庭都可以穩定發展，無論任何人，只要他或她是社會的一分子，那麼他或她都必須遵循禮俗的規定。由此，禮俗成為我們生活與辦理後事的普遍準則。

　　到了近代，由於從事殯葬行業的人被社會大眾認為是社會底層的「土公仔」，社會菁英便逐漸退出指導民眾殯葬禮儀的活動。在過去傳統社會中，依循慣習而實踐的喪葬禮俗，一般不會有什麼問題。但在現代社會中，由於社會觀感不佳與殯葬業的許多令人詬病的亂象出現，政府也開始推動《殯葬管理條例》來改善這些問題。

　　《殯葬管理條例》第 39 條規定：「殯葬服務業具一定規模者，應置專任禮儀師，始得申請許可及營業。禮儀師之資格及管理，另以法律定之。」禮儀師的服務項目包括「殯葬禮儀之規劃與諮詢、殯殮葬會場之規劃與設計、指導喪葬文書之設計與撰寫、指導或擔任出殯奠儀會場司儀、臨終關懷及悲傷輔導、其他經主管機關核定之業務項目」。由此得知，禮儀師是在政府政策推動下的殯葬服務專業人員，本身除了要接受完整的殯葬教育與證照考試之外，更要具備類似過去地方社會菁英——禮生的儒家禮儀涵養，是當代社會中社會菁英的一種象徵，更是國家推動殯葬服務制式化的主要推手。

二、制式化服務的特質

　　臺灣殯葬服務的現代化是從民國 83 年國寶北海福座從日本引進現代化的服務開始的（尉遲淦，2011），即以標準化、制式化的服務，提供客戶較以往更精確與精緻的喪禮服務。現代化殯葬服務模式，是在殯葬企業經營管理下，強調教育訓練與禮儀服務標準化，並運用團隊服務，以維護生死尊嚴，並重視制式化程序的細節。同時，也要時時刻刻站在客戶的角度來思考問題，以同理心服務喪親之痛。以下是一般殯葬企業，對於制式化服務的作為：

（一）殯葬服務項目的標準作業手冊(SOP)

　　不同項目的標準作業手冊，其目的在使每一項作業流程均能在文字或圖表中清楚呈現，禮儀服務人員只要看到流程圖，便能了解每個程序步驟的意義，有助於禮儀人員對整體工作流程的掌握。此外，懂得不同情境的差異與根據情境的分析，便是殯葬服務 SOP 的設計依據。例

如，教導家屬祭拜、摺紙蓮花教學、防護衣穿脫標準作業手冊、洗穿化作業（如圖 12-11）及後續相關作業標準流程、櫃檯接待守則…等SOP。

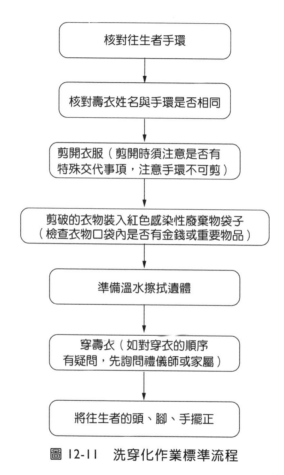

圖 12-11　洗穿化作業標準流程

（二）禮儀人員基礎教育

　　為使新進人員能夠在最短時間內能適應殯葬產業之工作環境，根據不同的業務內容，如接體工作、洗穿化殮、安排法會、告別式佈置、治喪協調等工作，安排一系列有系統的階段性職能教育。當然，除了在制式化的教學方式外，還加入情境式劇本與演出，由資深人員帶領新進人員於不同情境做模擬練習。

（三）進階的殯葬教育

殯葬公司針對《殯葬管理條例》中對禮儀師規定業務來充實禮儀人員的專業訓練，如悲傷輔導與臨終關懷、司儀訓練、告別式場規劃、殯葬文書、殯葬管理等課程（如圖 12-12）。殯葬公司會定期安排相關專家來教導禮儀人員，以達到兼顧理論與實務之效。

圖 12-12　禮儀師專業職能訓練課程

（四）禮儀服務精緻化

1. 提供具同理心的服務

禮儀人員必須時常反身思考，以同理心來服務客戶，例如對待大體的方式。禮儀人員必須主動的、細心的、輕柔的搬運大體，並且能做到每一動作，都有禮俗與宗教上的詳細解釋讓家屬能安心，就像對待親人一樣，方能與客戶建立一種互信的良好關係。

2. 提供貼心的服務

每一位家屬都有為往生者盡一份心力的權利、有陪伴往生者的權利、有參與喪葬決策、參與儀式、為亡者盡心的權利。禮儀人員要熟悉每一位家族成員，並能不分尊卑親疏傾聽每一位成員的意見與需求，對於未來喪親的悲傷調適來說是很重要的。

3. 提供精緻化的服務

對於服務儀態要求，應重視服務時展現禮儀的內涵與舉止，以專業沒有餘贅的小動作一氣呵成。例如，在進行骨灰罐說明時以實體比較：

(1) 透水度比較：將水滴在骨罐蓋或是骨罐切材上（骨罐或切材並放在衛生紙上），等待約 30 分鐘至一小時後，請客戶看一下各類骨罐材質上的水滴存留量與墊底衛生紙面之溼度。

(2) 透光度比較：持高亮度的手電筒，置放於骨罐內部，使光線由內而外透出，可以很清楚的看到透光度的差異與骨罐的紋理。

(3) 硬度比較：取骨罐蓋，以拾圓銅板輕敲骨罐蓋內側，可以藉由敲擊時的清脆度，讓客戶了解材質的好壞。

三、客製化的個人化趨勢

現今殯葬服務不再像過去那樣只是一種社會性的服務，而是一種與個人有關的服務。所以，在服務時就必須考慮到被服務者本身的需求。為了讓被服務者的需求能夠受到重視，在《殯葬管理條例》第 1 條和第 45 條中就提出殯葬自主的要求，認為這樣的要求是屬於被服務者本身的權益，服務者需要對於這樣權益的加以尊重（內政部，2004）。禮儀公司多以客製化的概念，在制式化服務上提供有限的服務內容增減，並標榜為客製化服務。然而，這樣與自主的概念仍有差異，畢竟是在商業包裝下的行銷口號。殯葬業者必須要回到當事人本身的需求重新開發。

個人化可以是比較表層地表現自己，如從喜好風格的角度，也可以是比較深層地表現自己，如從生命意義的角度。因此，在與客戶做預備服務時，應把客戶當成朋友一樣的招待，彼此之間不是單純金錢商業的交易，是相互尊重的人際往來；並且，在對話中細心了解顧客的需求，思考如何在服務中展現亡者的生命意義，並知道顧客的問題，構想貼心的服務與禮物，給予意外的驚喜與感動。

　　例如，亡者生前是一個家庭主婦，殯葬業者應思考如何彰顯她的個人特質、生命意義與解決遺憾的方式，來構思告別式的流程。告別式可以運用一些創意，以親友慶祝小吃店開張來展示設計主題。料理廚房的菜單，是她平常喜歡跟眾人分享的美食；裝滿食材的菜籃，是大家對她平日的印象。如何透過儀式程序，以人文關懷方式，協助遺族對逝世親人意義的轉化，就是個人化服務所要達成的核心價值（如圖 12-13）。

圖 12-13　個人化告別式範例：清玉料理廚房

12-4 生命關懷事業的未來

　　臺灣的殯葬禮儀事業，是源自於原始以來的生死信仰，由不同民族遠古的神話思維雜糅而成；並且，在歷代統治者以禮儀制定規範下，隨著各個時代生死信仰融入民間喪葬習俗中，於華人宗族社會裏持續穩定地發展。數千年來，生命禮儀透過上層菁英的詮釋，以及各地不同民間喪葬習俗的演變下，殯葬服務在歷史發展的流變中，逐漸形成今日的生命關懷事業體系，並在當代擔負國人養生送死的相關事務與服務。

　　生命關懷事業是傳統職業的現代性學科建構，亦是跳脫傳統殯葬文化中父子相傳或師徒傳承的殯葬服務技藝與職業。生命關懷事業的當代性意義，是更強調要回歸學院體制的專科訓練（人文、健康與社會科學領域），以科學實證的態度研究殯葬學科所要求的各式問題，以建構符合現代化禮儀師養成的基礎教育規範。

　　其次，生命關懷事業面對現代性議題，也不斷試圖以自身獨特的專業性來回應社會大眾，並解決這些問題。例如環保自然葬議題、現代化管理模式的建立、企業社會責任實踐、同性喪禮的建構、電子商務商業模式的操作、高齡者孤獨死的議題等。這些都是目前所有殯葬業者所要面臨的問題，因此業者必須藉由轉型、創新及改革來呼應此些社會需求。

課後
練習 . . . .

一、選擇題

1. 未來生命關懷服務要求為何？(1)只按照儀式進行　(2)滿足消費者要求　(3)提供生到死的全生命服務　(4)依據價格調整服務熱誠。

2. 全生命服務中生死管理的意義為何？(1)將生死管理的權力由禮儀師主導　(2)禮儀師負責管理產品之品質，消費者沒意見就算圓滿　(3)秉持做功德的信念，即使偶爾犯錯，大家也不會計較　(4)教導他／她關於生死管理的意義，由殯葬業提供生前到死後的服務。

3. 為何殯葬從業者在進行臨終關懷服務時，需要了解病患對於疾病會產生種種心理的變化？(1)業者要設法幫病患解決心願的問題，讓病患可以無憾地離去　(2)哀傷輔導只是做表面功夫　(3)業者沒有責任協助病人克服死亡的恐懼　(4)禮儀師不應涉及悲傷輔導的服務項目。

二、問題討論

1. 禮儀師在辦理喪事時，如果遇到亡者沒有宗教信仰，但家庭成員中有不同宗教信仰時，應如何進行靈性關懷？

2. 緣的定義在於如何與客戶建立潛在的緣會關係，殯葬公司在這方面應如何與社會大眾建立更廣泛的連結關係？

解答 ．．

一、選擇題

1.(3)　　　2.(4)　　　3.(1)

二、問題討論

1. 禮儀師在辦理喪事時，如果遇到亡者沒有宗教信仰，但家庭成員中有不同宗教信仰時，應如何進行靈性關懷？

　　經過協調後，採取一種較符合家庭成員認同的宗教儀式，作為辦理喪禮與告別式的主軸。但在喪禮過程中，仍要尊重所有家庭成員自身的宗教信仰，並給予個別表達宗教儀式的機會。

2. 緣的定義在於如何與客戶建立潛在的緣會關係，殯葬公司在這方面應如何與社會大眾建立更廣泛的連結關係？

　　建立更廣泛的連結關係，如安養院老人的關懷、建立社區關懷據點、舉行社區中元普渡法會、地區扶貧救濟公益活動、地方藝文活動贊助等。

參考文獻 ·

內政部(2004)·*殯葬管理法令彙編*（1 及 19頁）·臺北市：內政部。

內政部民政司 (2021)·*全國殯葬資訊入口網合法業者查詢*·取自 https://mort.moi.gov.tw/frontsite/search/funeralCompanyAction.do?method=viewCompanyList&siteId=MTAx&subMenuId=402

孔維德(2019)·*為甚麼我在包容基督徒？--十九世紀中葉儒者的宗教寬容*（70頁）·臺北市：秀威出版。

王夫子(1998)·*殯葬文化學: 死亡文化的全方位解讀*（580 頁）·中國社會出版社。

林龍溢(2019)·*當代喪葬民俗研究—以新北市為例*（64 頁）·台北大學民俗藝術研究所碩士論文。

尉遲淦(2003)·*禮儀師與生死尊嚴*（104 頁）·臺北市：五南。

尉遲淦(2011)·*禮儀師與殯葬服務*（150 頁）·新北市：威仕曼文化事業股份有限公司。

張文昌(2012)·*制禮以教天下: 唐宋禮書與國家社會過去*（294-295 頁）·臺北市：國立台灣大學出版中心。

程雅慧(2012)·*生死兩相安--談安寧療護*·取自 https://www.kmuh.org.tw/www/kmcj/data/10107/19.htm

黃睿慈（2021，6 月 21 日）·*「基督教今日報」——明天和意外哪個先到？顛覆華人的「三不政策」 柳子駿牧師：做好預備留給家人最大的愛！*·取自 https://cdn-news.org/news/26638

 **MEMO**

MEMO

MEMO

 **MEMO**

MEMO

 **MEMO**

國家圖書館出版品預行編目資料

生命關懷事業概論/尉遲淦, 李慧仁, 林龍溢, 施秋蘭,
曹聖宏, 李安琪, 王博賢, 陳燕儀, 王別玄, 王智宏
編著. -- 第一版. -- 新北市：新文京開發出版股份
有限公司, 2021.09
　　面；　公分

　　ISBN　978-986-430-770-8（平裝）

　　1.殯葬業

489.66　　　　　　　　　　　　　　　　110013609

生命關懷事業概論　　　　　　　　　　（書號：E450）

編 著 者	尉遲淦　李慧仁　林龍溢　施秋蘭　曹聖宏
	李安琪　王博賢　陳燕儀　王別玄　王智宏
出 版 者	新文京開發出版股份有限公司
地　　址	新北市中和區中山路二段 362 號 9 樓
電　　話	(02) 2244-8188（代表號）
Ｆ Ａ Ｘ	(02) 2244-8189
郵　　撥	1958730-2
初　　版	西元 2021 年 09 月 15 日